COLLECTION MICHEL LÉVY

LES
GUÊPES

ŒUVRES COMPLÈTES
D'ALPHONSE KARR

PUBLIÉES DANS LA COLLECTION MICHEL LÉVY

AGATHE ET CÉCILE..	1 vol.
LE CHEMIN LE PLUS COURT.....................................	1 —
CLOTILDE..	1 —
CLOVIS GOSSELIN...	1 —
CONTES ET NOUVELLES...	1 —
DEVANT LES TISONS...	1 —
LA FAMILLE ALAIN..	1 —
LES FEMMES...	1 —
ENCORE LES FEMMES...	1 —
FEU BRESSIER...	1 —
LES FLEURS..	1 —
GENEVIÈVE...	1 —
LES GUÊPES...	6 —
HORTENSE...	1 —
MENUS PROPOS...	1 —
MIDI A QUATORZE HEURES...................................	1 —
LA PÊCHE EN EAU DOUCE ET EN EAU SALÉE...........	1 —
LA PÉNÉLOPE NORMANDE.....................................	1 —
UNE POIGNÉE DE VÉRITÉS.....................................	1 —
PROMENADES HORS DE MON JARDIN......................	1 —
RAOUL...	1 —
ROSES NOIRES ET ROSES BLEUES...........................	1 —
LES SOIRÉES DE SAINTE-ADRESSE...........................	1 —
SOUS LES ORANGERS..	1 —
SOUS LES TILLEULS...	1 —
TROIS CENTS PAGES..	1 —
VOYAGE AUTOUR DE MON JARDIN...........................	1 —

ŒUVRES NOUVELLES D'ALPHONSE KARR
Format grand-18

DE LOIN ET DE PRÈS (2ᵉ édition)..............................	1 —
EN FUMANT (3ᵉ édition)...	1 —
LETTRES ÉCRITES DE MON JARDIN............................	1 —
SUR LA PLAGE (2ᵉ édition)......................................	1 —
LE ROI DES ILES CANARIES (sous presse)..................	1 —

POISSY. — TYP. STÉR. DE AUG. BOURET.

LES
GUÊPES

PAR

ALPHONSE KARR

— SIXIÈME SÉRIE —

NOUVELLE ÉDITION

PARIS

MICHEL LÉVY FRÈRES, LIBRAIRES ÉDITEURS

RUE VIVIENNE, 2 BIS, ET BOULEVARD DES ITALIENS, 15

A LA LIBRAIRIE NOUVELLE
—
1867

Droits de reproduction et de traduction réservés

LES GUÊPES

Mars 1845.

M. Thiers fait *chanter* le roi. — Les maris considérés comme animaux nuisibles. — Les députés fument. — Séances politiques et séances non politiques. — L'Académie française : — Nodier, — Casimir Delavigne, — M. Hugo, — M. Sainte-Beuve, — M. de Salvandy, — M. Royer-Collard, — Madame Ancelot. — *Engueulement* à la Chambre des pairs. — Les avocats à New-York. — M. le duc de Nemours et M. le marquis du Hallays. — Le siége d'une loge. — Les divans sauvés. — Désagréments éprouvés par M. Cuvillier-Fleury. — Les crèpes de Chine et M. Gréterin. — M. le marquis de Larochejaquelein *décoré de Juillet.* — M. Onslow et son locataire, son confrère, son protégé et son co-Auvergnat. — S. M. la reine, les danseuses viennoises et le curé de Notre-Dame-de-Lorette. — Une danseuse viennoise... mâle. — Révélations sur l'intérieur de certains ministères. — Spectacle à l'hôtel Castellane.

Dans le dernier volume, — dédié à M. Pied-Noir, — j'ai oublié de mentionner un exemple de *chantage* assez curieux. Quand M. Thiers est ministre, les journaux où il est influent parlent du roi en faisant précéder son nom des deux lettres S. M. Quand M. Thiers n'est plus ministre, les mêmes journaux suppriment les consonnes au roi, et ne les lui rendent que lorsque M. Thiers rentre aux affaires ; — nous avions dit comment les députés faisaient *chanter* les ministres, — on sait maintenant comment les ministres font *chanter* le roi. — Nous voici arrivé à la limite que nous assigne rigoureusement le respect.

Il serait temps que la Chambre des députés classât les maris comme gibier, — et, les couvrant d'une égale sollicitude, — défendît au moins, en certains temps prohibés, la chasse que leur font en ce moment leurs femmes. — Les journaux enregistrent chaque jour de nouveaux exemples de femmes qui considèrent leurs époux comme animaux nuisibles, dont la destruction est permise en tous temps, sucrent leur café et salent leur potage avec de l'arsenic, — ou les détruisent au moyen de boulettes comme on fait pour les chiens errants et pour les rats qui n'errent pas assez. Nous signalons comme variété une femme qui s'est faite veuve au moyen d'un coup de fusil, à Laon, — et une autre qui, profitant de ce que son mari goûtait un profond sommeil dû à l'ivresse, alluma dans la chambre où il reposait cinq ou six fourneaux pleins de charbon, ferma soigneusement les portes et alla se promener.

Le prince Tuffiakin, qui vient de mourir, occupait, depuis longtemps un appartement sur le boulevard Montmartre, n° 10, je crois. — Cette maison fut autrefois habitée par Rossini. — Tout ce que je me rappelle de cet appartement, où j'ai cependant, je crois, dîné et passé la soirée il y a plusieurs années, c'est qu'il y avait sur les murs plusieurs ravissantes têtes de Greuze.

Le prince, peu de jours avant sa mort, avait renouvelé pour six ans le bail de son appartement, et il se plaignait partout de la ridicule manie du propriétaire de la maison, qui n'avait pas voulu lui donner un bail plus long. — C'était, disait-il, un vrai chagrin, et il ne savait où il irait dans six ans. — Nos chagrins ne sont pas plus vrais que nos plaisirs.

Quelqu'un qu'on devrait bien appeler Fo-lan-si, c'est

M. Gréterin. Le gouvernement envoie une expédition en Chine pour conclure un traité de commerce; et, pendant ce temps, M. Gréterin conçoit l'idée ingénieuse qu'il a mise à exécution ces jours derniers : en vertu d'une ancienne loi ou ordonnance tombée en désuétude, il a fait saisir dans les magasins de nouveautés tout ce qui s'est trouvé de crêpes de Chine, sous prétexte de protéger les fabriques de Lyon. Or, on ne fait à Lyon que des imitations imparfaites de crêpes de Chine. — Si vous supprimez le véritable crêpe de Chine, vous détruisez l'impôt mis sur la vanité des femmes qui veulent faire semblant d'en avoir de véritables, et vous rendez impossible la vente des crêpes de Lyon. Supprimez les diamants, et je gage que les fabricants de diamants faux n'en vendent pas un en dix ans. — C'est un des côtés absurdes du système dit de protection, sur lequel j'ai déjà dit mon avis.

On s'est beaucoup occupé d'une grande victoire remportée par M. le duc de Nemours, — qui a *pris*, après un mois de tranchée ouverte, — la loge de M. le marquis du Hallays, à l'Opéra. — M. du Hallays a fait une fort belle défense; il est sorti avec les honneurs de la guerre, — avec fauteuils et divans. — M. Cuvillier-Fleury, que son ardeur avait entraîné dans la place avant la capitulation et qui s'était emparé des fauteuils, a eu beaucoup à souffrir de la part des assiégés; — il a été, pour sa part, obligé de lever le siège. Voici, en deux mots, l'histoire dans laquelle les personnes qui entourent M. le duc de Nemours l'ont fort compromis.

M. le marquis du Hallays — est, depuis huit ans, locataire d'une loge d'avant-scène; il est d'usage, à l'Opéra, de ne louer les loges que pour un an, mais on ne les considère comme vacantes que sur le refus du locataire de les conserver. — M. le duc de Nemours eut envie de la loge de M. du Hallays, — et ses familiers la louèrent sans cérémonie et sans avertir le prince qu'elle n'était pas libre, et qu'il y avait au moins une démarche de politesse à faire vis-à-vis de la personne qui l'occupait. — Je crois savoir que, si M. le duc de Nemours avait fait prier M. du Hallays de lui donner sa loge, — celui-ci eût été contrarié de la perdre, mais il eût cédé au désir du prince, sinon avec empressement, du moins avec bonne grâce.

Sous l'Empire, la reine Hortense eut une fantaisie pareille. — Madame G*** avait à l'Opéra une loge voisine de celle de la princesse de Neufchâtel. La reine alla voir madame G*** et lui dit : « J'aurais bien envie de votre loge, je la réunirais par une porte de communication à celle de la princesse, — mais je n'ose vous la demander. » Madame G*** — offrit sa loge avec empressement, — en ayant la bonne grâce de dire qu'elle en aurait facilement une autre. « Eh bien ! dit la reine, nous verrons quand vous en aurez une convenable. » Madame G*** insista pour que la reine prît tout de suite la loge. « Non, vraiment, — répondit-elle, — je ne la prendrai que lorsque je vous aurai vue bien installée dans une autre. — L'empereur ne me pardonnerait pas s'il savait que je vous ai demandé votre loge. »

Dans une affaire récente, un voleur qui jouit d'une certaine célébrité, Bourgeois, dit *Misère*, racontait au tribunal que, crochetant une porte, il n'avait pu venir à bout de l'ouvrir. « C'était, dit-il, une serrure.... *C'est* DÉGOUTANT *des serrures comme ça !* » M. Fichet, serrurier mécanicien à Paris, connu par les affiches dont il a couvert les murs pendant si longtemps, avait fait offrir à Bourgeois cinq cents francs, si, dans l'appel, il répétait cette phrase, en disant que les serrures si dégoûtantes sortaient des ateliers de M. Fichet. — Le pourvoi fut rejeté

Une chose doit préoccuper quand on examine la quantité d'empoisonnements qui sont déférés à la justice. — Comment se fait-il, demandent certaines personnes, que les femmes qui veulent se défaire de leurs maris emploient invariablement l'arsenic, — ce poison maladroit dont tous les symptômes sont connus, et qui laisse des traces si faciles à reconnaître ? — Hélas !

il faut répondre à ceci : C'est que les seuls empoisonnements découverts sont sans doute ceux qui ont été faits maladroitement et au moyen de l'arsenic, et que bon nombre d'autres restent ignorés. — L'arsenic est un poison peu comme *il faut*. — Il est aujourd'hui ce qu'était l'aconit chez les Romains. On ne se serait pas permis d'empoisonner avec l'aconit un personnage d'un certain rang. — Quand on voulut faire un dieu de l'empereur Claude, on l'empoisonna avec des champignons. — Plus près de nous, on sait les gants parfumés qu'il suffisait de mettre, les fruits qu'il suffisait de sentir, pour mourir à l'instant. — De notre temps, on connaît les poisons ingénieux et variés de M. Victor Hugo.

Le rédacteur d'un journal de Rouen qui me tombe par hasard sous la main, — parlant d'une des petites comédies jouées à la Chambre des pairs par M. de Montalembert, appelle plaisamment son discours : *Oratio pro episcopis*. — Malheureusement il a dit *episcopibus*, qui est un barbarisme ; — qu'il prenne garde : les jésuites ont fouetté bien des gens pour moins que cela. J'en voulais venir à dire que voici un homme lettré, un homme qui est probablement bachelier ès-lettres, — un homme qui a, comme tout le monde, passé huit ou neuf ans à apprendre le latin, — et aujourd'hui il est un peu moins fort qu'il ne l'était à l'âge de neuf ans, quand il faisait sa septième ; car alors il n'aurait pas dit *episcopibus*. Cela confirme ce que je crie sur les toits depuis si longtemps : que, sur cent écoliers qui apprennent le latin et n'apprennent pas autre chose, au bout de huit ans de classe, il y en a à peu près douze qui le savent passablement ; — huit ans plus tard, six au moins de ces douze l'ont oublié ; — et, sur les six qui le savent encore, — il n'y en a guère que deux ou trois auxquels il sert à quelque chose.

Par exemple, on exige aujourd'hui le titre de bachelier pour une foule de professions qui n'en ont aucun besoin. — Et une des preuves à en donner, c'est qu'une fois l'impôt payé, une fois le diplôme obtenu, on se met à oublier toutes ces choses diffuses et confuses qui composent les questions du baccalauréat. Je gage que si ce matin — on allait trouver inopinément M. de Salvandy, ministre de l'instruction publique, et qu'on voulût lui faire passer l'examen pour le baccalauréat, il serait fort embarrassé.

A propos de M. le comte de Salvandy,—j'ai deux choses à dire : la première, c'est qu'à la séance de réception de M. Sainte-Beuve à l'Académie, il s'était placé le plus loin possible de M. Villemain, qui reparaissait en public comme secrétaire perpétuel et qui a été accueilli avec applaudissements; la seconde, c'est que j'ai écrit à M. de Salvandy pour lui demander, en faveur d'une vieille pauvre maîtresse d'école du village que j'habite, un secours sur les fonds de son ministère, et qu'il m'a accordé cent francs pour elle avec beaucoup de bonne grâce et de promptitude.

Je n'avais pas rencontré M. Sainte-Beuve depuis le jour où, il y a quatre ans, — il était venu me voir de la part de M. Cousin; — je l'ai revu à l'Institut : — il avait échangé une certaine redingote fauve contre l'habit brodé de feuillage; il était tout pimpant et tout coquet; — il avait ramené ses rares cheveux sur le devant de la tête, en vertu de cette formule d'arithmétique : *j'en emprunte un qui vaut dix.* — M. Sainte-Beuve est un esprit subtil et délicat; — quelques variations survenues dans ses opinions littéraires ont laissé les gens indécis. — A-t-il été d'abord aveuglé par ses amitiés ? — a-t-il été plus tard entraîné par quelques intérêts? M. Sainte-Beuve devait être de l'Académie, et il a été bien accueilli.

Le discours de M. Hugo, chargé de répondre au récipiendaire, a eu cette fois quelque chose de plus que de l'élévation. M. Hugo a trouvé moyen de *reprendre* l'éloge de Nodier, — si mal fait dans la séance précédente par M. Mérimée et par M. Étienne.

C'est une chose que je trouve à peu près un malheur

pour M. Hugo que d'avoir été deux fois désigné par le hasard pour faire l'éloge d'un homme qu'il n'aimait pas, je crois, bien tendrement; — c'est encore un peu mentir que dire même des choses vraies quand on ne les pense pas. — Cependant, M. Hugo a adroitement choisi les côtés par lesquels il lui était le plus facile de louer Casimir Delavigne. Le discours de M. Hugo est resté dans une région aussi élevée qu'il est possible, sans entrer dans la région des nuages; — il a profité de l'ouvrage de M. Sainte-Beuve sur Port-Royal pour dire d'excellentes choses et en même temps des flatteries délicates à M. Royer-Collard, qui, assis à côté de M. de Salvandy, dans un coin, laissait voir un grand contentement sur sa physionomie fine et expressive.

Quoique le jour dur et aigre que donne le toit de verre de la salle des séances soit peu favorable à la beauté des femmes, elles y assistent en grand nombre, — surtout lorsque doit parler M. Hugo, qui est fort à la mode. — Je ne crois pas que ces dames s'amusent beaucoup des discours, — mais c'est un spectacle où on voit et où on est vue. — Sous ce dernier rapport, il faut répéter que des femmes, que je sais charmantes partout ailleurs, n'y paraissent nullement jolies. — J'en excepte une. — A toute femme qui me demandera laquelle, — je dirai : « Madame, c'est vous. »

Quelques belles dames n'arrivent jamais que trop tard; — c'est une faveur que d'avoir des billets pour certaines séances, mais c'est une faveur qu'on partage avec beaucoup de monde. — En arrivant avec tout le monde, on a une des places qui sont vacantes, mais en arrivant tard, il n'y a plus de place, et on vous en fait une. — Quelques femmes se mettent alors pêle-mêle avec les académiciens, qui ne s'en plaignent pas. — C'est ce qui est arrivé à la dernière séance à madame Ancelot. — Mais de la part d'une femme qui écrit, je ne trouve pas de bon goût de se placer ainsi : c'est prendre le *fauteuil;* cela ne peut avoir une certaine grâce que fait par une femme nullement suspecte de prétentions littéraires.

🐝 Il paraît qu'à certaines époques de l'année les décorés de Juillet d'une certaine catégorie se présentent au ministère de l'intérieur, — probablement ceux qui sont pensionnés. — Une de ces époques était arrivée il y a quelques jours, et l'on attendait les décorés. — Un garçon de bureau, personnage important et ultrazélé, voit entrer un monsieur qui avait affaire au ministère; — peut-être cette personne avait une fleur à sa boutonnière ou laissait sortir un bout de foulard de quelque paletot du matin; toujours est-il que l'employé — se contenta de lui demander son nom, et, sur la réponse, il ouvrit la porte, et annonça à haute voix : « M. le marquis de Larochejaquelein, décoré de Juillet. »

🐝 Pendant que nous sommes aux ministères, parlons un peu des bureaux. — La Chambre des députés avait demandé que l'on mît quelque uniformité entre les traitements des différents grades des divers ministères; — a-t-on obtempéré à ce désir de la Chambre? — Au ministère des finances et dans d'autres, vous avez des directeurs à quinze et vingt mille francs d'appointements, des chefs de bureau à huit et dix mille francs. — Au ministère de l'intérieur, il n'y a que des chefs de division à dix et douze mille francs, et les chefs de bureau ne peuvent arriver au delà de sept mille francs. — Au ministère du commerce (ancienne division du ministère de l'intérieur), il n'y a que des directeurs. Les rédacteurs ont *au minimum* deux mille sept cents francs et au maximum trois mille cinq cents, — tandis qu'au ministère de l'intérieur les rédacteurs n'ont au minimum que deux mille francs et au maximum que deux mille huit cents francs; — de sorte qu'un rédacteur du commerce n'a au minimum que cent francs de moins qu'un rédacteur de l'intérieur au maximum. — Il y a d'autres ministères où les rédacteurs ont jusqu'à quatre mille francs. — Cet état de choses ne semble pas *au premier coup d'œil* très-conforme au vœu exprimé par la Chambre, — c'est bien pis au second.

Il y a au ministère de l'intérieur : un chef du cabinet, sept chefs de division, vingt-six chefs de bureau, trente-six sous-chefs, cinquante rédacteurs, ce qui fait soixante-dix personnes chargées d'en surveiller cinquante et de revoir leur travail, — car on ne peut compter celui fait par les expéditionnaires et les commis d'ordre, qui ne sont que pour copier et classer. — Dans la direction départementale et communale, il y avait, en 1831, un chef de division, — cinq chefs de bureau, huit sous-chefs.—Aujourd'hui on y compte : — trois chefs de division, — quatorze chefs de bureau, — et seize ou dix-huit sous-chefs. — Et cependant le travail n'a pas augmenté *d'une manière sensible*.

Il y a des bureaux qui ont : — un chef à quatre mille cinq cents francs ; — un sous-chef à trois mille francs, — et un employé à mille ou mille cinq cents francs. — C'est donc l'état-major qui absorbe tous les appointements, et qui empêche que les employés puissent être raisonnablement rétribués.

L'honorable M. Lherbette a prétendu que donner des pensions aux employés après un certain temps de services, c'est donner une prime à la fainéantise, et engager les employés à ne pas faire d'économies pour leurs vieux jours. — On voudrait vous y voir, monsieur Lherbette, — faites donc des économies, — faites donc des économies avec des appointements qui varient pendant dix ou douze ans entre six cents francs, huit cents francs, mille francs et mille cinq cents francs ! — Au ministère de l'intérieur, on devait réduire le nombre des employés de deux cent trente-trois à deux cent quatorze par voie d'extinction. Depuis la nouvelle organisation, non-seulement on n'a pas réduit, mais on a remplacé les manquants, et augmenté le nombre des employés, qui est aujourd'hui de deux cent trente-six. De sorte que tous les employés n'ont pas pu être mis au minimum des appointements de leur grade, ainsi que le prescrivait l'ordonnance d'organisation.

Ainsi, avec cinquante mille francs que la Chambre a alloués, les chefs de bureau et une partie des rédacteurs attendent toujours cet acte de justice; — il est vrai que les sept chefs de section devenus chefs de division ont vu immédiatement leurs appointements portés de sept mille francs à dix mille francs. Ces pauvres gens ne pouvaient pas attendre plus longtemps avec leurs sept mille francs. — Il vaut mieux faire attendre ceux qui ont mille cinq cents francs d'appointements.

🐝 Pendant tout l'été, — un assez grand nombre de députés, dans le jardin d'un employé du palais dont ils se sont emparés, — passent à fumer les séances dites *non politiques*. Mais, *quand la bise fut venue*, ces messieurs se trouvèrent fort embarrassés, et ils ont tout simplement demandé qu'on mît à leur disposition un salon spécial, pour y aller fumer pendant ces séances *non politiques*.

🐝 Maintenant et depuis peu, beaucoup de députés fument; — il n'en était pas ainsi il y a quelques années. — Quand il vient à la régie une veine de bon tabac, on met en réserve les meilleures caisses pour MM. les députés; du reste, je ne pense pas qu'on les leur donne, ils n'ont que le privilége du choix.

Disons maintenant ce qu'on entend par *séances politiques* et par *séances non politiques*. — Une séance dans laquelle il n'est question que des *intérêts matériels* (lisez *réels*) du pays, — de l'agriculture, de l'industrie, du bien-être de la classe ouvrière, d'améliorations morales, de mesures philanthropiques, etc., tout cela compose des séances *non politiques*, des séances pendant lesquelles on va fumer dehors. — On n'appelle *séances politiques* que celles où il doit s'agiter des questions de *cabinet*, c'est-à-dire des questions qui amènent des combats entre ceux qui ont les places et manient l'argent et ceux qui voudraient manier l'argent et avoir les places; — voilà les questions dont on s'occupe. — Le reste est du remplissage. — On abandonne les rôles aux doublures et on va fumer dans les jardins.

✻ Un bon état aujourd'hui, — c'est d'être *député flottant*, — par les majorités peu immenses que possède le ministère Guizot. Un député ministériel est une *chose acquise*, une propriété, — un immeuble, — on s'en sert à sa guise. Mais, la veille d'un vote incertain, — un député qui a soin de dire que sa conscience n'est pas suffisamment éclairée, — qui proclame qu'il n'écoutera que l'*intérêt du pays*, — etc., est entouré de soins et de cajoleries. — On s'occupe de le convertir, — il est peut-être l'appoint fatal, — sa voix est peut-être *l'être ou n'être pas* du ministère; — jamais jolie femme, jamais coquette, n'est plus adulée, plus adorée. — Le député flottant peut mettre sa défaite et ses faveurs au prix qu'il en veut.

✻ La Chambre des représentants de New-York — vient de prendre une prudente détermination : — elle a fini par remarquer que, de même que dans les Chambres des représentants des autres pays, — la plupart des choses se passaient en conversation. — Elle n'a pas suivi le conseil que j'ai donné, il y a longtemps, de brûler la tribune ; — mais elle a fait un pas, — elle a décidé qu'un membre ne pourrait jamais parler pendant plus d'une heure de suite. — Cela réduit l'avocat aux proportions de l'homme. — Ce n'est pas encore assez, — mais je voudrais cependant que nous en fussions là.

✻ Si, d'une part, — les époux s'entr'empoisonnent beaucoup de ce temps-ci, — il faut dire également, d'autre part, — que la rumeur publique a trouvé moyen d'exagérer une chose déjà assez exagérée par elle-même. — Il ne meurt pas un homme ou une femme — qu'on ne les suppose empoisonnés, qu'on ne les déterre et fasse de leur corps une odieuse cuisine à l'effet de trouver l'arsenic. La moindre circonstance est acceptée comme preuve contre l'époux survivant. — Il faut prendre garde que l'*hymen* (autrefois appelé *lien charmant*) ne devienne — « un contrat par lequel, de deux personnes, la première meurt par l'arsenic et la seconde par la guillotine. »

La femme de M. un tel est morte : — il *doit* l'avoir empoisonnée. — Un témoin dépose que la défunte s'est plainte une fois avec amertume que son mari rentrait tard. — Nul doute : irrité de ce reproche, M. un tel a empoisonné sa femme ; — M. trois étoiles est mort : — vite déterrons-le, — il doit avoir été empoisonné ; — un témoin digne de foi affirme qu'un jour il a refusé d'accompagner sa femme au spectale. — On empoisonne tous les jours des maris qui ne le méritent pas autant.

Un jeune musicien d'un grand talent, et dont les *Guêpes* ont déjà parlé, n'est pas encore très-riche ; — je ne le nomme pas, parce qu'il y a des gens assez bêtes pour l'estimer moins pour ce fait. — Dernièrement, il se trouvait en retard de deux termes de loyer. — Il reçut un papier timbré. — Il le lut d'un bout à l'autre. — Il en fut assez effrayé. — L'huissier lui faisait savoir, *de par le roi*, que les choses ne pouvaient aller ainsi. — Le roi enjoignait au jeune homme de payer, — sous vingt-quatre heures, les deux termes échus, sans préjudice du courant ; — sans quoi le roi l'avertissait qu'il ferait saisir et vendre ses meubles. — Les procureurs généraux, la gendarmerie, etc., étaient chargés par Sa Majesté de prêter main-forte *à l'exécution des présentes*. — Le jeune homme eut peur, il ne se savait pas si criminel. — Tout à coup, il lui vint une idée ; — il se rappela que le propriétaire de la maison qu'il habite était un artiste comme lui, un Auvergnat comme lui ; — qu'il lui avait autrefois offert sa protection. « Parbleu, dit-il, je vais lui écrire ; — c'est mon protecteur, c'est mon confrère, c'est mon compatriote, il n'a à me protéger que contre lui-même. » — Il écrivit donc à M. Onslow pour lui demander un délai de quelques mois. — M. Onslow est un musicien qui est, je crois, de l'Institut, — et qui a une assez grande réputation. — J'ai le regret de dire que sa musique ne m'amuse guère, ce qui est probablement de ma faute. M. Onslow est de plus fort riche ; — il a quelque chose comme cinquante mille livres de rente. — Notre jeune homme était parfaitement tranquille, lorsqu'il reçut une réponse du maître. Le maître refusait tout net le délai demandé. — Il ne se servait de ses titres de protecteur, de co-Auvergnat et de confrère que pour joindre à son refus — vingt à vingt-cinq lignes de conseils et de sermons.

L'artiste fut surpris au plus haut degré. — Il relut trois fois la lettre, — et il répondit à M. Onslow : « Monsieur, vous n'aviez le droit de me sermonner et de me donner des conseils qu'en m'accordant le sujet de ma demande. — Puisque vous n'admettez que la position sévère que la loi nous fait à tous deux, — je l'accepte malgré moi, — et je vous avertis d'une chose, — c'est que la loi vous oblige à me laisser emporter mon lit. — Or, comme je n'en ai pas, vous aurez à m'en donner un. » M. Onslow ne répondit que par un nouveau papier timbré. L'artiste heureusement trouva dans son talent et dans un heureux hasard des ressources qui lui permirent de satisfaire à la sévérité de son protecteur, de son confrère et de son compatriote. Ceci me console un peu de ne point trouver de charme à la musique de M. Onslow. C'est une chose qui m'attriste fort — et qui, il faut l'avouer, m'attriste assez souvent, — que de ne pas voir un beau caractère uni à un beau talent. — Et quand le caractère est laid, je ne suis pas fâché de découvrir que le talent non plus n'est pas très-joli.

Un cardinal vient d'avoir une idée assez singulière. — Le bon père a remarqué que certains mariages ne se faisaient pas, parce que, pendant l'intervalle nécessaire qui sépare les accords de la célébration, l'un des deux découvrait quelque chose sous le masque mal attaché de sa future moitié. — Il a cru devoir hâter la célébration, pour que l'on ne découvre plus les défauts, les vices et les ridicules de la personne avec laquelle on doit former des liens indissolubles que lorsqu'il ne sera plus temps de les rompre. — Ce cardinal s'appelle Caggiano. — Il est évêque et seigneur dans une ville d'Italie. — Il a publié un édit par lequel tout homme célibataire qui s'introduira dans une maison où il se trouve des filles nubiles devra avoir épousé l'une d'elles dans un espace de trois mois, à dater du jour de la présentation, sous peine d'un emprisonnement de deux mois. Cela pourrait avoir l'air très-analogue à la protection que l'on accorde à certains produits d'un pays en frappant d'un droit onéreux les produits semblables venant d'un autre pays. Il est évident que cet édit doit diminuer envers les filles nubiles la concurrence que feraient les jeunes gens aux hommes mariés, aux cardinaux et aux autres hommes *inaptes* au mariage.

On a défendu aux théâtres d'avoir des troupes d'enfants ; — cette sollicitude a le tort de se borner aux théâtres ; voici un emploi des enfants que je dénonce à l'autorité, et qu'il serait, je crois, décent de réprimer : dans tous les quartiers de Paris, il arrive la même chose, — je ne citerai que la rue Vivienne, parce que j'y passais hier au soir, et que, pour la dixième fois, j'ai vu le même spectacle. On prend une petite fille de six à huit ans, — on la met à moitié nue, — le soir, par un temps bien froid, — accroupie par terre au coin d'une borne, — tenant sur ses genoux deux paquets d'allumettes ou de cure-dents, — le père ou la mère se tiennent en observation à quelque distance ; — les passants s'apitoient de voir cette malheureuse créature endormie, ou plutôt engourdie par le froid, qui bleuit ses pauvres petits membres, — et l'on jette sur ses genoux une pièce de monnaie. — Quand la recette ne donne pas, — on ôte au martyr un fichu ou un châle — ou ses souliers, — on arrive à forcer l'humanité des passants dans ses derniers retranchements. Ceci est un infanticide d'un ordre particulièrement féroce. — L'autorité qui tolère de pareilles choses se rend complice de ce crime, qui déshonore une ville.

On rapporte que la reine Amélie, — quand elle a refusé de laisser danser devant elles les petites danseuses allemandes, — a dit : « Des enfants danser sur un théâtre à cet âge... ont-elles seulement fait leur première communion ? »

Il faut dire à Sa Majesté la reine — que bien des jeunes filles élevées au théâtre ne font pas leur première communion, parce que certains prêtres exigent qu'elles commencent par quitter le théâtre, qui est leur seul moyen d'existence, — et que d'ailleurs leurs parents, auxquels elles doivent obéir, ne leur permettraient pas d'abandonner. — M. le curé de Notre-Dame-de-Lorette a manifesté récemment une pareille exigence, laquelle n'a eu qu'un résultat, c'est que la jeune fille est restée au théâtre, n'a pas communié et ne communiera pas.

Il y a eu à la Chambre dite aristocratique des échanges d'interpellations peu parlementaires et surtout peu convenables. — Il est fâcheux que certaines discussions dégénèrent en ce qu'on appelle, en temps de carnaval, des *engueulements*. — On abuse un peu trop de l'interjection à la Chambre des pairs; — je ne sais si c'est un moyen de se rendre populaire que recherche cette illustre assemblée.

Il y a à la Chambre haute cent cinquante et un membres qui exercent des fonctions rétribuées par le gouvernement; — si vous ajoutez à cela ceux d'entre messieurs les pairs qui se mêlent un peu trop des chemins de fer et d'agiotage sur lesdits chemins, — vous trouverez en vous-même peu de confiance dans l'indépendance de la Chambre.

On a chanté un opéra-comique sur le théâtre de l'hôtel Castellane. — Cette représentation a été le prétexte d'une fort belle fête. — Comme j'arrivais, et me trouvais par hasard sur le théâtre, j'entendis qu'il manquait deux choses : — un lorgnon et un souffleur. « Monsieur, avez-vous un lorgnon? — Non, et j'en suis désolé. — Si vous êtes si désolé de ne pouvoir nous rendre ce service, vous pouvez vous consoler en nous en rendant un autre : — voici le manuscrit, soufflez la pièce. » — Je m'installai dans la loge du souffleur et je fis de mon mieux. — L'opéra joué, chanté et applaudi, — il restait deux ballets, — l'un par des danseuses françaises, l'autre par les petites danseuses viennoises. —

La plus charmante foule avait envahi les places, — je repris la mienne dans le trou du souffleur, — jamais les jambes de ces demoiselles n'ont été vues de si près.

J'ai fait une découverte que je n'ai vue consignée dans aucun journal. — Parmi les trente-six petites filles, — connues sous le nom des quarante danseuses viennoises, il y en a une qui est un garçon, — c'est le fils de madame Weiss, la directrice de la troupe. — Il me semblait voir Achille élevé à Scyros, au milieu d'une troupe de jeunes nymphes. — *Quelques-unes* de ces jeunes filles *seront* fort jolies, — malheureusement, toutes ont de grosses jambes.

Avril 1845.

Avis aux journaux reproducteurs. — Un essaim d'huissiers. — M. Thiers. — M. Étienne. — Afnaër, les jésuites et les journaux. — Les chemins de fer en France et en Italie. — Une infamie. — Le roi de France et le nain Tom Pouce. — L'armement des fortifications. — Musée du Louvre. — M. Vickemberg. — M. Vibert. — M. Vidal. — M. Brascassat. — M. Decamps. — M. Delacroix. — M. Horace Vernet. — Madame Empis. — M. Scheffer. — M. Calame. — M. Chevandier. — M. Meissonnier. — M. Durand-Brager. — M. Baron. — M. Saint-Jean. — M. Rousseau. — Le jeu. — La loterie. — Le duel. — Les courtisanes.

AVIS AUX JOURNAUX DITS REPRODUCTEURS. — A tous qui les présentes verront : — *Échos, abeilles et magasins,* — *revues, écrins et estafettes,* — *bibliothèques, feuilletonistes, silhouettes; lanternes magiques, suppléments* et *portefeuilles,* — et tous autres journaux quelconques, *reproducteurs, collectionneurs, compilateurs et voleurs,* salut.

Quand on forma la Société dite des *gens de lettres*, ayant pour but de faire payer aux auteurs les reproductions faites de leurs ouvrages, je m'expliquai, je crois, franchement à ce sujet. Je déclarai que les écrivains étaient parfaitement dans leur droit d'exiger qu'on leur payât ce qu'on leur prenait pour le vendre ; — mais je déclarai en même temps que je ne ferais pas partie de ladite Société, parce qu'il ne me plaisait pas d'avoir à faire cette chasse à l'argent. Cette déclaration donna à mes ouvrages un charme tout particulier : tout le monde se prit à reproduire tout ce qui sortait de ma plume et que l'on avait pour rien, tandis qu'il fallait payer pour prendre ce que faisaient mes confrères. Une erreur de M. Pommier, agent de la Société des gens de lettres, leur fit un jour une belle peur. M. Pommier prit ma reconnaissance du bon droit de la Société pour une affiliation, et il se fit payer, sur ce que les journaux compilateurs et voleurs prenaient dans mes livres, un droit égal à celui qu'il percevait pour les ouvrages des membres de la Société. Je m'empressai de déclarer dans les *Guêpes* que c'était le résultat d'une erreur ; que je priais les journaux qui avaient donné de l'argent pour moi à M. Pommier de le lui redemander, attendu que je refusais complétement de le recevoir. Je priais en même temps lesdites feuilles compilatrices et voleuses de mettre quelque discrétion dans leurs emprunts ; — je consentais à ce qu'on me prît quelque monnaie, mais non ma bourse entière. J'allai voir quelques-uns des gens qui vendent ces feuilles, et je leur tins le même langage ; mais personne n'y daigna faire la moindre attention, — et, en peu de temps, la chose en vint au point que voici, et où elle est depuis à peu près six ans.

Un seul imprimeur, — M. B..., vend, tout imprimé, chaque mois, un tiers du volume des *Guêpes*, à peu près à trente journaux de départements. (On m'a donné un nombre plus grand, mais j'aime mieux dire moins que plus.) Une quinzaine de journaux et recueils sous divers titres prennent également ce qui leur convient, ce qui amène le résultat que voici : 1° en supposant que chacun de ces journaux n'ait que deux cents abonnés, ce qui ne lui permettrait pas de vivre, — en supposant que chaque numéro des journaux ne soit lu que par cinq personnes, — ce qui est beaucoup au-dessous de la vérité, — cela fait depuis six ans, tous les mois, quarante-cinq mille personnes qui lisent les *Guêpes* sans avoir à acheter un seul de mes petits livres. — 2° Les abonnés et les lecteurs de ces journaux se disent : « Puisque mon journal puise à discrétion dans les volumes de M. Karr, je ne peux pas croire que mon journal soit assez bête pour ne pas prendre ce qu'il y a de meilleur, et ne laisser que ce qui est sans intérêt et ne vaut pas la peine d'être lu. » Madame B... elle-même a dit devant moi qu'elle n'avait jamais lu les *Guêpes* que dans l'*Estafette*, — un des journaux en question imprimés par son mari. — 3° Tel journal légitimiste, ou républicain, ou ministériel, choisit, épluche dans mon volume ce qui peut aller à sa couleur, et ne dit pas un mot du reste. — Tel autre prend le blâme que je formule sur certains actes d'un homme, — et ne dit pas un mot du bien que je dis d'autres actes du même homme, et réciproquement. De telle sorte que moi, qui n'ai jamais suivi d'autre drapeau que celui du bon sens et de la probité, — je me trouve pour tels lecteurs légitimiste, pour tels autres républicain, pour tels autres ministériel. — 4° Tel recueil coupe une histoire que je raconte où bon lui semble, ou supprime les réflexions pour lesquelles j'ai raconté l'histoire.

Je me suis plaint, à plusieurs reprises, à plusieurs de ces feuilles ; — je les ai priées cent fois de ne me prendre que des fragments d'une longueur raisonnable et de ne pas tronquer ce qu'elles me prennent. Mes réclamations n'ont servi à rien. Il y a même M. Gabriel, — chargé de couper de droite et de gauche les feuilletons pour l'*Estafette*, — qui soutient que c'est dans mon intérêt et pour me rendre service que, depuis six ans bientôt, il imprime malgré moi un tiers ou au moins un quart de mon volume chaque mois. Il m'a semblé que l'on se moquait de moi.

C'est pourquoi, à prendre d'aujourd'hui 10 avril 1845, je fais défense à tous *échos, abeilles* et *magasins*; — *revues, écrins* et *estafettes*; — *bibliothèques, feuilletonistes* et *silhouettes, lanternes magiques, suppléments* et *portefeuilles*, — et à tous autres journaux quelconques, *reproducteurs, collectionneurs, compilateurs* et *voleurs*, de ne plus, à l'avenir, prendre dans mes ouvrages *une seule ligne* sans mon autorisation spéciale et par écrit, — les avertissant que, faute par eux de se conformer à ladite prohibition, je lâcherai sur eux un essaim plus désagréable que mes *Guêpes*, — à savoir une troupe d'huissiers, — *nigrum agmen*.

Défense également est faite à mes *Guêpes* de fréquenter désormais lesdites feuilles et journaux. Ceci n'est pas une plaisanterie, et je tiendrai sévèrement la promesse que je leur fais.

Si MM. B... et Gabriel avaient par hasard quelque chose de bon à répondre à ce qu'ils m'ont forcé de dire d'eux, je suis prêt à mettre leur réponse dans le prochain volume. J'espère que mes fidèles abonnés et lecteurs, amis connus et inconnus, approuveront le parti que je prends.

Comme M. Étienne était près de mourir et qu'il avait à peu près perdu connaissance, M. Thiers alla pour le voir, et, comme on refusait de le laisser entrer : « Je n'insisterai pas, dit-il ; mais, je vous en prie, si la connaissance lui revient, dites-lui que suis venu pour le voir ; dites-lui que c'est moi, Thiers, — le pauvre jeune homme auquel il a mis, dans le temps, le pain à la main. » — M. Thiers ne me donne pas souvent occasion de dire du bien de lui, — je m'empresse de raconter ce mot, qui, selon moi, lui fait beaucoup d'honneur.

M. Sax a bien voulu m'inviter à aller entendre les instruments qu'il propose pour remplacer ceux qui composent un peu confusément la musique militaire. — J'attendrai une audition en plein air pour former mon opinion. — Quoique jouée dans une chambre, la musique a fait beaucoup d'effet, — et, à la fin d'une fanfare, M.***, qui est un homme fort pacifique, s'est écrié : « Je veux nos frontières du Rhin ! »

🐝 Un procès, à la suite duquel le caissier des jésuites de la rue des Postes vient d'être condamné, — a constaté que, malgré les persécutions dont se plaint l'Église aujourd'hui, ceux des prêtres qui mendient ne le font que par humilité. — Les bons pères étaient assez à l'aise pour qu'on leur volât trois cent mille francs sans qu'ils s'en aperçussent.

La liste des valeurs dérobées a montré que ces pauvres gens font de nombreux trafics et se permettent même un peu d'agiotage sur les actions industrielles. — Il faut dire aussi que certains journaux ont poussé la partialité jusqu'au ridicule en prenant contre les jésuites le parti du domestique qui les avait volés. L'avocat qui a plaidé pour Afnaër a fait un petit roman qui n'aurait pas déparé le *Juif Errant* de mon ami Eugène Sue.

🐝 Pour ce qui est de l'armement des fortifications, dont on s'occupe en ce moment, — nous en avons dit notre avis lorsqu'il a été question de construire et les forts et l'enceinte. — Il n'est rien arrivé depuis qui doive nous faire changer de sentiment. — Les fortifications de Paris, exécutées quand on ajourne celles du Havre, sont une médiocre plaisanterie. — C'est l'œuvre de la coalition des Tuileries, du *National* et de M. Thiers. Un volume entier des *Guêpes* a été consacré en ce temps-là à l'examen de cette question. — Nous maintenons tout ce que nous avons dit alors.

🐝 Pensez-vous qu'un homme d'un grand talent qui arriverait à Paris et qui voudrait voir le roi — obtînt cette faveur aussi facilement que le nain américain Tom-Pouce, auquel Sa Majesté a fait don d'une épingle en or qui pourrait lui servir d'épée, à ce que dit M. Cuvillier-Fleury, — qui a rendu compte de cette entrevue dans le *Journal des Débats?*

Les vieilles femmes et quelques-unes plus jeunes qui veulent faire partie du spectacle — embrassent toujours cette affreuse petite bête et lui donnent des bonbons pour l'attirer. — On rencontre presque tous les jours aux Champs-Élysées sa voiture, attelée quelquefois d'un cheval blanc et d'un cheval bai, — mais le plus souvent de deux chevaux blancs, que le petit comte de Paris a appelés plaisamment des chevaux caniches. — Son véritable nom est Charles Stratton.

※ A propos de l'armement des forts — le *Constitutionnel*, journal de M. Thiers, — voudrait bien contrarier le ministère, — mais il ne l'ose à cause que c'est M. Thiers qui les a fait bâtir. Il prend des airs distraits et s'occupe de toute autre chose.

※ Grimalkin a fait une singulière découverte. — Il ne s'agit tout simplement que d'une grande infamie que prépare dans l'ombre — un poëte béat et confit, — un saint homme de poëte. Ledit poëte est fort laid. — Il a rêvé une fois dans sa vie qu'il était l'amant d'une belle et charmante femme. — Pour ceux qui connaissent les deux personnages, la chose serait vraie qu'elle n'en resterait pas moins invraisemblable et impossible. — Cet affreux bonhomme ne s'est pas contenté des joies qu'il a usurpées, à la faveur de quelque accès de folie ou de désespoir causé par un autre. — Il ne trouve pas que ce soit assez d'avoir eu une belle femme, il veut un peu la déshonorer. — Sans cela ce ne serait pas un triomphe suffisant. Il a réuni dans un volume — de cent et une pages — toutes sortes de vers au moins médiocres, qu'il a faits sur ses amours invraisemblables. — Il a eu soin d'en faire un dossier avec preuves à l'appui, — pour laisser sur la vie de cette femme la trace luisante et visqueuse que laisse sur une rose le passage d'une limace. Non-seulement il a eu soin de relater dans ses vers — toutes les circonstances de famille et d'habitudes qui ne permettent pas d'avoir le moindre doute sur la personne qu'il a voulu désigner; — mais encore il l'a nommée à diverses reprises. Cette infamie, tirée à cent exemplaires, doit être cachetée et déposée chez un notaire, — pour être distribuée entre certaines personnes désignées, — après la mort de l'auteur.

J'espère qu'à cette époque — les gens qui liront cette œuvre de lâcheté—trouveront ce monsieur encore plus laid qu'il n'était de son vivant. — Ce livre de haine — est appelé par l'auteur *Livre d'Amour*. Il est inutile de me demander des explications sur ce que je dis ici,—j'en refuserais même à mes amis les plus intimes; — je n'en donnerai qu'à l'auteur du livre s'il me les demande. — Pour que ce personnage—sache bien qu'il y a un honnête homme qui le regarde — et qui sait ce qu'il fait, — je vais transcrire ici une des pièces du recueil qui ne désigne personne, mais qui lui montrera, à lui, que j'ai son secret tout entier entre les mains.

LIVRE D'AMOUR.

XXX.

SONNET.

(AUX CHAMPS-ÉLYSÉES.)

Laisse ta tête, amie, en mes mains retenue ;
Laisse ton front pressé; nul œil ne peut nous voir.
Par ce beau froid d'hiver, une heure avant le soir,
Si la foule élégante émaille l'avenue,

Ne baisse aucun rideau, de peur d'être connue;
Car en ce gîte errant, en entrant nous asseoir,
Vois, notre humide haleine, ainsi qu'en un miroir,
Sur la vitre levée a suspendu sa nue.

Chaque soupir nous cache, et nous passons voilés.
Tel au sommet des monts sacrés et recélés,
A la voix du désir le Dieu faisait descendre

Quelque nuage d'or fluidement épars,
Un voile de vapeur impénétrable et tendre;
L'Olympe et le soleil y perdaient leurs regards.

Ceci ne fait que raconter d'une manière laidement érotique une promenade en fiacre avec une femme;—mais, trois pages avant, cette femme est clairement désignée; — trois pages après elle est nommée. On trouve dans ce recueil — et les jours de rendez-vous — et la maison où on se réunissait, avec le quartier et la rue, on peut y aller tout droit; —rien ne manque au dossier. — J'espère deux choses : — d'abord que cette révélation empêchera l'auteur de donner suite à sa vilaine action. J'espère plus encore que ces vers sont un rêve ou un mensonge; car, s'il avait éprouvé l'amour dont il parle, s'il l'avait inspiré surtout, — son âme se serait assez épurée à ce feu sacré pour lui rendre impossible une pareille action, — plus odieuse encore que je ne veux le dire dans la crainte de l'éclairer pour d'autres que pour lui.

On me racontait dernièrement qu'un très-grand seigneur, assistant à des expériences du plus haut intérêt faites par M. Gay-Lussac, — ne fut sensible qu'aux changements de couleurs opérés dans certains liquides par certains réactifs, qu'il prit le tout pour un escamotage et ne cessa de s'écrier avec admiration à chaque expérience : « Ah! très-adroit! »

C'est ce qui m'est souvent arrivé lorsque j'ai demandé quelque réforme au nom du bon sens, de la dignité ou de l'humanité. — Les gens ont fait semblant de prendre la chose pour un jeu d'esprit, et se sont contentés de dire : « Ah! très-drôle! ah! très-spirituel! » (*Spirituel*, en ce cas, veut dire absurde et inapplicable.)

Voilà bien longtemps que je fais, avec une certaine véhémence et une certaine amertume, un reproche à l'autorité à propos des chemins de fer. Comment! les entrepreneurs de ces chemins — pendant le rude hiver qui vient de se passer — n'ont cessé de transporter dans des voitures découvertes les voyageurs qui ne peuvent ou ne veulent payer que le plus bas prix du tarif; — plusieurs maladies et un cas de mort ont été constatés. L'autorité ne s'est pas émue. Cependant la vivacité de l'air est extrême à cause de la vitesse, et ceux des voyageurs qu'on y expose, souvent après une marche rapide pour ne pas manquer le départ, sont les plus mal vêtus.

Autrefois les pauvres avaient du moins un avantage, — ils pouvaient voyager tranquilles et insoucieux sur les routes, les voleurs ne s'attaquaient pas à eux et n'interrompaient pas les chansons qu'ils chantaient en marchant. Aujourd'hui — grâce au progrès — les pauvres gens sont volés comme les autres, et on les condamne à toutes sortes de petits supplices ingénieux pour leur faire donner leur peu d'argent.

N'allez pas répondre que rien n'est changé en cela, qu'on a toujours le droit d'aller à pied. Non pas vraiment, vous dirai-je, — dans le mouvement que vont causer les chemins de fer, il faudra que les ouvriers voyagent; toutes les conditions de tous les états vont se trouver changées. — Avant les chemins de fer, l'ouvrier, qui prenait la place la moins chère dans une diligence, n'était pas pour cela exposé à plus de souffrances ni à plus de dangers que les autres voyageurs. — Il suffisait bien de la vanité pour faire prendre les places les plus chères à ceux qui pouvaient les prendre. La pauvreté n'a jamais été traitée si sévèrement qu'aujourd'hui. — Ce n'était qu'un vice, c'est un crime. — Dans la même semaine où un ouvrier est mort en deux jours d'une pleurésie pour avoir voyagé en wagon découvert, — un parricide traduit aux assises a vu admettre en sa faveur des circonstances atténuantes, et en a été quitte pour les travaux forcés, — tandis que l'autre scélérat, celui qui n'avait pas pu donner cent sous de plus aux entrepreneurs des chemins de fer, a expié son crime par la mort.

En outre, on ne saurait trop le répéter non plus, le prix du transport est beaucoup trop cher. Le plus souvent on est séparé de Rouen par quinze francs plutôt que par trente lieues. — Voici, je crois, quatre ans — que je traite ce sujet au moins deux fois par an, je n'ai pu obtenir encore satisfaction, — je serais réellement bien embarrassé s'il me fallait trouver une excuse à l'autorité. J'aime mieux m'en chercher une à moi-même — pour éviter qu'on me prenne pour un rêveur — qui demande des choses impossibles — et qui chicane les gens sur des vétilles et par fantaisie : — ce que je demande qu'on fasse en France — se fait de la manière la plus complète sur les chemins de fer de Naples à Nocera. — Je copie le tarif imprimé qui m'est envoyé.

TARIF. — « Pour faciliter à la classe ouvrière un moyen assuré de transport, l'administration du chemin de fer s'engage à avoir pour chaque convoi journalier ordinaire la moitié du nombre des *wagons pour les places de troisième classe*, et *l'autre moitié pour les places de première et de deuxième classe;* elle se réserve toutefois le droit d'ajouter un wagon de plus à l'une des trois classes quand elle le jugera nécessaire.

» Tout voyageur est reçu indistinctement dans les wagons de troisième classe ; mais l'administration, pour venir en aide à la classe pauvre, qui prend des places de troisième, accorde *un rabais aux hommes en veste et en bonnet, aux femmes sans chapeau, aux domestiques en livrée, aux soldats et aux sous-officiers* de l'armée royale. Le prix de la troisième classe, pour les personnes susdésignées, se trouve dans la colonne placée dans le tarif après les prix de première, deuxième et troisième. »

Non-seulement les places les moins chères sont mises à la disposition des voyageurs pour la moitié du convoi, — non-seulement les voitures sont couvertes comme les plus chères, — mais le rabais que l'on fait sur ces places les moins chères aux ouvriers et aux gens peu aisés est très-important. Je ne sais pas à laquelle de nos monnaies répond celle que le tarif appelle *grana*, — mais il ne s'agit que d'une différence entre le prix des places.

Extrait du tarif : « De Naples — à Torre del Greco : — première classe, 20 grana ; — deuxième classe, 15 ; — troisième classe, 10 ; — troisième classe en veste, — 6 grana seulement.

» De Naples à Castellamare : — première classe, 50 grana ;

— troisième, 25 ; — troisième réduite pour les ouvriers, 15.

» De Naples à Torre Annunciata : — première classe, 30 ; troisième, 15 ; — troisième réduite pour les ouvriers, 8 seulement. »

Je comprends que, en bas d'un tarif honnête et humain comme celui-ci, — on se soit fait un plaisir de mettre sa signature — ainsi qu'il a été fait : « Le présent tarif a été approuvé par Son Excellence le ministre secrétaire d'État des affaires intérieures. — L'intendant de la province de Naples. — *Signé* Sancio. »

Mais il doit être beaucoup moins agréable d'approuver le tarif de nos chemins de fer — pour Son Excellence le ministre secrétaire d'État des affaires intérieures en France, attendu que ce tarif, laissant trop haut le prix du transport, s'oppose bêtement au but cherché par la création des chemins de fer ; — attendu qu'il est inhumain jusqu'à la barbarie et jusqu'au crime. — Le présent volume sera mis sous les yeux de Son Excellence le ministre secrétaire d'État des affaires intérieures.

MUSÉE DU LOUVRE. — Le jury a eu, comme les années précédentes, pour un grand nombre de rapins et de peintres d'enseigne, — l'extrême délicatesse de refuser, en même temps que les leurs, — plusieurs tableaux de peintres assez célèbres pour qu'ils n'aient plus à relever que du public. — Grâce à ces bizarreries du jury, il n'est pas un barbouilleur sans talent, quelque justement qu'il ait été refusé, qui ne puisse se plaindre de la partialité du jury et attribuer son exclusion à quelque haine particulière.

Je n'ennuierai ni vous ni moi à faire une revue complète de l'exposition de cette année, — je vous parlerai seulement des tableaux que vous avez sans doute remarqués comme moi, si vous avez été au Salon. Il y a immensément de ces choses qui ne sont ni bien ni mal. — En peinture comme en poésie, on a tellement répandu les procédés de fabrication, que tout le monde à peu près arrive au médiocre. — Le médiocre est toujours estimé et adoré du vulgaire ; — il n'est rien, il est même moins que rien,—mais il sert à diminuer à l'œil la hauteur du talent et du génie,—comme les collines qui entourent une montagne diminuent sa hauteur, sans être elles-mêmes quelque chose de remarquable ni de beau.

Je commencerai, comme de coutume, par dire que je ne suis pas peintre et que je ne veux pas faire semblant de l'être ; que, conséquemment, beaucoup de beautés et de défauts peuvent m'échapper, qui peuvent enchanter ou blesser des gens plus habiles. Je ne puis juger un tableau qu'à deux points de vue, la pensée et l'imitation de la nature.—Commençons donc notre promenade au hasard et sans ordre.

Les *Oies du père Philippe*, de M. Baron, rappellent assez heureusement la manière de Camille Roqueplan,— si c'est peindre heureusement que de peindre dans la manière de quelqu'un. Donnons à ce sujet une bonne nouvelle : Roqueplan, ce frais et gracieux talent qui était parti si malade pour le Midi, va fort bien aujourd'hui, et recommence à travailler.

Voici un paysage de M. Calame. Un vent d'orage rase la terre et fait ployer les arbres et l'herbe ; — la nature est muette et effrayée. — Les peintres font bien quelques chicanes à ce tableau ; —ils disent que les *premiers plans* manquent de solidité ; c'est peut-être vrai, mais il n'en est pas moins vrai que c'est un beau tableau.

M. Chevandier est, dit-on, parent d'un député. — C'est à ce hasard de la naissance qui a remplacé la noblesse d'autrefois et ses priviléges, qu'on n'a tant attaqués que pour les conquérir, qu'il doit sa belle part de lumière ; son paysage est tout simplement ridicule.

Ce que je dis de l'influence des députés sur la peinture n'est pas une déclamation de journal,— ce que je dis est la vérité. —J'ai eu hier dans les mains une lettre ainsi conçue : « *A M. le directeur des Beaux-Arts.* — Commander un tableau à M. ***, recommandé par M. ***, député. — *Signé* Duc. »—On ne prend pas la peine de dire si le monsieur en question est un peintre de talent, ou même s'il est un peintre :—son protecteur est député, — voilà tout ; — le reste est peu important.

🐝 M. Durand-Brager a exposé un bombardement de Mogador — qui ne peut que diminuer l'admiration que nous avions conçue en faveur de ce fait d'armes ; — ce tableau sert encore à faire voir un des fléaux que la guerre entraîne à sa suite, — à savoir de servir de prétexte à de pareilles images.

🐝 Les *Guêpes* ont donné, — il y a quatre ans — l'histoire des comédies de M. Empis et des tableaux de madame Empis. — Celui-ci représente une forêt faite de balais — et meublée de cerfs de bois, — copiés sur des joujoux de Nuremberg.

🐝 M. Lavocat, que Fieschi appelait son ami, — a été représenté par un de ses employés, aux Gobelins, en sergent de ville. Nous ne pouvons nous empêcher de blâmer cette plaisanterie du peintre vis-à-vis d'un homme entouré de la vénération de plusieurs de ses concitoyens, — député, commandeur de la Légion d'honneur — et quelque chose dans la garde nationale.

🐝 M. Marquis, le célèbre chocolatier, a peint au chocolat une vision de saint François d'Assise. Le saint, apercevant dans le soleil quelque chose de bizarre, que nous n'avons pu comprendre plus que lui, est tellement frappé de ce prodige, qu'il tombe pourri.

🐝 Entre les trois petits tableaux exposés par M. Meissonnier, celui que j'aime le mieux est le *Corps de garde*. — Celui que j'aime le moins est la *Partie de piquet*. Tous trois sont d'un fini précieux.

🐝 On se plaint avec raison de la contrainte par corps. — L'emprisonnement pour dettes n'atteint guère que les malheureux. On sait bien qu'il faut punir le malheur et la pauvreté, du moins cela s'est fait dans tous les temps et dans tous les pays, — mais il faut y mettre un peu de modération. Pour les débiteurs malheureux, c'est trop dur ; pour les escrocs, c'est trop doux.

Mais ceux-ci trouvent presque toujours moyen de s'y soustraire.

M. Bouet, mon ami, a fait un récit intéressant, et M. Nouveau, un mauvais tableau d'un usage pratiqué sur les côtes occidentales d'Afrique, — et qui est fort utile pour conserver aux peuples dits barbares une supériorité de barbarie sur les peuples civilisés qui font de leur mieux pour leur disputer cette supériorité. Voici ce que dit Bouet :

« Lorsqu'un naturel doit une somme qu'il ne peut payer, il est obligé de donner à son créancier un esclave comme gage de sa créance jusqu'à parfait payement ; et, dans le cas où cet esclave vient à mourir chez ce dernier avant qu'il soit intégralement payé, il a le droit de le livrer comme pâture aux oiseaux de proie. Cette exposition entraînant le déshonneur du débiteur et de la famille de l'esclave, il en résulte que souvent tous ceux qui prennent intérêt à sauver l'âme du défunt, se cotisent pour satisfaire le débiteur, afin de pouvoir ôter le cadavre du charnier et le faire enterrer suivant la coutume du pays. »

Les créanciers dans ce pays ressemblent à Dieu, — ou plutôt ils ont partagé avec lui un soin touchant et réparé une négligence de l'Être suprême, qui ne donnait, dit le poëte, la pâture qu'aux *petits des oiseaux*. Ces honnêtes créanciers la donnent aux vautours et à d'autres gros oiseaux qui avaient à se plaindre de la partialité de Dieu pour les petits.

La *Sainte Thérèse*, par M. de Flavet. — Voici ce que dit elle-même de ses visions, — cette sainte qui laisse douter si elle aime un Dieu fait homme ou un homme fait Dieu :

« Il a plu quelquefois à Notre-Seigneur que j'en aie vu un à mon côté gauche dans une forme corporelle : il était petit... Cet ange avait en la main un dard qui était d'or, et qui me paraissait avoir à l'extrémité un peu de feu. Il me sembla qu'il l'enfonça diverses fois dans mon cœur, et que, toutes les fois qu'il l'en retirait, il m'arrachait les entrailles, et me laissait toute brûlante d'un si grand amour de Dieu, que la violence de ce feu me faisait jeter des cris, mais des cris mêlés d'une si extrême joie, que je ne pouvais désirer d'être délivrée d'une douleur si agréable, ni trouver de repos et de contentement qu'en Dieu seul. Cette douleur dont je parle n'est pas corporelle, mais spirituelle, quoique le corps ne laisse pas d'y avoir beaucoup de part. » (*Vie de sainte Thérèse*, traduite par Arnaud d'Andilly, t. 1er, p. 170.)

🐝 Je croyais l'amour de Dieu plus platonique. L'ange a les formes communes d'un jeune fils de marchand de vins, — il me rappelle les *beaux enfants* de Normandie. On ne dit jamais pour flatter les parents qu'un enfant est beau, on dit qu'il est *lourd*. « Comme votre enfant est lourd! — Oh! il n'est pas si lourd que le vôtre. — Je parierais bien qu'il est plus lourd. — Vous êtes trop bon. »

Je sais une femme qui demeure à quelques lieues de sa fille, qui est mariée et a deux enfants. Elle prend successivement ses petits-fils à l'engrais. Elle pèse celui qui arrive; — elle le pèse derechef quand elle le rend, pour constater qu'il a crû en graisse et de combien de kilogrammes il est plus lourd.

La sainte Thérèse n'est, de son côté, ni belle ni bien faite, et l'on comprend que le Seigneur ne l'aime pas lui-même, et se débarrasse de cette corvée sur ses anges.

🐝 Quel joli tableau que les *Deux rats*, de M. Rousseau! comme tous les détails sont finis et bien peints! — Quel malheur qu'on dérange ces petits rats si luisants, si propres, si heureux! — Heureusement que ce qu'on prend pour un domestique qui entre est si mal fait, si peu en perspective, — que ce n'est peut-être qu'un tableau accroché au mur. — Les rats vont se rassurer et ne se sauveront pas. On dit que M. Rousseau, qui ne fait pas la figure, a fait peindre celle-ci par un de ses amis.

🐝 M. Eugène Delacroix avait fait le cheval de Trajan lie-de-vin, il a fait celui de Muley-abd-err-Rhaman bleu chiné et de plus empaillé ; j'ai vu des bas de cette couleur, mais c'est pour la première fois que je vois un cheval.

Un bourgeois, qui avait lu sur son journal que ce tableau est un chef-d'œuvre, disait, après l'avoir examiné longtemps : « Je ne dis pas que ce n'est pas très-beau, je ne dis pas même que l'histoire n'est pas vraie, — je ne veux pas donner un démenti à M. Delacroix ni à mon journal, — mais ça n'a pas dû se passer si bleu que ça. »

Un journaliste qui a écrit longtemps en faveur de M. Delacroix, et qui lui a sacrifié tous les autres peintres, disait devant le tableau de la *Sybille* : « Voilà dix ans que je le défends, mais je ne suis plus assez fort. »

La *Madeleine du désert* ressemblerait à une femme noyée, sur un des lits de pierre de la Morgue, si on laissait les noyés assez longtemps pour qu'ils arrivent à ce point de décomposition ; — c'est un défi facétieux porté par M. Delacroix à ses sectateurs : il a voulu voir comment ils diraient du bien de cela. — Plusieurs ont affronté l'épreuve et en sont sortis victorieux. — Quand M. Delacroix fait un tableau dont on ne peut pas dire du bien, on s'en sert comme prétexte pour dire du mal des autres peintres. La religion Delacroix est fort intolérante.

Le tableau de fleurs de M. Saint-Jean n'est pas le meilleur qu'il ait exposé ; — mais il n'y a rien de si vrai et de si charmant qu'une certaine branche de framboisier. Les fleurs de M. Saint-Jean ont une liberté particulière, et paraissent plus heureuses que celles des autres peintres. — Leurs fleurs posent comme des personnes naturelles, et font des mines ou sont guindées ; celles de M. Saint-Jean ne savent pas qu'on fait leur portrait.

Le *Christ descendu de la croix*, de M. Vibert, est un cadavre dans toute sa laideur. — En général, on a fait le Christ très-laid. — Le roi Louis-Philippe a été également fort maltraité.

M. Vickemberg a refait ses *Enfants sur la glace :* — la

glace lui appartient; — celle des autres se fond à côté de la sienne.

🐝 Les pastels de M. Vidal ont beaucoup de grâce et de fraîcheur. — J'en excepterai un, qui est ridicule : — cela s'appelle l'*Amour de soi-même* — et représente une femme qui, bizarrement contournée et tordue, couvre ses propres épaules de baisers.

🐝 M. Brascassat a exposé un *Combat de taureaux contre des loups*, qui est d'une grande vérité; — le seul reproche qu'on puisse faire à cette belle composition, c'est de n'avoir pas autant d'air qu'en sait quelquefois mettre M. Bracassat dans ses tableaux. Je me rappelle, entre autres, une *Prairie normande*, si profonde que je la comparais à une fenêtre ouverte sur la campagne.

🐝 Il paraît que, selon certains feuilletonistes qui entraînent une partie du public, — on n'a le droit pour juger un tableau, en certains cas, de se servir ni de ses yeux ni de son jugement. Voici le piége dans lequel on a fait tomber beaucoup de gens cette année, — c'est un piége amorcé de vanité et qui ne manque pas souvent son effet. « Ceci, s'écrie-t-on, n'est pas de cette peinture vulgaire qui plaît au commun des hommes. — Les esprits d'élite seuls la comprendront et y puiseront de ravissantes impressions. » Alors arrivent en foule les niais qui veulent être des esprits d'élite et qui admirent tout, et qui enchérissent sur les louanges les uns des autres, et qui finissent par s'enthousiasmer à force de parler, — et qui, au bout de quelques jours, aiment en réalité tendrement une peinture qui leur a fourni une si facile occasion de prendre rang parmi les esprits d'élite. Il faut voir aussi, quand une fois ils se croient en possession de la place, avec quel magnifique dédain ils traitent ceux qui conservent leur bon sens.

🐝 Parmi les neuf ou dix dessins de M. Decamps,—il n'y en a qu'un qui mérite une partie du culte que leur ont voué les croyants qui allaient en procession les visiter. Je veux parler de celui qui représente *Samson tournant la meule*. L'esclave qui se repose et regarde l'Hercule juif — est une figure bien pensée et bien faite.

Mais que dire de cette mauvaise charge de *Samson emportant les portes de Gaza*, — sinon que le marc de café répandu sur une assiette fait de lui-même de pareilles images ? Que dire du *Combat de Samson avec le lion*, sinon que le lion n'est qu'un figurant de théâtre habillé en lion ? Que dire de la figure de Samson dans la plupart des dessins ? — qu'elle est commune et médiocrement dessinée.

La scène de *Samson renversant le temple* est une de celles sur laquelle se récrient le plus les gens. Cependant Samson est placé entre deux colonnes qu'il renverse, de façon à ne les toucher que des bras à demi étendus. Eh bien ! il n'a pas ainsi la vingtième partie de sa force. — Les adeptes répondent à ce reproche en essayant d'en faire une beauté. « Cela peint à merveille, disent-ils, la force de Samson, qui n'a besoin que d'en employer une partie pour renverser le temple. » — MM. les adeptes formulent en ceci une grosse sottise. — Il est dit que Samson attendit que ses cheveux fussent repoussés à un certain degré et que la force lui fût revenue pour exécuter son projet. S'il n'avait eu besoin pour cela que d'une partie de sa force, il n'eût pas attendu si longtemps, il se fût contenté d'avoir atteint la force nécessaire.

On a beaucoup loué M. Decamps d'avoir obtenu de si grands résultats avec l'emploi du crayon noir, du crayon rouge et de quelques teintes. Pourquoi ? Est-ce que M. Decamps était à la Bastille et manquait de couleurs ? Parce qu'un peintre a la pensée bizarre de se passer de certaines couleurs, est-ce un mérite ? non. — M. Ducornet, qui n'a pas de bras, peint avec les pieds. — C'est très-bien. — Mais s'il prenait fantaisie à M. Decamps de peindre avec les pieds, lui qui a des mains, faudrait-il lui en savoir gré ? — Croyez-vous que l'emploi des couleurs aurait donné plus de charmes aux dessins de M. Decamps? — Alors il a eu tort de ne pas les employer. — Croyez-vous, au contraire, que, malgré tout son talent, il n'aurait pas réussi à rendre ses dessins meilleurs avec sa palette bien garnie? — Quel est alors le prodige qu'il ne s'en serve pas? — Pour moi, j'ai vu des tableaux de M. Decamps bien supérieurs à ces fameux dessins.

Ce qui achèvera de me placer dans les esprits vulgaires pour les fanatiques admirateurs de MM. Decamps et Delacroix, — c'est que je trouve très-beaux les tableaux de M. Horace Vernet. Son panorama de la *Smahla* est admirablement peint. Les chevaux sont étudiés et rendus avec exactitude et vérité. — Les groupes sont bien composés et bien vivants. Les femmes sont charmantes pour la plupart. Je n'aime pas beaucoup le nègre sorcier ou fou sur le devant du tableau. — Les deux gazelles qui s'enfuient ne se détachent pas suffisamment sur la tente, et ont l'air d'être brodées dessus. — Peut-être encore, par ce soleil ardent, l'ombre sous les tentes devrait-elle être plus dure et plus tranchée. — Mais par combien de beautés du premier ordre ces légères taches sont rachetées! — comme les chevaux arrivent de front! comme leurs naseaux fumants sortent du cadre! — comme ils galopent! — comme les coups de sabre sont bien donnés! — comme tout cela est bien vivant!

Un autre tableau de M. Vernet, — le *Portrait du général des lazaristes*, a constamment arrêté la foule. Ce tableau est, en effet, d'une vérité remarquable, — les moindres accessoires sont faits avec un soin extraordinaire et un bonheur peu commun.

M. Scheffer, que ses amis espéraient avoir décidé à exposer cette année, n'a pas trouvé ses tableaux suffisamment terminés à l'époque de l'ouverture du Salon. — J'ai vu avec bien du plaisir dans son atelier deux nouvelles pages de Faust poétiquement traduites sur la toile. *Saint Augustin* et *sainte Monique* sont un magnifique tableau d'une sévérité charmante.

Voilà, sauf quelques oublis, tout ce qui a frappé mes yeux au

Salon dans les quelques promenades que j'y ai faites, — de violentes migraines m'ont obligé de les suspendre; — je répète que beaucoup de choses doivent m'échapper, parce que je n'entends rien à la peinture et ne puis juger qu'au point de vue de la vérité, de l'imitation et du sens commun.

※ C'est singulier le charme qu'ont pour le commun des hommes les femmes qui passent pour avoir eu des aventures. Je crois que cela vient tout simplement d'une justice que ces bonnes gens se rendent sans s'en douter : — ils pensent que les femmes deviennent possibles pour eux — seulement quand elles sont tombées.

※ Les moralistes de ce temps-ci ont prétendu supprimer trois choses : le jeu, la loterie, le duel.

LE JEU. — Les maisons publiques de jeu ont été fermées. C'était tout simplement une sottise. En politique et en morale, il ne faut pas suivre précisément la charte de l'*heureuse Bétique* de l'archevêque de Cambrai. Avant de fermer les égouts, il faut commencer par dessécher les ruisseaux. On n'a pas supprimé le jeu, on a perdu simplement la faculté de surveiller les joueurs. D'abord des maisons clandestines se sont ouvertes de toutes parts où les joueurs n'avaient plus à lutter seulement contre le hasard aveugle; le hasard, dans ces tripots, y voit au moins d'un œil, et soulève le coin du bandeau. On s'est mis ensuite à jouer dans le monde, dans les clubs de toutes sortes et dans des réunions spéciales. On joue à Paris aujourd'hui beaucoup plus qu'avant la fermeture des maisons de jeu, c'est incontestable. Du temps des maisons de jeu, on tâchait de se glisser dans les antres consacrés, sans être aperçu ; on n'y entrait qu'avec l'intention formelle de jouer, aucun autre attrait ne s'y rencontrait; on ne jouait pas à moins d'avoir réellement la passion du jeu. Aujourd'hui on joue dans le monde très-gros jeu et l'on joue les jeux de hasard les plus violents. On entre dans un salon pour danser, pour voir des femmes, et on commence à jouer par hasard; autrefois on se cachait pour jouer, aujourd'hui on est presque honteux de ne pas jouer ; tout le monde joue.

Autrefois on n'avait à faire qu'au hasard, et on n'était entraîné que par une seule passion ; aujourd'hui c'est contre d'autres hommes que l'on combat ; autrefois celui qui perdait n'était que malheureux, aujourd'hui il est vaincu. On comprend que cela doit amener beaucoup plus d'obstination, beaucoup plus de chagrin dans la perte. Graduellement, on est arrivé à jouer un jeu effréné, et cela devait être. Dans les maisons de jeu, il n'y avait pas de spectateurs, c'était un duel sans témoins contre le sort ; on n'avait rien à faire croire. Dans le monde, de même qu'on veut être aussi bien habillé que les autres, on veut jouer aussi gros jeu qu'eux. Après de longues luttes, les hommes sont arrivés à l'égalité dans les dépenses, mais pas à l'égalité dans les recettes. Une seule passion faisait jouer dans les maisons ; deux passions, puisqu'il faut y ajouter la vanité, font jouer dans les salons et font jouer gros jeu.

Des hommes sans fortune connue jouent sur un coup de cartes des sommes qui les ruineront s'ils perdent, des sommes mêmes qu'ils ne pourront pas payer. L'enjeu ne se compose plus seulement d'argent, ils y ajoutent leur honneur et leur orgueil, qu'ils jouent en même temps. Soyez donc beau joueur ! jouez donc noblement ce jeu-là !

Le hasard, auquel on ne pouvait autrefois donner que des malédictions en échange de ses coups les plus cruels, s'est fait homme aujourd'hui, de dieu invisible qu'il était ; homme ennemi, de dieu impassible. On ne le maudit plus, on l'insulte ; on le traduit en police correctionnelle, s'il vous enlève une somme que vous auriez parfaitement empochée sans scrupule s'il l'avait perdue. On le provoque et on le tue s'il gagne, au risque d'être provoqué et tué par lui si c'est lui qui perd. De tout jeunes gens, des femmes mêmes jouent au lansquenet, et y jouent en une soirée leurs plaisirs et leur bienfaisance de toute une année.

Le jeu n'est plus aux maisons de jeu. Non-seulement il est

dans le monde, plus violent, plus effréné que jamais et augmenté de la haine, mais il est dans les affaires ; on joue sous prétexte d'industrie, on joue sous prétexte de politique. On joue sur les chemins de fer aujourd'hui, comme on jouait hier sur les asphaltes ; et là, c'est à qui, sans vergogne, retournera le roi, fera sauter la coupe et emploiera des cartes biseautées. Pour moi, j'avoue que je ne me pardonnerais pas de froncer le sourcil en jouant dans le monde, et comme les vertus invincibles sont celles qu'on expose le moins au danger, je puis dire que rien au monde ne me ferait jouer une somme qu'il ne m'est pas indifférent de perdre.

LA LOTERIE. — Aussi les philanthropes, les moralistes, les sages, qui ont supprimé la loterie, n'ont-ils eu en vue réellement que de faire dériver au profit de leurs industries et de leurs spéculations la passion qui faisait mettre à la loterie. — La loterie, c'était le rêve du pauvre. Moyennant un impôt de quelques francs par mois, on rêvait qu'on serait millionnaire la semaine prochaine ; on rêvait qu'on aurait à soi, dans huit jours, les voitures, les chevaux, les femmes que l'on voyait passer dans la rue. Ce rêve ne se réalisait jamais, mais on ne s'en réveillait pas.

La loterie supprimée, on a cherché à se rendormir sur un autre oreiller, pour y retrouver son beau rêve. Les sages ont alors présenté les *actions*, l'agiotage, ils ont divisé les actions par petites tranches, comme le pêcheur qui veut prendre des ablettes coupe en menus morceaux l'appât trop gros pour la bouche des poissons qu'il compte faire frire. On a supprimé la loterie au profit d'une autre loterie, on a fermé une boutique au profit d'une autre boutique à côté ; et, pour comble d'adresse, on a donné une apparence de légalité et de chose licite à ce qui avait autrefois des bornes très-étroites à cause de la désapprobation que l'on encourait en s'y abandonnant. De plus, on a changé le quine, et il se joue des loteries aujourd'hui où le gagnant peut avoir une couronne.

LE DUEL. — C'est de la même façon que l'on s'y est pris pour empêcher le duel. Le duel est nécessaire dans la civilisation. Il est des sentiments respectables que la loi est impuissante à protéger, et qui ne peuvent cependant rester sans protection. On a défendu le duel absolument, et il en est arrivé seulement que cela n'a protégé que l'insolence des lâches. La prohibition rigoureuse du duel n'a empêché de se battre que les gens qui ne se seraient pas battus sans cette prohibition. Loin de poursuivre aveuglément les témoins, il fallait faire peser sur eux une plus grande responsabilité en acceptant hautement et même en exigeant leur intervention. Il fallait instituer des tribunaux et des juges d'honneur. Il fallait permettre et entourer de sérieuses garanties les duels nécessaires. Alors seulement on aurait pu poursuivre rigoureusement les duels de fantaisie et les duels pour la galerie, qui n'auraient pu se confondre, dans l'opinion publique, avec les premiers. Alors seulement l'homme d'honneur eût pu et dû refuser les seconds, parce qu'il aurait pu accepter les premiers. Tandis que les rigueurs, absolument essayées par le parquet contre les témoins, n'amèneront que des duels sans témoins et des assassinats, que des provocations sans répression et sans limites.

Il fallait surtout surveiller et atteindre l'insulte, qui rend le duel nécessaire aux yeux de la société. Il ne fallait pas, comme cela arrive tous les jours, qu'un tribunal condamnât à vingt-cinq francs d'amende celui qui donne un soufflet, ou ne condamnât pas celui qui se le fait donner à force d'impertinence et de provocation. Il fallait faire du duel ce qu'il est : une chose sérieuse et une triste nécessité. Il ne fallait pas, par une prohibition absolue, permettre aux duels ridicules par leur motif et féroces par leur issue, de se mettre à l'abri de la protection que l'opinion des hommes de cœur accorde aux duels nécessaires et aux duels sérieux.

Avant d'en venir aux duels sans témoins, dont nous parlions tout à l'heure, et aux assassinats qui seront la conséquence forcée de la pénalité que l'on veut introduire, nous passerons graduellement par un autre malheur : les témoins poursuivis indistinctement, soit qu'ils aient assisté en spectateurs, en curieux, en amateurs ou en parasites à certains duels sans motifs réels, soit qu'ils aient accompli un devoir triste et rigoureux en maintenant un combat inévitable dans des conditions de loyauté et d'égalité, les témoins manqueront aux affaires de ce genre, ou plutôt on ne trouvera plus que ceux de la première espèce, c'est-à-dire des hommes sans consistance, sans position, sans moralité, sans expérience ; parce que les hommes sérieux, les hommes engagés dans des intérêts, les hommes qui présentent une responsabilité seront obligés de s'abstenir. Et l'on a dit avec raison : « *Les témoins ont tué plus de monde que les armes.* »

Puisque nous en sommes sur ce sujet, disons quelques mots du duel au pistolet, importation anglaise si féconde en affreux malheurs parmi nous. Le duel au pistolet a été imaginé par et pour les gens qui n'étaient pas sûrs de tenir l'épée d'une main assez ferme ; le duel au pistolet n'est pas un combat dans les deux acceptions grammaticale et logique du mot. Pourvu que l'on ne prenne pas la fuite, on s'est convenablement conduit. On arrive à une presque certitude au pistolet. Au pistolet un homme peut être sûr d'en tuer un autre, s'il tire le premier et s'il voit seulement son œil. Jamais il n'existe cette horrible inégalité entre deux hommes dans le combat à l'épée : le courage, la certitude du droit, le ressentiment légitime d'une offense, peuvent, en bien des cas, suppléer l'habileté, qui presque jamais ne supplée le cœur. Le combat à l'épée a gardé quelque chose du jugement de Dieu, le combat au pistolet est beaucoup plus le jugement du hasard.

Je sais bien ce qui séduit quelques combattants et beaucoup de témoins, et leur fait choisir le pistolet dans cette malheureuse nécessité qui met en présence deux hommes pour que l'un ôte la vie à l'autre. A l'épée, il n'y a que deux chances, l'un des deux succombera. Il y a dans le duel au pistolet une troisième chance, c'est celle qui écarte les deux balles du but et renvoie les deux adversaires sains et saufs. Chacun des combattants à l'épée a une chance favorable et une chance contraire. Chacun des combattants au pistolet n'a qu'une chance contre lui et en a deux pour lui. A l'épée, il y aura une victime, lui ou moi. Au pistolet, ce sera peut-être lui, ce sera peut-être moi, ce ne sera peut-être personne. C'est cette troisième chance qui engage à jouer cet horrible jeu, et quelquefois à le jouer et à le laisser jouer légèrement. Mais il est deux autres chances terribles et auxquelles on ne songe pas. Si le duel a des motifs graves et impérieux, et que personne ne soit blessé, on s'en retourne ridicules. Si le duel a des motifs futiles, l'un des deux s'en retourne homicide sans excuse. L'épée est une arme française, le pistolet est une malheureuse importation.

Je le répète, il n'est qu'une chose possible contre le duel, ce n'est pas de faire des jeux de mots à la loi, et d'accuser de meurtre celui qui tue en duel son adversaire, parce qu'il pourra se défendre en faisant faire à la loi un autre jeu de mots : il prouvera qu'il ne l'a tué qu'à son corps défendant. Il ne faut pas effrayer les témoins ; il faut exiger leur intervention et leur laisser la responsabilité de l'affaire, c'est-à-dire des causes et de la nécessité du duel, nécessité admise au point de vue des mœurs et du point d'honneur. Il faut qu'ils puissent au besoin demander des lumières à un tribunal spécial ; alors un duel que des témoins honorables et ce tribunal auront déclaré ne pas devoir avoir lieu, et auquel ils refuseront leur concours, n'aura pas lieu sans que l'honneur et l'orgueil des adversaires aient à souffrir ; mais pour cela il est indispensable qu'il soit bien établi que si l'honneur l'avait exigé, ce duel aurait eu lieu avec toutes les garanties de loyauté et d'égalité.

Je ne veux pas dire plus clairement ici à quel triste accident récent ces réflexions sont une assez visible allusion ; je les crois bonnes et utiles, et voilà pourquoi je les rends publiques. Voilà pourquoi aussi j'y ajoute celles qui suivent : — Un luxe fort à la mode aujourd'hui parmi la jeunesse de ce temps, à laquelle je ne veux reprocher qu'un tort, c'est de ne pas être jeune; un luxe fort manifeste, c'est l'exhibition de ridicules amours pour d'indignes objets. Ne croyez pas voir poindre ici un rigorisme grotesque ni une de ces moralités que bien des gens mettent si haut pour être parfaitement sûrs de ne pouvoir y atteindre. Je me suis laissé attendrir, comme tant d'autres, par le chevalier Desgrieux, et je ne suis pas sans avoir, en quelqu'un des romans que j'ai moi-même publiés, cherché et quelquefois réussi à toucher les lecteurs par un amour pur et élevé, éprouvé pour un objet peu digne de l'inspirer, et placé un peu comme une perle dans une huître. Je ne blâme jamais l'amour qu'on a ; je ne me permets d'observations que sur l'amour que l'on montre, et ma première raison est que ce n'est pas de l'amour.

« Les sentiments vrais sont si pudiques et si frileux, qu'ils meurent de honte et de froid, si au sortir d'un cœur ils ne trouvent pas tout ouvert et prêt à se refermer sur eux un cœur pour s'y réchauffer et s'y cacher. »

On marchande ouvertement certaines filles en vue, comme on marchanderait une voiture ou un cheval, et on se pare extérieurement d'un amour qu'on a acheté. Ces amours, faits presque entièrement de vanité, n'étant pas garantis par le silence et le mystère, ni par un sentiment mutuel, sont exposés à de cruels froissements. Je ne comprends pas que des jeunes gens beaux et spirituels fassent vanité de payer l'amour autrement que par l'amour, et prennent au sérieux des femmes qui n'exceptent que l'amour de ce qu'elles exigent pour prix de leur possession. Aussi, le prix de ces demoiselles est fort en hausse. Une fille, médiocrement jolie, aussitôt qu'elle est au théâtre, veut une voiture et une maison montée, et ce luxe, fourni autrefois à des filles qui étaient au moins belles par de grands seigneurs qui ne faisaient tout au plus que se ruiner pour elles, leur est offert maintenant par des jeunes gens sans fortune assurée, avec toutes les conséquences de cette position.

Mai 1845.

Les sous fatigués. — Le ridicule d'être vicomte. — A propos des empoisonnements. — Le scrutin secret. — Quiproquo de M. le duc Decazes. — M. Thiers. — M. Panseron. — M. Kastner. — M. Mérimée. — Les fortifications et les jésuites. — Les chemins de fer et la Chambre des députés.

MAI. — Quand on a montré au comte de Paris le petit nain Stratton, il prenait cela pour un jouet, refusait positivement de le rendre et prétendait l'emporter dans son appartement et l'accrocher — avec ses trompettes, ses tambours et ses soldats de bois.

Mais, quand on lui a eu expliqué que c'était un homme, il a dit : « Quel malheur d'être ainsi fait ! il sera toujours tout seul. »

On connaît M. Alphonse Denis, député, qui couche en joue depuis longtemps la direction des beaux-arts. — On connaît également le beau tableau des *Noces de Cana*, de Paul Véronèse.

M. A. Denis a, dit-on, écrit au ministre de l'intérieur une lettre qui aurait beaucoup couru à la Chambre. — Il priait M. Duchâtel d'encourager les gravures du tableau des noces de *Gamache*, — du célèbre Paul Véronèse.

Les journaux voleurs ont fait quelque bruit de l'ordonnance que j'ai rendue contre eux le mois dernier. — Un d'eux a prétendu que j'avais touché le prix des reproductions faites de mes ouvrages. — Je reçois ce prix en ce moment, ô journal voleur et naïf ! par cette occasion que vous donnez à ma modestie de dire toutes sortes de choses à ma louange en ayant l'air d'y être forcé.

Il m'a été deux fois offert de l'argent pour les reproductions qu'on voulait bien faire de quelques pages de moi : — la première fois, un certain M. Gilles, à Trappes, canton de Versailles, — a eu l'obligeance de m'écrire, au moment le plus rude de l'hiver, pour me demander l'autorisation de mettre dans quelque chose qu'il voulait publier un morceau des présentes *Guêpes*. — Il finissait sa lettre par ces mots : « Ce sera un véritable service que vous me rendrez ; je suis tout disposé à le reconnaître, au moyen d'une prime dont vous pourrez fixer vous-même le montant. — Je m'en rapporte entièrement à vous à cet égard, etc. »

J'ai répondu à M. Gilles : « Prenez, monsieur, dans les *Guêpes* ce que vous voudrez, et faites-en ce que bon vous semblera. J'accepte le prix que vous m'offrez : — l'hiver est rude, donnez de ma part et de la vôtre, au premier pauvre que vous rencontrerez, un fagot et un pain de douze livres, — et nous serons quittes, etc. »

La seconde fois, — M. Pommier, agent central de la Société des gens de lettres, — prenant mon approbation des statuts de la Société pour une affiliation, avait touché effectivement quelques petites sommes pour la reproduction de je ne sais quelles lignes de moi. — Les *Guêpes* ont raconté ces choses en leur temps. — J'ai communiqué à M. Pommier le reproche que m'adresse le journal voleur qui donne si bien la réplique à ma vanité, — et M. Pommier a eu l'obligeance de me répondre, — le 21 avril 1845 :

« Monsieur, c'est bien à tort qu'on vous accuse d'avoir tiré un lucre quelconque de la reproduction de vos œuvres. Vous avez, au contraire, refusé de recevoir une somme de deux cent vingt et un francs seize centimes, qui a été tout entière versée dans la caisse de secours de la Société. — Vos confrères malheureux en ont seuls profité. »

Quel malheur que le journal voleur ne m'ait pas attaqué un peu plus fort à ce sujet ! je ne me croirais pas obligé de supprimer, dans la lettre de M. Pommier, toutes sortes de choses très-aimables et très-flatteuses pour moi.

Journal voleur, je vous remercie. — Une seule chose m'inquiète, c'est que vous avez l'air d'un compère.

J'ai rencontré de temps en temps cet hiver, dans le monde, madame la princesse de Canino, veuve de Lucien Bonaparte. — J'ai eu l'honneur de causer quelquefois avec elle, et elle m'a invité à entendre chez elle la lecture d'un ouvrage de Lucien, invitation dont j'ai eu le regret de ne pouvoir pas profiter.

C'est avec un profond sentiment de respect que j'ai vu sa noble indignation contre certaines parties du dernier ouvrage de M. Thiers, où son mari est traité plus que légèrement.

J'ai lu avec un vif intérêt la brochure qu'elle a publiée en réfutation, — et où j'ai retrouvé des paroles que je lui avais entendu dire de ce beau et noble visage qu'elle a conservé.

« Qui suis-je, moi ? — une vieille femme, une veuve affligée, — une mère de nombreux enfants bannis avec moi du sol français avant et depuis leur naissance. — Mais l'honneur et la religion de mon veuvage m'ont imposé des devoirs que je saurai remplir. — Je ne laisserai rien dire d'offensant pour la mémoire de celui dont je fus quarante ans la compagne. »

Avant d'avoir lu l'ouvrage de M. Thiers, — je puis dire déjà qu'il a agi dans cette circonstance avec sa légèreté ordinaire ; il savait parfaitement que madame Lucien Bonaparte avait entre les mains toutes sortes de documents de la plus haute importance, — et il n'a fait aucune démarche pour en obtenir la communication.

Je ne sais pourquoi madame la princesse de Canino défend son mari des paroles que lui prête M. Thiers, et qui seraient encore si bien de circonstance aujourd'hui : « Lucien disait hautement que le pays était fatigué des bavards. »

⁂ Les cours d'assises ont, depuis quelque temps, eu à juger beaucoup de femmes qui avaient empoisonné leurs maris; les maris prennent leur revanche et tuent leurs femmes à coups de marteau et de couteau, — quelques-uns préfèrent les pincettes. — Les législateurs devraient examiner si le divorce ne serait pas, sous quelque rapport, préférable à ce mode de séparation qui dégénère tout à fait en usage.

En attendant, il paraît constaté qu'on s'entre-tue volontairement, au moins suffisamment, et qu'il serait bon de prévenir les meurtres par accidents, maladresse ou quiproquo. — Ce mois-ci deux personnes qui n'avaient aucune raison de se défaire de malades qu'elles soignaient et n'étaient ni leurs femmes, ni leurs parents, — ont, par mégarde, empoisonné lesdits malades en leur faisant avaler, l'une, une tasse d'opium, — dont quelques gouttes seulement étaient prescrites; l'autre, un médicament destiné à un usage externe.

Il ne suffit pas, comme on le recommande, d'écrire sur les fioles et les boîtes qu'elles contiennent des substances dangereuses : beaucoup de personnes ne savent pas lire; d'autres sont exposées à des distractions dont cette étiquette ne suffit pas pour les tirer.

Ne pourrait-on enjoindre aux pharmaciens, aux droguistes et autres marchands de poisons de ne livrer ces produits que dans des flacons d'une certaine couleur, en verre bleu ou rouge, par exemple? — Cela suffirait pour donner une défiance convenable de ce qui serait contenu dans ces fioles. — Rien n'empêcherait accessoirement de mettre le mot poison incrusté dans le corps même du verre.

⁂ La nomination de M. Victor Hugo à la pairie a été partout très-bien accueillie. — Cependant un journal, en lisant l'ordonnance, a découvert que M. Hugo est vicomte. — Le journal s'est indigné et s'est écrié : « Vicomte ! il ne manquait plus à M. Hugo que ce ridicule ! »

Je voudrais savoir combien des amis dudit journal, — s'ils avaient eu le malheur de naître vicomtes, — auraient laissé à un hasard le soin de l'apprendre au public, après vingt-cinq ans de célébrité.

On est convenu depuis longtemps qu'un chiffonnier est l'égal d'un duc; mais il faut pour cela qu'un duc soit l'égal d'un chiffonnier. On ne choisit pas son père, on n'est pas responsable de sa naissance.

> Ce n'est pas la naissance,
> C'est la seule vertu qui fait la différence.

Pourquoi cette aristocratie si exclusive? Tout le monde ne peut pas être né serrurier comme les héros de madame Sand. — Pourquoi un vicomte, s'il est un honnête homme, s'il a du talent, serait-il si fort au-dessous d'un menuisier? Ne peut-on racheter cette infériorité originelle par une bonne conduite et par son travail?

Des exemples de tolérance ont été donnés de nos jours, cependant, par l'aristocratie de l'épicerie et de la rouennerie. On cite tel ferblantier qui a bravé le préjugé au point de donner sa fille à un marquis. — Un marchand de chandelles fort connu n'a pas hésité à laisser épouser à son fils une fille de duc ; — mais, dans ce dernier cas, il faut dire que la femme, prenant le nom du mari, la famille du marchand de chandelles ne s'est pas trouvée ennoblaillée.

Voltaire et bien d'autres avant et après lui ont plaidé pour l'égalité des conditions.

Voltaire dit dans *Nanine* des choses qui se peuvent dire aux gens qui ne pardonnent pas à M. Victor Hugo d'être vicomte.

Mais son état... *il* est trop au-dessus.

Fût-il plus bas (c'est-à-dire fût-il comte, marquis ou duc), je l'en aimerais plus. . . . .

Et puis, disons tout, — M. Hugo est vicomte, c'est vrai, mais ce n'est pas sa faute, son père a été un brave général, — qu'on a fait *comte* après je ne sais quelle campagne où il s'était bien battu. — M. Hugo n'était peut-être pas né alors, il n'y est pour rien : on a bien assez à répondre de ses actes sans avoir à répondre de ceux de ses pères.

A propos de croix d'honneur, voici trois petites anecdotes qui ne vont pas mal ici.

A une époque où M. Mérimée n'était ni académicien, ni membre de la Légion d'honneur, il avait un ami qui avait le plus ardent désir de cette distinction, — et tous deux, quelquefois ensemble, calculaient leurs chances de l'obtenir. — Un jour, M. Mérimée arrive chez son ami, celui-ci se récrie : « Eh quoi ! le ruban rouge ! — et comment cela t'est-il arrivé ? — Bien simplement, répondit M. Mérimée. — Depuis quelque temps je vais tous les jours me promener devant les fenêtres de M. Royer-Collard ; cela a fini par l'impatienter de voir un homme qui n'est pas décoré, et il m'a fait donner la croix. »

M. Panseron, qui a fait pour le piano des ouvrages classiques justement estimés, désirait la croix depuis longtemps. — Quelques jours avant le 1er mai, il va voir un de ses amis qui, par sa position, sait tout ce qui se fait de ces choses-là. « Eh bien ? — Eh bien ! vous n'êtes pas nommé, — et la liste est close. — Allons, cela me chagrine, mais j'attendrai. — Cependant il y aurait un moyen... — Lequel ? — Vous êtes bien avec M. de R..., faites-vous appuyer par lui auprès du ministre, et ne perdez pas de temps. »

M. Panseron retourne voir son ami la veille de la Saint-Philippe. « Eh bien ? — Eh bien, cette fois, nous la tenons ! — Ah !... j'espère bien qu'on ne l'a ôtée à personne pour me la donner ? — Non, vraiment. — C'est que... comme vous m'aviez dit que les listes étaient closes... et cela aurait détruit tout mon plaisir. »

M. Kastn... est un compositeur distingué et le plus excellent homme du monde. — Une amie de sa femme, dont le mari occupe une position importante, apprend qu'il est compris dans la promotion de membres de la Légion d'honneur, — et elle vient l'avertir. — Grande joie dans la maison... M. Kastn... doit venir chercher une femme pour la conduire dîner chez des amis ; — on lui prépare son habit sur une chaise, — et on attache un ruban rouge à la boutonnière de cet habit. — Comme il va être étonné ! comme il va être heureux !

Tout à coup, M. Kastn... arrive agité, essoufflé ; — il entre sans parler à personne, — sans voir son habit ni le ruban dont il est décoré, il ne salue même pas l'amie de sa femme, qui était restée et avait voulu assister à sa surprise ; — il court à son secrétaire, — l'ouvre, — et dit à sa femme : « Il n'y a pas assez d'argent, — va vite dans ta chambre et apporte-moi tout ce que tu as... C'est mon pauvre ami *** dont on va vendre les meubles. »

La femme arrive avec tout son argent, — M. Kastn... l'envoie par un domestique, il ira plus vite que lui ; pour lui, il est venu si vite qu'il ne peut plus respirer. Enfin, il se remet et s'excuse auprès de l'étrangère. « Eh bien ! monsieur Kastn... ne vous gênez pas, je cause avec votre femme ; — habillez-vous vite, elle vous attend depuis une heure. — C'est vrai, nous dînons dehors. »

Il va sortir. « Mais prenez donc votre habit, — qui est sur la chaise. »

M. Kastn... va pour prendre son habit, alors seulement il voit la croix, il pâlit, il chancelle, — il est obligé de s'asseoir ; — sa femme l'embrasse. — Et moi, si j'avais été là, je les aurais embrassés de bon cœur tous les deux. — Des gens bons et heureux, cela raccommode avec tout le monde, — et aussi avec Dieu. — Non pas que j'aie à me plaindre de Dieu cette année, — jamais mon jardin n'a été si vert et si fleuri.

Un des considérants de la proposition de loi pour la refonte des monnaies, c'est que les sous *sont fatigués*. Je le crois bien ; en tout temps l'argent a fait bien des choses, mais jamais il n'a eu à accomplir de si rudes corvées que dans ce temps-ci. On lui fait faire aujourd'hui une foule de métiers nouveaux et inconnus. Que de pays, que de poches parcourent ces pauvres sous fatigués ! — Je le crois bien, —j'en tire de ma poche une poignée que le facteur vient de me rendre. — Oh ! oui, ils ont l'air bien fatigués.—En voici un, — un gros que l'on a dentelé et scié tout à l'entour pour en faire une *bonne pièce* de bouchon. — Celui-ci, frappé à l'effigie de Louis XVI, rappelle la triste fin de ce prince par une affreuse barre marquée avec un couteau. — Dieu sait à quels emplois ils ont servi avant de venir entre mes mains. —Salaire de l'ouvrier, ils ont payé quelque denrée frelatée, et vendue à faux poids, à l'épicier qui les avait fait entrer dans le payement de ses impôts. Ces trois sous de moins, — l'épicier n'aurait pas été éligible, il aurait été jugé incapable de gouverner son pays.— On se rappelle un certain M. Dulas, dont les *Guêpes* se sont occupées en son temps,—et qui fut découvert être de quatorze sous en dessous des qualités requises pour la députation.—Comme on le chassa de la Chambre !—comme on le renvoya avec ses pareils !

Mais, avec ces trois sous, l'épicier est juste éligible, il a de prudence, de savoir, de talents, de probité, de courage, de désintéressement, tout ce qu'il en faut pour gouverner la France. —De toutes ces vertus, on *n'en fait* sans doute pas beaucoup pour trois sous, mais on en fait, — et on en fait assez.—Et la preuve, c'est que si l'épicier en question avait trois sous de moins, il lui faudrait subir, sans murmurer, les lois qu'il plairait de faire à ceux qui auraient trois sous de plus que lui.

Ces pauvres sous ! — je crois bien qu'ils sont fatigués !

Et les liards aussi sont fatigués,—si fatigués que, par ce temps de probité, ils se font remplacer par de vieux boutons, — que l'on vous rend volontiers — aux bureaux de péage des ponts et chez les marchands de tabac.

A propos de scrutin secret, dont quelques députés voulaient la suppression, ce qui aurait été honorable, — il s'est fait à la Chambre de singuliers aveux. — Un membre a osé dire que si l'on avait jugé Louis XVI au scrutin secret il n'aurait pas été condamné à mort, et que ce devrait être une raison pour conserver cette façon de voter. — C'est-à-dire que ce député pense que la Chambre renferme un certain nombre d'hommes assez lâches, assez vils, — pour prononcer par peur un pareil jugement, le cas échéant, — pour n'oser voter selon leur opinion et selon leur conscience que dans l'ombre et le secret.

Et ce membre n'a pas été rappelé à l'ordre avec indignation par tous les députés, et on n'a pas exigé de lui des excuses à l'assemblée qu'il insultait ! — Je déclare que, pour ma part, je ne me trouve nullement représenté dans une enceinte où on dit et où on écoute de pareilles choses.

L'armement des fortifications est voté. — Il y a dans cette question deux classes de personnes dont la position était simple et facile : — celles qui avaient voté pour l'érection des forts et de l'enceinte, et qui, suivant la logique, votaient pour qu'on les armât ; puis celles qui, ayant voté, comme nous, contre les forts, ne pouvaient que voter contre leur armement.

Une troisième classe — hybride — avait voté les forts — et a voté contre leur armement. — Que veulent donc ces Chambolles ?

M. Thiers a compris les difficultés de la position ; — il a compris qu'il allait perdre là tout son petit reste de popularité. — Il a songé à s'en faire une à laquelle il ne tiendrait pas beaucoup, — comme on fait une bourse de menue monnaie pour les voleurs, — un fantôme de popularité destiné à s'évanouir de lui-même et qu'il sacrifierait pour sauver ce qui lui en reste.

Il a interpellé le ministère sur la façon dont on a exécuté ou plutôt dont on n'exécute pas les lois sur les corporations religieuses.

M. Thiers avait raison. — Les lois qui existent doivent être exécutées. Si elles sont mauvaises, abrogez-les, et faites-en d'autres : vous êtes là quatre cent cinquante pour cela. — Mais, si vous ne les abrogez pas, il faut qu'elles soient exécutées. — M. Martin a avoué qu'il avait très-peur des jésuites, — et la Chambre a reconnu qu'il existe des lois contre eux, mais qu'elle s'en rapporte parfaitement pour leur exécution au gouvernement, qui ne les exécute pas.

Cette imposante manifestation laissait les choses absolument comme devant ; — mais les bonnes gens disaient : — Voyez-vous M. Thiers ? — le petit gaillard ! — en voilà un qui n'a pas peur des jésuites !

🐜 Alors on a voté l'armement des forts, — et les mêmes bonnes gens ont retiré à M. Thiers toute l'admiration qu'ils venaient de lui accorder. — De sorte que la partie n'a rien coûté à M. Thiers, — qui venait de gagner au jeu des jésuites juste la somme qu'il savait devoir perdre au jeu des fortifications ; semblable à ces joueurs peu aventureux qui ont soin de parier toujours des deux côtés.

🐜 Un pays qui est vraiment né pour le gouvernement constitutionnel, c'est l'Angleterre, — parce que là, si on aime à parler, on aime aussi à écouter.

Nous l'allons prouver tout à l'heure.

Tandis qu'ici tout le monde veut être orateur et personne auditoire, il viendra un temps où on aura bien du mal à faire *une assemblée* composée d'une personne, comme dans la comédie des *Plaideurs*.

Tous les états sont abandonnés pour parler, — ou ne sont qu'un chemin pour arriver à parler légalement. Il n'y a que quatre cent cinquante députés, il n'y a que quarante académiciens ; — mais il y a moyen de parler comme électeur, et puis on parle comme membre d'un conseil général ou municipal, — ou comme membre d'un conseil de discipline, après les positions politiques. — Ceux qui n'ont pu y placer leur mot — se rejettent sur les vertus. — Il y a des associations de bienfaisance où on parle. —

Après les vertus, arrivent les intérêts : — il y a des associations *vinicoles*, — *agricoles*, — *horticoles*... Il faudrait vingt pages pour énumérer les divers prétextes vertueux inventés pour donner un libre cours à la manie de parler ; — ce qui fait, comme nous l'avons déjà fait observer, que les hommes auraient bien mauvaise grâce à répéter cette vieille plaisanterie usée sur la loquacité des femmes.

Mais en Angleterre — il y a des endroits où on paye un schelling pour entendre pérorer un orateur quelconque sur un objet également quelconque. Dans ces endroits, le maître de céans, dans le cas où il ne se présenterait pas d'orateur, est tenu de parler lui-même. — Les gens ont payé pour entendre un discours, il leur faut un discours.

Le savant Buchon me contait dernièrement que le père de miss Edgeworth se vantait de savoir tous les ressorts des succès populaires, et de pouvoir produire en parlant l'effet qu'il lui plaisait de produire sur la foule. — Il mena Buchon dans un de ces endroits où on parle, et il demanda la parole. — En attendant son tour, il dit à Buchon : « Voici les effets les plus faciles à obtenir, la moquerie, l'indignation, l'enthousiasme ; — je vais exciter les deux premiers contre moi et le troisième pour moi. » En effet, il commença par bégayer, et la foule rit à en perdre haleine ; — puis il parla de la tolérance pour l'Église catholique et pour les papistes, et la colère de l'assemblée alla si loin, qu'on l'interrompait par des invectives. — Quelques instants avant celui où on allait lui jeter les bancs à la tête, il fit l'éloge de la marine anglaise, et dit qu'elle n'avait pas de rivale dans le monde ; — on voulut le porter en triomphe.

A la séance de distribution des prix — de la société d'horticulture de Paris, M. Decazes s'est embarrassé dans les diverses fidélités qui ont eu tour à tour place dans son cœur, et, voulant parler de madame la duchesse d'Orléans et du comte de Paris, il se laissa dire : « Monseigneur le duc de Bordeaux et son auguste mère. »

J'ai revu dans l'atelier de M. Ary Scheffer — ses deux poétiques tableaux qui nous montrent — Marguerite ouvrant son âme aux paroles d'amour de Faust, — et ensuite Marguerite coupable, morte damnée.

Puis sainte Monique et saint Augustin.

Puis trois femmes pleurant sur un beau Christ, — trois douleurs si différentes et si touchantes toutes trois ! — Je deviens égoïste comme les riches, qui ne veulent plus partager parce qu'ils n'ont à partager que des joies, — je ne blâme presque plus M. Scheffer de ne pas avoir exposé ces tableaux au Louvre.

Au plaisir de voir une pareille peinture, il se joint bien vite un mauvais sentiment, le plaisir de la voir par exception et à titre d'ami du peintre.

Chaque fois que je vais au jardin du Luxembourg, — et j'y suis allé pour voir l'exposition des fleurs, — je remarque qu'on a ôté une écuelle de fer qui était autrefois enchaînée à une fontaine. C'était peut-être le seul endroit de Paris où l'on pût boire sans payer : — c'était un scandale, à ce qu'il paraît. Cette suppression fait dire de vilaines choses : — on prétend que cette écuelle faisait tort à une laitière établie, dit-on, dans le jardin, — mais que je n'ai pas vue.

GRANDE ORDONNANCE RENDUE PAR LA CHAMBRE DES DÉPUTÉS EN FAVEUR DU PEUPLE FRANÇAIS. — Pardonnez-moi, — car je ne savais ce que je disais.

O peuple français ! — j'ai quelquefois plaisanté sur le droit de pétition.

J'ai prétendu que vous aviez le droit d'adresser des pétitions à la Chambre des députés, — mais qu'elle se réservait le droit d'aller se promener pendant qu'on les lisait.

J'ai représenté les députés s'occupant de leurs intérêts particuliers, — ne prenant part qu'aux affaires qui prêtaient aux grands tournois de phrases, — et laissant de côté les affaires réelles et les affaires sérieuses.

Peuple français, j'ai eu tort et je le confesse.

Je me suis plaint amèrement de ce que les gens qui exploitent les chemins de fer font voyager les pauvres et les ouvriers en voiture découverte par la pluie, par la neige, par les froids les plus rigoureux. J'ai prouvé que c'était un supplice imaginé pour forcer les gens à donner cinq francs de plus aux administrateurs des chemins de fer. — J'ai crié à la barbarie. — J'ai cité des cas de mort arrivés après de pareils voyages. — Mais mes cris n'ont pas été entendus; pourquoi? — parce que je ne me suis pas adressé à la Chambre des députés : — les représentants du pays sont là pour veiller à tous nos intérêts; il ne s'agit que de leur faire voir les abus, pour que les abus soient à l'instant même supprimés.

Je m'étais figuré que la voix d'un homme qui ne paye pas le cens d'éligibilité ne serait pas écoutée, et que M. Chambolle m'interromprait dès les premiers mots, — en s'écriant : « Allons donc ! »

Erreur, — erreur que je conteste, et dont je me repens. Figurez-vous que cette bonne Chambre des députés ne savait pas un mot des exactions des gens qui exploitent les chemins de fer; — elle ignorait complétement qu'on exerçât de pareilles cruautés sur les pauvres gens. — Oh! si elle l'avait su! — elle aurait fait depuis longtemps déjà ce qu'elle fait aujourd'hui, — elle aurait mis bon ordre à de pareilles choses.

Voici ce qui vient d'arriver : — la Chambre a ordonné qu'à l'avenir les voitures de troisième classe seraient *fermées* AVEC DES RIDEAUX.

Ne croyez pas que je vous flatte ici d'une vaine espérance; — vous pouvez voir le *Moniteur*, et il vous dira la volonté de la Chambre. Les voitures de troisième classe seront FERMÉES à l'avenir... *avec des rideaux.*

Je blâme seulement une chose, — car réellement où ne trouve-t-on pas à blâmer quand on a l'esprit difficile? — Je trouve qu'on a imprimé cet événement avec trop de simplicité, et comme s'il ne se fût agi que d'un fait ordinaire et tel qu'on en voit tous les jours.

Voici comment la chose aurait dû être rédigée pour paraître dans tout son éclat :

« La Chambre des députés, — considérant que s'il est vrai que les banquiers qui exploitent les chemins de fer doivent gagner dans cette exploitation le plus d'argent possible, — que s'il est vrai également que bien des gens, sous prétexte qu'ils sont pauvres, s'obstinent à prendre les troisièmes places, qui sont les moins cher payées,—ce qui ne peut se tolérer et nuit essentiellement aux intérêts desdits banquiers. — et qu'il est juste qu'ils emploient tous les moyens possibles pour s'opposer aux effets de cette malveillance ; — néanmoins, considérant que les moyens employés par les administrateurs des chemins de fer, — moyens qui consistent à faire voyager des gens peu vêtus dans des voitures découvertes, par la neige, par la pluie et par un froid décuplé par la vitesse de la marche ; — considérant que ces moyens ont causé la mort de plusieurs des récalcitrants :

» La Chambre opine que si le crime d'être pauvre et de ne pas avoir cinq francs ne peut demeurer impuni, il est juste cependant que l'on se renferme à cet égard dans les bornes de l'équité ;

» Que ce crime, quoique abominable, ne mérite pas la mort,— et qu'il est juste d'admettre en faveur de ceux qui le commettent les circonstances atténuantes que l'on reconnaît tous les ours à l'égard des parricides ;

» La Chambre déclare que ce crime, à l'avenir, ne sera plus puni de mort ;

» Que cette peine sera commuée en les peines suivantes : la pleurésie, la phthisie pulmonaire, les rhumatismes aigus ou chroniques à temps ou à perpétuité — et qu'en conséquence les voitures de troisième classe seront à l'avenir fermées... avec des rideaux. »

J'ai reçu deux volumes de poésie. Ces deux livres ont été faits par des poëtes qui sont morts, — et ce sont les mères des deux poëtes qui me les envoient.

L'un était le prince Élim Mestcherskï; l'autre, Eugène Orrit, ouvrier imprimeur. Les deux mères, qui ne se connaissent pas et sans doute ne se sont jamais vues, se sont rencontrées dans l'expression de leur douleur; — toutes deux ont publié les œuvres de leurs fils; toutes deux ont demandé à la gloire des fleurs pour leurs tombes bien aimées ; — toutes deux ont eu le même orgueil et la même pitié.

Ces deux volumes, — dont les auteurs sont morts dans la même année, en 1844, — ont été imprimés dans la même année 1845 et dans le même mois; tous deux ont une couverture grise.

Madame Orrit, madame la princesse, vous avez raison toutes deux de pleurer vos fils ; — c'étaient des esprits distingués, et vous avez le droit d'être orgueilleuses de leurs talents. — Celui du prince était plus mûr, plus fin, plus achevé ; celui de l'ouvrier, plus inquiet, plus ardent, plus hardi.

La mère du prince est plus malheureuse peut-être, parce que son fils était riche et aimé, parce qu'il lui semble que Dieu lui avait accordé une part de bonheur dans cette vie, — et qu'il lui redoit moins dans l'autre qu'à l'ouvrier, qui a eu faim, qui a eu soif, — qui n'a vu les plaisirs et le bonheur qu'en rêve.

Pauvres mères, qui restez mères quand vous n'avez plus de fils, — qui trouvez moyen dans votre tendresse ingénieuse de leur donner encore des soins quand ils ne sont plus, — accueillez avec bonté ces quelques fleurs que je jette sur leur tombe, ces quelques phrases qui ne sont qu'une justice que je rends à vos chers morts.

Juin 1845.

Observations à MM. les députés. — L'abolition de l'esclavage. — Une pétition. — Un chagrin de M. Arnal. — Une phrase de M. Dumon. — M. Sue et sa *barbarie* envers les *orgues*. — Une ordonnance de M. Gisquet dénoncée à M. Delessert. — La pairie ou un bureau de tabac. — Un duel et une lettre de cachet. — Le mariage de la reine d'Espagne. — Les hommes positifs et les hommes d'imagination.

JUIN. — Messieurs les députés, permettez-moi de vous dire respectueusement qu'avec les meilleures intentions du monde, vous vous êtes lourdement trompés dans une de vos récentes décisions.

En ordonnant que dorénavant sur les voies ferrées les voitures de troisième classe seraient fermées avec des rideaux, ce qui n'expose plus les voyageurs qu'à la pleurésie et à la pneumonie, vous avez cru devoir admettre des circonstances atténuantes en faveur du crime de non-monnaie à propos des chemins de fer.

Vous vous êtes fondés sur ce que l'on a abaissé la pénalité relative au crime de fausse monnaie, qui autrefois entraînait la peine de mort, et aujourd'hui ne mène plus ceux qui le commettent qu'aux travaux forcés.

Cette analogie apparente vous a égarés.

Ce crime de *fausse monnaie* est comme l'hypocrisie — (qui est, dit-on, un hommage que le vice rend à la vertu), — c'est un hommage que la pauvreté rend à l'argent; — comme tel, ce crime devait rencontrer quelque indulgence! — Mais le crime de *non-monnaie*, messieurs! permettez-moi de vous le faire envisager sous son point de vue réel!

Il faut marcher avec son siècle, — messieurs. — Regardez autour de vous, et consultez-vous vous-mêmes avec bonne foi : il n'est pas un crime qui inspire une horreur égale à celle qu'inspire le crime de non-monnaie.

Et je n'en veux pour preuve que ceci, dont vous n'aurez pas besoin de chercher longtemps des exemples dans le monde : c'est qu'il n'est pas de moyen honteux qui ne soit honnêtement employé aujourd'hui pour se procurer de l'argent, — parce que, quelque honteux que soit ce moyen, il l'est beaucoup moins encore que de ne pas avoir d'argent.

A quoi servent les gens qui n'ont pas d'argent?

Pour eux-mêmes? — Ils ne peuvent rien être, — ils n'ont plus droit, comme autrefois, à toutes sortes de considérations que leur témoignaient même des gens qui n'auraient pas voulu être à leur place. — On n'est quelque chose qu'en proportion de ce qu'on a de portes et de fenêtres.

Pour autrui? — Comme il est établi aujourd'hui que les *autres* ne servent qu'à faire gagner de l'argent, que les relations de société se bornent à jouer au lansquenet ou à parier pour ou contre des chevaux;

Comme les gens sans argent ne peuvent prendre d'actions dans rien, — qu'ils ne mordent à aucun des hameçons que tendent les honnêtes gens;

Comme on ne peut rien leur gagner, leur prendre ni leur voler,
Ils sont au moins inutiles.

Ce qui est inutile est embarrassant, et ne peut tarder à être dangereux. Les gens sans argent menacent donc par cela la société; ce que la société fait contre eux n'est qu'une sorte de *représailles préventives*.

On peut se les permettre sans remords, — et, comme d'ailleurs on n'a plus aujourd'hui de devoirs qu'envers soi-même, c'est un devoir rigoureux de leur faire une guerre acharnée.

Les honnêtes gens, — c'est-à-dire les gens ayant le *cens*

commun et un nombre suffisant de portes et fenêtres, — doivent donc se prêter un mutuel appui contre l'ennemi public.

Je le répéte, messieurs, vous vous êtes trompés en assimilant le crime de non-monnaie au crime de fausse monnaie ; — et les honnêtes gens espèrent que vous ne laisserez pas passer la session sans revenir sur un vote qui a répandu une juste alarme et ne pourrait manquer d'apporter quelques difficultés à la réélection de ceux qui se sont acquittés de leurs mandats.

Un philosophe a donné cette raison de l'usage que l'on a dans presque toutes les villes de construire une grande maison, au-dessus de laquelle on écrit en lettres d'or : « *Hospice pour les aliénés.* » Cela, dit ce philosophe, fait croire aux étrangers que les quelques douzaines de pauvres diables qui sont enfermés dans ces maisons sont les seuls aliénés que possède le pays, et que tous ceux qui sont hors de ces maisons sont des gens pleins de raison et de bon sens.

Certes, l'esclavage, quelle que soit sa forme, est quelque chose d'odieux et d'inhumain ; je n'ai jamais même consenti à discuter le prétendu droit que des hommes s'arrogent sur la liberté d'autres hommes ; mais il me semble que les préoccupations qu'affichent tant de gens pour les esclaves des colonies pourraient bien avoir en réalité le but que le sage que j'ai cité prête aux hôpitaux de fous. Il semblerait, en effet, en voyant les représentants du pays s'occuper avec tant d'ardeur d'affranchir les nègres, — que tous les blancs sont libres, et que la France ne renferme pas des millions d'esclaves, plus esclaves et surtout plus malheureux que les nègres des colonies. — Il est vrai que les nègres que l'on affranchit sont en général les nègres d'autrui, et que les réformes qu'il faudrait apporter au sort des esclaves blancs pourraient toucher directement aux intérêts de ceux qui voteraient ces réformes, et qui, en conséquence, préfèrent ne pas les voter.

Plus de la moitié des ouvriers, en France, sont plus malheureux que les nègres ; — et, si l'on ne peut pas faire davange pour eux, il faudrait permettre à ceux qui méritent l'intérêt par leur bonne conduite, leur pauvreté et leur amour du travail, de passer nègres, en forme de récompense et d'encouragement.

C'est sans doute dans cet espoir qu'un grand nombre d'ouvriers français s'embarquent pour les colonies, — ainsi que le mentionnent les journaux.

Entre les pétitions collectives, toujours couvertes de tant de signatures, presque toutes les mêmes, et dont les signataires ne cèdent qu'au désir de voir leur nom imprimé quelque part, à propos de n'importe quoi, — il est une pétition que j'ai trouvée fort touchante, c'est celle qui, il y a un an, fut signée par neuf mille ouvriers pour demander l'abolition de l'esclavage.

En effet, je le dis sérieusement, plus de la moitié des ouvriers sont plus malheureux que les nègres. Le nègre malade est nourri et soigné par le maître, le nègre vieux ou infirme reste sur l'habitation et y trouve sa subsistance ; — mais l'ouvrier malade, vieux ou infirme, doit mourir de faim. — J'ai été ému en voyant ces pauvres gens s'occuper d'autres misères que des leurs.

M. Arnal donnait une représentation sur un théâtre de province. — Il entre en scène et n'entend pas une salve d'applaudissements à laquelle il s'attendait ; — il n'est qu'étonné. — Arrive un de ses mots à effet, — le public reste froid et impassible : M. Arnal se trouble et sent que l'assurance va lui manquer. — La pièce continue cependant et va tant bien que mal jusqu'à la fin. M. Arnal se déshabille, assez contrit, et descend au café, où il prend une demi-tasse de café. — Un vieil amateur s'approche de lui et lui dit : « Monsieur Arnal?... — Oui, monsieur. — Vous n'avez pas dû être content ce soir de notre public, monsieur? — Il paraît, monsieur, que c'est lui qui n'a pas été content de moi. — Peut-être bien. — Je vous avouerai que le public de Paris est moins exigeant et que... — Paris, Paris... on peut ne pas être de Paris et se connaître un peu en théâtre. — Je suis accoutumé, je ne vous le cacherai pas, à trouver dans les départements un accueil plus bienveillant... — Écoutez-moi, monsieur Arnal, je vais vous dire la vérité. — Je me crois digne de l'entendre, monsieur. — C'est que nous avons ici un comique qui joue vos rôles... c'est Perdrigeon... un garçon de beaucoup de talent... je vous assure... Eh bien! vous n'entendez pas le rôle comme lui... — Vous m'en voyez aussi confus que chagrin... — Ne riez pas, monsieur Arnal, ce que je vous dis est la vérité... Vous jouez le rôle avec vos cheveux, et Perdrigeon met une perruque rousse... et puis il met par-dessus un chapeau trop petit, qui est à crever de rire... — Et vous croyez, monsieur, que j'aurais mieux réussi auprès du public si j'avais imité la perruque et le chapeau de M. Perdrigeon? — Incontestablement, et la froideur avec laquelle vous avez été accueilli, et qui a dû vous étonner, n'a pas d'autre cause... Vous rejouez le rôle après-demain... croyez-moi, mettez une perruque rousse et un chapeau trop petit, et vous m'en direz des nouvelles. » M. Arnal se fâche à moitié, dit qu'il ne vient pas en province pour prendre des leçons, qu'il est désolé de ne pas plaire aux habitants de..., mais qu'il les laissera à l'avenir à leur admiration pour M. Perdrigeon seul. — Cependant, la nuit porte conseil. M. Arnal va trouver M. Perdrigeon, — lui emprunte sa perruque et son chapeau, et à la représentation, il a un succès fou : — on lui jette des bouquets, — et on va lui faire de la musique sous ses fenêtres.

Revenons à notre sujet : je ne suis pas partisan de l'augmentation du nombre des théâtres ; il ne faudrait pas peut-être me presser beaucoup pour que je soutinsse l'opinion contraire ; — du moins avant les chemins de fer, qui, probablement, augmenteront beaucoup au moins la population flottante de Paris. — Mais, si les provinciaux veulent absolument qu'on leur joue l'opéra, — si vous ne voulez pas réduire à la misère tous les acteurs, victimes des faillites des directeurs, il faut rétablir l'ancien opéra-comique, sinon sur un nouveau théâtre, du moins sur celui qui porte ce nom.

※ M. Dumon a dit à la Chambre : « Le boulevard de l'Hôpital est un quartier presque inhabité, et qui ne peut pas l'être. » — (Habité... sans doute.)

Cette phrase doit se mettre à côté de celles-ci : « Viens de bonne heure... le mien est de te voir. »

« Il n'a pas de filles... tant mieux pour elles. »

« Il me demande de l'argent, je la lui donne tout entière. » (Quoi? — ma bourse?) et quelques autres faites par d'illustres contemporains.

※ Ces jours derniers — le roi a voyagé pour la première fois en chemin de fer. — Jusqu'ici les divers ministères s'y étaient opposés. — On a cédé, assure-t-on, aux exigences de certains députés gros actionnaires dans les voies ferrées, qui ont prétendu que cet éloignement que le roi semblait avoir pour ce moyen de transport jetait de la défaveur sur les compagnies.

※ « Je ne demande pas souvent de grandes réformes sociales, — me disait quelqu'un, — parce que je ne crois pas à leur réalisation : les plus complètes en apparence, les plus radicales, celles qui ont coûté le plus de sang et de pleurs, — n'ont eu pour résultat que de faire voir les mêmes comédies jouées par les mêmes comédiens, avec cette différence seulement que les rôles étaient intervertis ; — que le rôle de tyran était joué par le niais, et le rôle de niais par le tyran ; — mais il y avait toujours un oppresseur et un opprimé, un tyran et un niais. — N'importe ! m'écriai-je, que d'abus ont disparu de la surface de la terre, que de tyrannies ont été détruites, que de jougs ont été brisés ! — Je suis plus vieux que vous, me dit-il, et je n'ai pas vu toutes ces belles choses. — Ni moi non plus ; mais je les ai entendu raconter ; j'ai lu l'histoire, et j'y ai vu triomphants des tyrans qui ont été renversés... — Je le crois bien ; mais vous parliez de tyrannies...— Eh bien !... — Mais c'est autre chose : — les abus, les jougs, les tyrannies, ont été attaqués ; mais ceux qui les attaquaient ne voulaient pas les détruire, ils voulaient s'en emparer, et c'est ce qu'ils ont fait. — On les attaquait comme on attaque les villes à la guerre : on ne détruit les murailles que jusqu'au point d'y faire une brèche qui permette d'entrer ; mais, une fois la ville prise, on répare la brèche, et l'on met un peu plus d'artillerie dans la place. — Vous exagérez, mon ami. Où sont, dites-moi, ces châteaux des temps féodaux, — véritables nids de vautours, — dont les seigneurs opprimaient leurs malheureux vassaux, et exerçaient sur eux de prétendus droits si odieux? — Je vais vous les montrer, — seulement ne vous attendez pas à les voir flanqués de tourelles, — hérissés de fauconneaux, perchés sur des rocs, chargés de soldats, — fermés par des ponts-levis et de lourdes herses. Pas plus que vous ne verrez une femme de ce temps-ci — habillée comme les châtelaines d'alors, — quoique certaines modes cependant rappellent aujourd'hui ces vieux costumes. »

Le château d'aujourd'hui, — le château où le tyran repose... Cherchons autour de nous, — je voudrais vous en montrer un d'ici... Il y en a de plusieurs formes, — il y en a à Paris... rue Laffitte... Mais tenez, voyez là-bas, — derrière ces vieux arbres ! — Quoi ! cette haute cheminée en briques ? c'est une usine. — Précisément... cette forteresse, je vous l'ai dit, n'a ni herse ni pont-levis ; elle est fermée par une grille de bois peinte en vert. — Si vous voulez entrer ou sortir, — vous n'avez qu'à dire : « Cordon, s'il vous plaît ! » et la porte s'ouvrira à vos ordres. — Le châtelain n'est pas couvert d'une cotte de mailles ni coiffé d'un casque ; — il a un gilet jaune, un habit bleu et un chapeau gris ; — il n'a pour arme qu'une canne en bois des îles, à pomme d'or, — qui se casserait s'il la laissait tomber. Certes il ne ressemble pas plus aux anciens barons que sa cheminée ne ressemble à leur donjon ; — mais il a hérité de leurs droits, et il exerce la même tyrannie. — Tous les hommes qui l'entourent sont ses serfs.....

Il n'use plus de la force des armes pour contenir ses vassaux dans le devoir : — les ouvriers qu'il emploie attendent de sa volonté le pain de chaque jour ; — il les dompte par la famine comme on fait pour les bêtes féroces ; — il ne lève pas la dîme sur leur travail, — il la leur donne, au contraire, mais il garde les neuf autres dixièmes.

Il n'ose pas faire pendre, écarteler ou manger par ses chiens ceux qui chassent sur ses terres, — mais il les fait mettre en prison, et, pendant ce temps, leurs femmes et leurs enfants meurent de faim. — C'est plus adroit, — et cela n'a pas l'air si méchant.

Le droit de jambage a pris une nouvelle extension, — au milieu de filles et de femmes auxquelles leur travail ne peut fournir les plus rigoureuses nécessités de la vie, — et qui, à plus forte raison, n'ont jamais honnêtement ni parures ni plaisirs.

🐝 M. Gisquet, dans ses *Mémoires*, se vante d'être l'inventeur de la mesure qui fait fermer de bonne heure les théâtres et les établissements publics. — Je pense que M. Gisquet s'est singulièrement trompé, et que sa mesure n'obtient qu'un résultat contraire à celui qu'il a cru atteindre.

Si à onze heures, — heure prescrite par M. Gisquet, et maintenue par ses successeurs, — on faisait sonner ou battre le couvre-feu, si tout le monde était à cette heure rentré chez soi, — cela pourrait être ennuyeux ; mais cela ne serait pas dangereux, et les habitants de Paris ne seraient plus exposés aux attaques nocturnes dans les rues.

Mais, si les cabarets, les cafés, les restaurants et les théâtres ferment de onze heures à minuit, — on quitte les salons et certaines affaires à toutes les heures de la nuit ; les gens qui vont dans le monde — ou qui travaillent dans une imprimerie, par exemple, — n'ont pas d'heure fixe pour rentrer.

Ce n'est certes pas au moment où deux mille personnes sortent d'un théâtre que les voleurs vont faire leurs attaques à main armée ; — ce n'est pas non plus une rue où un café est ouvert qu'ils choisiront pour le théâtre de leurs opérations.

⁂ Un établissement public ouvert peut servir de refuge à un homme attaqué ou lui porter secours, — ou, ce qui est plus probable, empêcher les malfaiteurs de faire leurs coups.

Loin de là, les mesures prescrites par la police — assurent aux voleurs toutes bonnes chances contre les retardataires ; — on ne peut plus être dérangé par des gens qui reviendraient du spectacle, on ne peut être empêché par des boutiquiers, qui, eussent-ils leurs boutiques ouvertes, ne voudraient pas s'exposer à l'amende. — La ville est à messieurs les voleurs.

En bonne logique, on devrait encourager les établissements publics à rester ouverts le plus tard possible. — Il nous serait agréable qu'on nous donnât de bonnes raisons pour faire le contraire ainsi qu'on le fait. — Ceci s'adresse à M. Delessert.

⁂ Voici une bonne histoire que l'on raconte sur un des pairs dernièrement promus :

Je vous ai dit, je crois, un moyen ingénieux de se faire rendre un service par un ami : il s'agit de l'aller trouver avec l'air préoccupé, et, par des demi-confidences, des allusions détournées, de lui laisser croire pendant un quart d'heure que vous voulez lui emprunter de l'argent. — Quand il est au plus haut point de la terreur, exposez la corvée que vous avez besoin qu'il fasse pour vous, et il est si heureux d'éviter le danger qu'il a redouté, que tout autre lui paraît une bagatelle et qu'il met le plus grand empressement à faire votre commission, quelque mauvaise qu'elle soit.

Le député en question, car il était député avant d'être pair, a employé un moyen analogue pour obtenir un bureau de tabac.

Il y a quelque temps, il dit à un de ses amis : « Je fais deux demandes au gouvernement ; séparément, on ne m'accorderait aucune des deux ; — mais il y en a une qu'on refusera d'accueillir si certainement, que, pour adoucir le refus, on m'accordera l'autre. — Et que demandez-vous ? — La pairie et un bureau de tabac. — Laquelle des deux, monsieur, voulez-vous avoir? — Le bureau de tabac; je le mettrai sous le nom de ma servante, pour laquelle je le demande, et en mourant je le lui laisserai. »

Quelque temps après, il rencontra son ami. « Eh bien? — Eh bien! j'ai réussi. — On vous a refusé la pairie? — Pas encore : ce n'est pas ainsi qu'on procède; — on m'a accordé le bureau de tabac, — on refusera la pairie plus tard; — on ne peut pas tout faire à la fois. Si on m'avait donné la pairie, je ne compterais pas sur le bureau de tabac. »

L'honorable s'était trompé dans ses calculs, — il vient d'être nommé pair de France. — Je sais bien son nom, — mais je ne vois aucune raison de le dire.

Il a été fort question par ces derniers temps d'un duel, — puis de l'expulsion du royaume de mademoiselle E. G., artiste dramatique.

Ces deux événements sont la conséquence l'un de l'autre.

Mademoiselle E. G. avait un amant. — Cet amant s'aperçut des assiduités de M. de ***, l'alla trouver et lui demanda quelles étaient ses intentions.

« Mais elles sont fort simples, répondit M. de ***, probablement celles que vous aviez quand vous avez fait la cour à E... — C'est embarrassant. — Pas le moins du monde, mettons mademoiselle E. G. en demeure d'opter entre nous, et soumettons-nous à son jugement. — Très-bien! »

C'était, au contraire, très-mal pour l'ancien amant, car mademoiselle G... se décida pour le nouveau.

L'ancien se fâcha et n'accepta pas le jugement. Il aima mieux s'en rapporter au jugement de Dieu. Dieu jugea très-bien : il fut d'avis qu'ils avaient tort tous les deux, et ils reçurent chacun un coup d'épée.

L'ancien amant ne s'est pas tenu pour content, — il a porté contre mademoiselle E. G. une plainte en abus de confiance et en détournement d'effets.

M. de *** se trouvait chez elle au moment où la police fit dans son appartement une visite en conséquence de la plainte de M.***; il l'accompagna à la Préfecture et se fit montrer la plainte. — L'abus de confiance consistait en ceci : qu'elle avait de son ancien amant des lettres qu'elle ne lui avait pas rendues. — Le détournement d'effets était plus grotesque : les objets détournés étaient une demi-douzaine de faux-cols, deux cravates, — un buvard, etc.

A la place de mademoiselle E., j'aurais été touchée de cette preuve d'amour. — M. *** s'était battu pour elle, mais les deux rivaux étaient dans le même cas, tous deux même avaient été blessés. — Mais M. ***, par amour pour elle, s'exposait au danger du ridicule; — ceci laisse loin en arrière le dévouement de Léandre pour Héro.

Mais, entre deux amants, il n'y a qu'une certaine somme d'amour à dépenser; — ce que l'un a de plus, l'autre l'a de moins. — M. *** aimait trop pour être aimé. — Mademoiselle E. G. ne fut touchée que du mauvais procédé. — Il n'y eut pas moyen de donner suite à cette plainte, — qui ne prouvait que l'amour et le dépit.

Mais M. le préfet de police s'est ému, — et comme mademoiselle E. G. n'est pas française, on a emballé elle et sa mère dans une voiture, en société de deux agents de police, et on est allé les déposer toutes deux de l'autre côté de la frontière.

Vis-à-vis d'une étrangère, le pouvoir du préfet est à peu près sans limite. — Aussi l'expulsion de mademoiselle E. G. n'a-t-elle été motivée que « *comme pouvant porter le trouble dans les familles.* »

C'est un peu rigoureux, — car il suffit de deux beaux yeux, d'un joli pied ou de n'importe quoi, — pour mettre le trouble dans les cœurs et par contre-coup dans les familles. — Que deviendrait Paris si M. Delessert s'avisait d'en chasser toute femme capable de porter le trouble dans les familles? — Ce qu'il y a de plus triste pour cette pauvre fille, c'est qu'elle devait, quelques jours après, débuter à l'Opéra.

※ C'est une singulière situation que celle de la jeune reine d'Espagne. — La cour d'Autriche et celle de Rome veulent qu'elle épouse le fils de don Carlos, qui vient d'abdiquer en faveur de ce fils. — Les rois donnent facilement à leurs fils les royaumes qu'ils n'ont plus. — Le ministère français préfère un mariage avec le comte de Trapani. — Il n'y a pas un journal qui n'impose un mari de son choix à la malheureuse Isabelle. — Tout le monde, à ce sujet, donne son avis. — Il n'y a que celui de la petite reine dont personne ne s'avise de s'enquérir.

※ Je suis fâché que mon ami M. Eugène Sue se laisse emporter si loin par son amour du peuple. — Les nouveaux convertis se font toujours remarquer par les excès de leur zèle. — M. Eugène Sue traite l'orgue de *grande serinette*, — et veut qu'on donne aux pauvres l'argent destiné à rétablir celui de Saint-Eustache. Les ouvriers qui font les orgues font partie du peuple et ont droit de travailler comme les autres. — Les gens autrement doués que M. Sue éprouvent à entendre l'orgue un noble plaisir, qu'ils ont le droit de satisfaire. — Pourquoi M. Sue ne propose-t-il pas de louer l'église de Saint-Eustache pour faire un magasin à fourrages, et de donner aux pauvres le prix de la location? — C'est une manière étroite et fausse d'envisager les choses. — Pourquoi alors ne pas abattre les tilleuls et les marronniers des Tuileries pour y planter des pommes de terre? — Ce serait un beau champ de betteraves, ainsi que les Champs-Élysées. — M. Sue a prêté cette intention à monseigneur Denis, archevêque de Paris, qui ne l'a jamais eue. — M. Sue a de tout temps abusé de l'archevêque. — Les *Guêpes* ont déjà raconté que M. Sue s'était, tout cet hiver, amusé spirituellement à mettre les plus bizarres paradoxes et les opinions les plus hasardées sur le dos de ce prélat.

※ On sait l'effet que produit sur la pensée l'encens qu'on

brûle dans les églises, pendant que l'orgue remplit la voûte du temple de ses voix puissantes. Il est quelque chose de plus religieux, de plus puissant, de plus solennel, que les voix harmonieuses de l'orgue : c'est le silence des tombeaux. Il est un parfum plus enivrant, plus religieux que celui de l'encens : c'est celui des chèvrefeuilles qui croissent sur les tombes sur lesquelles l'herbe a poussé épaisse et drue en même temps et moins vite que l'oubli dans le cœur des vivants.

Quand le soir, au coucher du soleil, seul dans un cimetière, on commence à frissonner au bruit de ses propres pas; quand on respire cette odeur du chèvrefeuille, il semble que tandis que le corps se transforme et devient les fleurs qui couvrent la tombe, la pervenche bleue, la violette des morts, et le chèvrefeuille; il semble que l'âme immortelle s'échappe, s'exhale en parfum céleste et remonte au-dessus des nuages.

La vie est bien changée du jour où on a déposé dans la terre le corps d'une personne aimée; c'est une image qui ne reste pas toujours à vos côtés, mais qui vous apparaît tout à coup, au moment le plus inattendu, et qui vient vous glacer au milieu d'un plaisir ou d'une fête, qui arrête et tue un sourire qui allait fleurir sur les lèvres. Il ne faut, pour l'évoquer et la faire apparaître, qu'un mot qui était familier au mort, qu'un son, qu'une voix, qu'un air que l'on chante au loin, et dont le vent vous apporte une bouffée; il ne faut que l'aspect et l'odeur d'une fleur pour qu'on revoie à l'instant cette triste et chère image, et qu'on ressente au cœur, comme une pointe aiguë, la douleur des adieux et de l'éternelle séparation. De ce jour on a une partie de soi-même dans la tombe, de ce jour on ne se livre plus au monde et à ses distractions qu'en s'échappant et au risque d'être à chaque instant ressaisi et ramené au cimetière. En effet, on a enterré dans leur tombe tout ce qu'on aimait avec eux; et les fleurs cultivées ensemble, et les airs chantés ensemble, et les chagrins subis ensemble, et les joies savourées ensemble.

🐝 Un des derniers dimanches, au moment où la musique militaire jouait sur la terrasse du château des Tuileries, un homme vêtu en ouvrier entra dans le jardin pour entendre le concert ; mais un gardien le fit sortir aussitôt en lui disant que son costume ne lui permettait pas l'entrée de ce lieu privilégié. L'ouvrier, dont la mise était pauvre, mais décente, s'éloigna sans rien dire, la rougeur sur le front.

Ceci a le défaut d'être bête. Je suis convaincu que le roi désapprouverait le zèle de ce gardien. — L'entrée des ouvriers aux Tuileries a donné une couronne au roi Louis-Philippe : — ils peuvent bien se promener un peu dans le jardin. — Ce sont précisément les gens qui n'ont pas de jardin à eux qui ont besoin des jardins publics. Ces insultes à la pauvreté n'ont pas d'excuse.

🐝 On assure que le maréchal Bugeaud renonce à la candidature d'Excideuil, les exigences toujours croissantes de ses commettants et les prix exorbitants qu'ils mettent à leurs voix l'ont, — dit-on, — tout à fait découragé. — D'autres détails analogues, qui me viennent de vingt côtés, me font désirer le moment où on en arrivera, comme en Angleterre, à vendre franchement et publiquement les voix ; de cette façon ceux qui en ont à vendre sont obligés de se soumettre au cours, et ne peuvent donner à leurs suffrages une valeur exagérée.

🐝 M. le préfet de police vient de faire afficher l'ordonnance annuelle contre les chiens errants. — Il n'y a de nouveau que l'ordonnance spéciale contre les bouledogues, qui date de deux ans. — Le moyen employé pour leur destruction est toujours de jeter des boulettes empoisonnées. — Nous répéterons à ce sujet qu'un des symptômes de la rage étant l'horreur de toute nourriture, ce moyen de détruire les chiens enragés ne détruit que ceux qui ne le sont pas.

Il me semble qu'il ne serait pas bien difficile à M. le préfet de police de faire tuer en vingt-quatre heures tous les chiens sans maîtres. — Je ne redirai pas ici tout ce que j'ai dit les années précédentes à ce sujet.

Les hommes dits à imagination, et comme tels tenus en suspicion, les poëtes, — si soigneusement écartés le plus souvent des affaires sérieuses, sont des hommes qui ne s'occupent que de choses graves et vraies, — qui passent leur vie dans la contemplation de la nature et de ses grandeurs, — dans l'étude de l'homme et de ses petitesses; — qui se font des bonheurs et des richesses avec les murmures de l'eau, l'odeur des chèvrefeuilles, le soleil et l'ombre.

Les hommes positifs, au contraire, sont des gens qui sacrifient tout pour des titres, pour des places, pour des avantages de convention; — qui courent mille dangers ou font mille bassesses pour obtenir qu'on leur permette de mettre devant leur nom ces deux lettres : *de;*

Ou de nouer en rosette le ruban rouge qu'ils ont déjà obtenu d'attacher d'un nœud à leur boutonnière;

Ou pour arriver à une de ces domesticités d'un genre particulier qu'on appelle places;

Ou pour marier leur fille avec quelque monsieur laid, difforme, vieux, qu'elle n'aime pas, — avec lequel elle aura tous les malheurs, y compris celui de manquer à ses devoirs.

Tandis que les hommes d'imagination, — ceux qu'ils croient fous, — veulent, dans le mariage, un peu d'amour et de beauté;

Juillet 1845.

La douane et les courlis. — Le livret du Musée. — L'*Epoque* et le *Soleil*.
— M. Sue et M. Dumas. — A propos des ouvriers et des pauvres. —
Un abus. — Le banc des pauvres. — L'église Notre-Dame. — Une vente
à l'encan dans une église. — L'Hippodrome.

Un habitant du Havre avait à se plaindre des limaçons. — Il fit venir de Hollande une douzaine de courlis par le bateau à vapeur. — On sait que ces oiseaux recherchent avec soin et détruisent toutes sortes de limaçons, dont ils sont très-friands. Eux seuls pouvaient sauver les pauvres fleurs de la voracité de leurs hideux ennemis. Les courlis sont arrivés, il envoie son commis les réclamer. — Le commis cherche le panier qui contient les oiseaux, le découvre et veut l'emporter. Mais un douanier l'arrête. — On appelle main-forte et on conduit les douze courlis sous bonne escorte à l'hôtel de l'administration. — Là, on tient conseil, on cherche dans un dictionnaire d'histoire naturelle et on trouve *courlis, oiseaux de passage*. — La loi fait une exception, non pas en faveur des oiseaux de passage, mais en faveur de ceux qui les tuent ou les prennent. On souleva bien un peu la question de savoir — si les oiseaux de passage ont le droit de passer en cette saison, et si leur passage ne doit pas être volontaire. — Cependant on rendit les oiseaux. — Heureusement que la loi sur la chasse ne protége pas les limaçons !

Les cabinets de lecture qui louent, moyennant quatre sous, — deux volumes qu'il faudrait acheter dix francs, — font un double tort à la librairie, et par contre-coup aux gens de lettres. On n'achète pas de livres et les libraires ne vendent des meilleurs ouvrages que le nombre nécessaire pour approvisionner les cabinets de lecture. — Ensuite, comme les établissements ont besoin de fournir une grande variété à leurs abonnés, ils achètent n'importe quoi. On ne saurait croire combien peu on vend d'exemplaires d'un bon livre de plus que d'un mauvais.

Le puissant écrivain et le redoutable libraire qui écrivent et vendent le livret de l'exposition de peinture — ont chassé de la place du Louvre, cette année, les gens qui louaient des livrets. —Aussi en a-t-on vendu cent trente-quatre mille,—au lieu que l'année précédente on n'en avait vendu que quatre-vingt-cinq mille. — Il y a là-dessus au moins la moitié de bénéfice. — Ce bénéfice revient, dit-on, à la liste civile.

※ A Vesoul — Haute-Saône, — un notaire appelé Fabvre, convaincu d'avoir fait souscrire à un monsieur un billet de quatorze cents francs pour une somme de sept cents, et, en outre, d'avoir exigé les intérêts sur le pied de quatorze cents francs ; — convaincu d'avoir pris vingt-trois francs d'honoraires qui ne lui étaient pas dus — et d'avoir gardé six cent trente francs qu'on lui avait confiés pour en faire le versement, n'a pu échapper à la vigilance de la justice ; — elle vient, par l'organe du tribunal de Vesoul, présidé par M. Fachard, — de le condamner A TROIS MOIS DE SUSPENSION! — Le pauvre homme! il sera trois mois sans pouvoir continuer les exercices susmentionnés, — qu'il ne pourra reprendre qu'à l'expiration de sa peine. — A la même audience, un scélérat qui, pressé par la faim, avait volé des légumes dans les champs, a été condamné à quatre mois de prison.

※ Comme tous les journaux agrandissaient leur format à l'envi, — on a créé l'*Époque*, qui, du premier coup, a pris un format double des plus grands des autres journaux,—dans le but avoué d'avoir plus de place à consacrer aux annonces; car aujourd'hui on avoue hautement ce qui était vrai depuis longtemps, — c'est que la politique, la littérature, c'est-à-dire les grandes phrases d'en haut du journal et les mauvaises phrases d'en bas ne sont que la *bagatelle de la porte*, — les lazzi de paillasse pour attirer la foule; — après quoi on commence à proposer sa vraie marchandise : — la poudre pour les dents, etc., etc. Combien la vends-tu? — Je ne la vends pas, je la donne. — Quand le journal a réuni un certain nombre d'abonnés, — c'est pour les vendre aux faiseurs d'annonces. — Quand la foule est amassée autour du tréteau, on appelle les compères, qui se glissent dans les rangs serrés des badauds et explorent attentivement leurs poches. — Ce genre d'industrie n'est pas aujourd'hui autre chose.

On a créé l'*Époque*; on va voir, un de ces jours, paraître le *Soleil*, — même dimension, même but, — mais seulement s'adressant à d'autres badauds. — L'*Époque* est un journal conservateur, — le *Soleil* sera un journal d'opposition, — non pas que les fondateurs ou actionnaires y tiennent beaucoup, — mais on ne peut laisser une classe de badauds inexploitée. — Quelques-uns sont attirés par les sauts de carpe et les cabrioles; — les autres s'arrêteront plus volontiers devant les avaleurs de sabres et les mangeurs de filasse enflammée. Avalons donc des sabres et de l'étoupe. — Plusieurs des propriétaires d'une des feuilles le sont également de l'autre.

Et alors on commence les annonces : vous y verrez — la femme sauvage qui ne se nourrit que de cailloux et de viande crue; — non, je veux dire M. Sue, qui mange des jésuites; — — ne l'approchez pas, il n'a pas encore déjeuné. — Vous y verrez M. Dumas courant la grande poste royale sur six chevaux à la fois, — sans selle et sans bride, — etc., etc.

Puis, la foule amassée, — alors l'on vend — qui des bonbons obscènes, qui des meubles indécents; on livre les abonnés aux marchands de n'importe quoi, qui vous les débarrassent le plus lestement du monde de leur argent, — rien ne manque à la similitude. — Les journaux vendus au-dessous du prix qu'ils coûtent — ne rappellent-ils pas la fameuse poudre donnée pour rien à tous ceux qui payent le morceau de bois contre la coqueluche.

Seulement les journaux ont fait un perfectionnement : — quand les joueurs de gobelet ont amassé la foule pour la livrer à leurs confrères les *tireurs*, ils partagent la *recette* après ; — les journaux la partagent *d'avance* avec leurs compères les marchands — en se faisant payer les annonces. Je sais un garçon d'esprit qui vit avec ces gens-là pour avoir plus d'occasion de se moquer d'eux. — En échange des monstruosités qu'ils lui laissent voir, il leur rend toutes sortes de petits services : — il leur écrit leurs prospectus, etc. Depuis qu'il est question du *Soleil*, il est toujours à la première phrase d'un certain prospectus-spécimen qui doit être imprimé sur calicot et répandu à un grand nombre d'exemplaires. — Ce qui fait qu'il recommence la première phrase, — c'est que, selon les circonstances, selon les bailleurs de fonds et les actionnaires qui se présentent, le journal change ses principes politiques. Le *Soleil* devait dans l'origine être conservateur.

Le prospectus alors commençait ainsi : « Lasse d'une agitation inféconde, la France veut un organe, etc. » — Mais l'*Époque* parut, — et comme elle avait assemblé autour de son cercle les badauds qui aiment les tours de gobelets, — on pensa à s'adresser à ceux qui préfèrent les avaleurs de sabre, — et le *Soleil* commença à crier :

« Lasse enfin des humiliations que lui fait subir un gouvernement, etc., la France attendait un organe, etc., etc. »

A PROPOS DES OUVRIERS ET DES PAUVRES. Outre le plaisir que beaucoup de personnes trouvent naturellement à parler, le droit de parler étant aujourd'hui le signe de la puissance et de la fortune, tout le monde veut parler. Ceux qui n'ont pas assez de *portes et fenêtres* pour parler à la Chambre des députés en ont assez quelquefois pour parler aux élections, ou dans les conseils généraux, ou dans les conseils municipaux.

Ceux qui ne peuvent ni parler légalement, ni, le Code à la main, obliger leurs concitoyens à les écouter, ont trouvé divers moyens ingénieux pour ne pas rester condamnés à un silence humiliant. Sous prétexte de fleurs, de bienfaisance, de tempérance, de vignes, d'amélioration de n'importe quoi, de répression de ce que vous voudrez, un certain nombre de gens se rassemblent, et chacun consent à faire partie de l'auditoire, à la condition d'être écouté à son tour.

Mais il arrive parfois que les sujets en circulation s'épuisent, et que tel prétexte de discours, encore bien bon pour celui qui le prononce, ne réussit plus à se faire écouter. Aussi, il fait beau voir quand un sujet nouveau ou suffisamment oublié pour paraître tel se fait lever par quelqu'un des limiers les plus avancés, il fait beau voir tout le monde s'élancer à sa poursuite.

En ce moment, les pauvres sont fort à la mode, on a commencé par demander pour eux des choses justes et raisonnables que l'on n'a pas obtenues, du moins pour le plus grand nombre. Pour ma part, j'ai obtenu qu'on vendît le pain à la livre, ce qui rend beaucoup plus faciles à saisir les fraudes des boulangers; mais je n'ai pu obtenir que le boulanger qui vole une demi-livre de pain à l'ouvrier fût considéré par la justice comme aussi coupable que l'ouvrier qui vole une demi-livre de pain au boulanger. Le second, en effet, est appelé voleur, condamné comme tel à une longue prison, et quelquefois aux galères, s'il a cassé un carreau pour prendre le pain, et si les lanternes étaient allumées; le second en est quitte pour une amende, et pour quelques heures de prison en cas de récidive, et son action s'appelle contravention.

Je n'ai pu obtenir qu'on permît aux pauvres gens qui habitent les côtes de prendre quelques verres d'eau à la mer pour assaisonner leurs légumes.

J'ai un des premiers élevé la voix contre l'abus féroce de faire voyager en wagons découverts, par la pluie, par la neige, par le froid, les pauvres diables qui ne peuvent payer des places plus chères, et qui naturellement sont moins bien vêtus que les autres voyageurs. Nous avons obtenu qu'on mettrait des rideaux à ces wagons ; mais la Chambre des députés n'a pas accordé de voitures fermées.

Mais, comme chacun veut élever la voix, comme chacun veut attirer l'attention sur son discours, chacun veut aller plus loin que l'orateur précédent, et on ne tarde pas à dire des sottises.

Les uns, d'ailleurs, ne sont si ardents en faveur des pauvres que pour se faire, des misères dont ils parlent, une arme contre leurs adversaires. Il y a dans leurs colères moins de charité pour les pauvres que de haine contre leurs propres adversaires. Le plus grand nombre parlent pour parler ; chacun veut lever, chasser, poursuivre et mettre à mort son abus ; et quand tous les abus sont pris, on prend autre chose que l'on déclare abus et on lui donne la chasse : à la façon des gamins de Paris qui, lorsqu'au carnaval les masques manquent sur le boulevard, font choix de quelques nez un peu longs ou un peu rouges, déclarent masques ceux qui les portent, et les escortent en leur adressant les cris et les épithètes destinés aux masques véritables.

Par exemple, M. Eugène Sue, nouvellement converti au culte du peuple, voulait dernièrement qu'on donnât au peuple l'argent destiné à rétablir l'orgue de Saint-Eustache, et se laissait emporter par son fanatisme jusqu'à traiter l'orgue de grande serinette et d'inutile joujou. On pourrait également scier en bûches, pour les distribuer l'hiver prochain, les arbres des Champs-Élysées et des Tuileries, ce qui permettrait d'utiliser ces deux promenades en y plantant des pommes de terre. M. Sue s'empresserait sans doute d'offrir également les objets d'art qui ornent son habitation.

Voici, par exemple, un bon et bel abus :

Les pauvres d'Harfleur ont des propriétés : je pense que c'est un legs que j'appellerai un legs pieux préférablement à tout autre. Ces propriétés consistent en deux pièces de terre attenantes l'une à l'autre, mais de façon que la plus petite, formant à peu près quarante-six ares, est enclavée dans une pièce appartenant à M. le maire de la ville d'Harfleur. Le chemin de fer de Rouen au Havre, suivant sa ligne inflexible, traverse à la fois la propriété de M. le maire et la propriété des pauvres. On a cru d'abord que ce serait une bonne affaire pour les pauvres, le chemin de fer ne prenant que seize ares qu'il payerait, et augmentant de beaucoup la valeur du reste du terrain qu'il coupait. Mais les choses ne se sont pas passées ainsi, à cause d'une erreur de M. le maire : ce magistrat a pensé que la hausse des terrains bordant les voies ferrées n'était qu'apparente, et au nom des pauvres, dont il est le tuteur légal, il a accepté, non-seulement les offres de l'administration des chemins de fer pour les seize ares du clos des pauvres, mais il a, dans sa sollicitude, fait en sorte de donner au même prix le reste de la pièce de terre à l'administration, qui n'en avait pas besoin.

Les affaires des pauvres terminées, M. le maire a dû s'occuper des siennes. Dans l'intervalle, il avait changé d'idée sur les effets que produirait sur les terres le passage des chemins de fer; il était revenu à l'idée vulgaire que leur valeur ne saurait que s'en accroître considérablement, et il s'est fait donner en échange de ce que lui prenait le chemin de fer les trente ares de l'enclos des pauvres qu'il avait vendus à l'administration.

Le résultat de cette opération a été, pour le maire, d'acheter à très-bon marché une partie de l'enclos des pauvres, qui le gênait tant qu'elle n'était pas à lui, de rendre sa pièce de terre carrée et de faire une très-bonne affaire ;

Pour les pauvres, de vendre leur terre au-dessous de leur valeur, et, au lieu d'avoir des bénéfices, de voir notablement diminuer leur revenu. En effet, il faut faire le remploi du prix de la terre vendue, et, selon toutes les probabilités, les pauvres ne retireront plus que soixante-deux francs par an d'un capital qui leur rapportait jusqu'ici cent trente-cinq francs, sans tenir compte augmentation de la valeur du terrain cédé sur les bords du chemin de fer et proche d'une station.

Dans presque toutes les églises de campagne et dans beaucoup d'autres, je crois, on applique contre une des murailles un banc au-dessus duquel il est écrit en gros caractères : *Banc des pauvres*. Ceci ressemble un peu aux wagons découverts des chemins de fer ; il faut être trois fois pauvre pour se résigner à s'asseoir sous cet écriteau, et bien des gens se privent du nécessaire pour pouvoir payer une chaise ou leur place à un autre banc et éviter cette humiliation. La loi oblige la *fabrique* de l'église à réserver une place aux pauvres et aux personnes qui ne voudraient pas payer de chaises. Comme on n'a pas la ressource des administrations de chemins de fer de faire tomber la pluie et la neige sur leur tête, faute de ce bon moyen de forcer les gens à payer, on en a trouvé un meilleur : c'est de les mettre à un poteau qui excite plus le mépris de presque tous les hommes que le carcan auquel on attache les criminels.

Quelqu'un qui penserait que l'Église prend au sérieux les préceptes de Jésus-Christ, et qui apprendrait que dans certains temples il y a un banc au-dessus duquel il est écrit : *Banc des pauvres*, croirait que ce banc doit être le mieux placé et le plus beau de l'église, que par ce banc on doit entendre les meilleures stalles du chœur.

Car Jésus-Christ n'a même pas admis les riches à l'égalité avec les pauvres. Il est bon d'être catholique, mais il faut encore être chrétien.

Au moment où l'on vient de demander aux Chambres des fonds pour réparer l'église de Notre-Dame, il est, je pense, à propos de signaler une réforme nécessaire.

Une partie de l'église, celle précisément qui contient les tombeaux, est fermée par une grille en fer.

Je me suis longtemps demandé pourquoi cette moitié de l'église était fermée : j'ai fini par en découvrir la raison.

Cette grille est fermée pour qu'elle puisse être ouverte par une vieille femme qui se fait pour cela donner de l'argent.

On a beaucoup raconté que sous Louis XIV — l'Académie française, encore toute jeune, mit au concours cette question : « Entre les vertus du roi, quelle est la plus digne d'admiration ? »

M. Ragon, examinateur des jeunes personnes qui se destinent à l'enseignement, leur a, dit-on, proposé cette année ce thème à traiter : — *De la sagesse et de l'utilité que présente le règne de Louis-Philippe.* — M. Ragon est un homme stable dans ses opinions. — Je l'ai connu professeur au collége Bourbon, — et mon professeur, qui plus est, — professeur d'histoire d'abord, puis ensuite de rhétorique. — Je puis affirmer qu'il a toujours eu ce respect et ce dévouement pour le roi. — Il faut bire seulement que, lorsque j'étais au collége, le roi s'appelait Charles X. — Je me rappelle que c'est ce même M. Ragon qui, étant professeur de rhétorique, accorda à un élève un éloge qui peint bien ce que c'est que l'éducation de collége : « C'est très-bien, dit-il, je suis content de ce discours ; je reconnais à chaque phrase des lambeaux adroitement recousus de Cicéron et de Tite-Live. — Il ne manque que des idées ; — mais, en attendant, c'est un bon discours. »

Malgré la saison horriblement inclémente, en commence à arriver aux bains de mer. — Il est un avis que je dois donner au directeur des bains Frascati, auprès du Havre. Il y a à certains points de la marée un courant fort rapide qui passe au large des bains et entraînerait invinciblement les nageurs qui se seraient écartés jusque-là. On raconte plusieurs histoires de personnes qui se sont noyées dans ce courant. — Si le nageur entraîné se résignait à suivre le courant auquel il ne peut résister, on aurait parfaitement le temps d'aller le chercher avec un canot : ce n'est donc pas un danger réel, — mais néanmoins on se contente d'avoir une chaloupe sur le galet ; — quand la mer est basse, — il faut traîner cette chaloupe pendant deux cents pas pour la mettre à l'eau.

Un établissement aussi important et aussi fréquenté que celui de Frascati ne doit reculer devant aucuns frais ni devant aucun soin qui peuvent contribuer à la sûreté et à la sécurité des baigneurs.

Il est indispensable qu'une chaloupe soit toujours à l'eau, — toute parée et menée par un homme, auquel quelques maîtres baigneurs auraient bientôt fait de se joindre pour porter secours en cas de besoin.

J'ai assisté l'autre jour à une singulière vente à l'encan. — C'était dans l'église de Sainte-Adresse. On venait de dire la messe, — le curé alla dans la sacristie, et revint en soutane. Les fidèles avaient gardé leurs places. — Il s'agissait de louer de nouveau certains bancs dont le bail était expiré. Le curé était assisté du clerc. — On ne les aurait pas reconnus. — Le curé, tout à l'heure, l'air recueilli, les yeux baissés à terre ou levés au ciel, — avait maintenant la gaieté sur le visage ; — il avait déposé la physionomie grave et le recueillement avec les ornements, — il avait repris avec sa soutane le rire, la vivacité, et une sorte de jovialité qu'il avait laissés à la sacristie en arrivant.

Il n'avait passé que quelques instants dans la coulisse, — il y était entré prêtre recueilli, il en était sorti commissaire-priseur facétieux. Le clerc ajoutait quelques lazzi, et la gaieté la plus vive régnait dans l'église. « Allons, à vingt-deux francs ce banc-ci. — Voilà un fameux banc, — on voit dans toute l'église sans presque tourner la tête. — A vingt-deux francs cinquante centimes ! — Vingt-trois francs ! — Vingt-quatre francs ! — Vingt-quatre francs cinquante centimes ! — M.***, il vous faut ce banc-là, vous êtes très-gros, vous ne dérangerez personne pour passer. — Je mets pour vous à vingt-cinq francs ; — et vous, madame, laisserez-vous aller ce banc ? — celui où vous êtes froisse votre chapeau, — il est trop près de la chaire, mettez vingt-six francs ; allons, madame *** voilà votre affaire :

— je ne vous verrai pas dormir pendant que je prêche.—Vingt-sept ! — Vingt-sept cinquante ! — Vingt-huit ! »

Et, le clerc aidant, le banc alla jusqu'à trente-cinq francs ; puis les paysans se mirent à échanger des quolibets, assaisonnés de leur plus gros rire. — Je m'en allai en me demandant si ces choses ne pourraient pas se faire un peu mieux ailleurs que dans l'église.

🐝 Comme je me trouvais à Paris, j'ai voulu voir l'Hippodrome afin d'en pouvoir parler à mes lecteurs, dont la plupart ont quitté Paris et trouveront passé à leur retour ce spectacle qui n'a été institué que pour l'été. — C'est un grand cirque ovale, — si l'on peut s'exprimer ainsi, — autour duquel sont des rangées de gradins recouverts de tentes en toile. — L'enceinte paraît pouvoir contenir huit à dix mille personnes.— Tout était plein.

Il m'a semblé voir dans une loge préparée la reine et quelques-unes des princesses, mais la distance était trop grande pour que je pusse les reconnaître certainement. — L'orchestre a commencé, — et on a vu entrer dans l'arène — des chevaliers et des dames richement costumés, montés sur des chevaux de sang suffisamment fringants. — Derrière eux venaient des palefreniers napolitains tenant des chevaux non montés. — Toute la troupe a ainsi défilé aux sons des instruments.

On a eu aussi une course de cinq jockeys parfaitement soutenue. — Les extrémités du cirque, tournant un peu vite, sont très-dangereuses pour les chevaux ; — un seul cependant est tombé avec le jockey qui le montait, mais qui s'est promptement remis en selle et a continué à courir. — A la course a succédé un *steeple-chase* par des amazones et deux écuyers, qui n'étaient là que pour donner à ces dames l'honneur de les vaincre. — Les pauvres filles qui jouent ces rôles ne savent nullement monter à cheval ; — mais, si elles sont un peu émues en entrant en scène et quand les chevaux se détendent, une fois lancées — elles poussent leurs chevaux à fond de train, ne sont plus accessibles qu'au désir de gagner un énorme bouquet et de le gagner devant tant de monde, — et franchissent les haies sans hésiter.

On m'a montré parmi ces hardies écuyères une assez jolie fille que l'on m'a dit être — la célèbre Mogador, la rivale de la reine Pomaré dans les bals champêtres pour la danse demi-prohibée. Personne n'est tombé dans cette course, et on en a été un peu surpris. On avait craint à plusieurs reprises que l'ardeur de ces héroïnes n'amenât quelque accident. Les femmes ont le rare privilége de ne voir qu'une des faces des choses à la fois, — c'est ce qui fait qu'elles sont bien plus braves que les hommes.

Cinq singes sont venus ensuite, montés sur de petits chevaux assez récalcitrants. — Les singes, vêtus en Kabyles, — avaient parfaitement l'air d'hommes médiocrement laids. — Un accident a attristé cette course. — Un des singes, attachés sur sa selle comme les autres, a tourné et s'est trouvé pendu la tête en bas sous le ventre du cheval, qui l'a tué à coups de pieds.

Ici l'orchestre a joué des fanfares, et les trompes de chasse ont répondu. — Tout le monde a été surpris de l'immense charivari qui a retenti dans l'arène. — On a accusé les trompes de sonner faux, et moi-même j'ai un moment partagé ce jugement rigoureux. — Il faut venger les trompes, et dire la cause de ce tintamarre. Les trompes sont en *ré*, et ne jouent jamais dans un autre ton. — Les instruments et l'orchestre étaient dans un autre ton, ou n'étaient pas d'accord avec les trompes.

Pendant la représentation de la chasse, il faudrait ne faire entendre que les trompes, qui, en outre, ne sont pas assez nombreuses pour remplir l'arène de leurs fanfares.

L'Hippodrome possédait un cerf et un daim, — tous deux un jour se sont sauvés. — Le cerf est rentré dans un cabaret voisin, où on l'a repris facilement ; le daim est allé au bois de Boulogne, où il a fait élection de domicile, et où on le rencontre quelquefois orné d'un collier, mais sans pouvoir l'atteindre. —

Le cerf, seul acteur de son espèce, restant à l'administration, n'est même pas complet; il lui manque un de ses deux bois.

Le cerf est parti au petit galop et les chiens l'ont suivi sans le poursuivre. Un beau braque placé parmi les spectateurs s'est indigné, a sauté dans l'arène en emportant un foulard avec lequel on l'avait attaché, et, n'entrant pas dans les conventions du cirque, — s'est mis à tourner en sens inverse et s'est jeté à la gorge du cerf, — qui, effrayé cette fois pour tout de bon, — a voulu sauter par-dessus l'enceinte et s'est pris la corne dans les filets dont il a fallu le dégager; après quoi, il est sorti de l'arène. — On a sonné l'hallali — par terre, et on a donné la curée aux chiens.

Après la chasse est entré dans l'arène le vieux Laurent Franconi, — bel écuyer s'il en fut jamais, — noble et aisé à cheval, ne trahissant jamais un effort ni une difficulté et restant toujours fidèle aux belles manières et à la dignité de la haute école; — il fait faire à son cheval ce qu'on peut faire faire à un cheval et même un peu davantage. Pour ma part, je n'aime pas beaucoup qu'on fasse danser les chevaux — sous prétexte de haute école, c'est tout simplement une puérilité disgracieuse. — Les chevaux n'arrivent jamais à rester en mesure et paraissent fort dislosqués. — M. Laurent Franconi a été très-fort et très-justement applaudi, — et sa sortie en arrière a été à coup sûr ce qu'il y a eu de plus remarquable. — Après M. Laurent, des Grecs montés sur des chars ont fait une course mêlée d'un peu trop de *hu*, de *ho* et de *dia*, dont le dernier seul est grec, que je sache.

Trois cavaliers debout, chacun sur deux chevaux, ont ensuite exécuté une très-belle course, — suivie de celle des chevaux libres. — Un des chevaux s'est servi de sa liberté pour se jeter deux fois sur le dos. — On l'a emmené à moitié brisé.

Voilà ce que j'ai vu pour vous, tandis que vous êtes sous de vrais arbres, — moi qui n'ai de consolation que de me promener le soir entre les arbres du boulevard, — tandis qu'à travers les arbres de là-bas vous voyez, le jour, les rayons du soleil tamisés en poussière d'or; — la nuit, les étoiles semblables à des fleurs de feu, — moi, à travers ceux-ci, — je vois des réverbères, — le soir; — et le jour, — les enseignes des dentistes et des bonnetiers. — Heureusement que je m'en vais demain.

Août 1845.

Les grands hommes contemporains offerts en thème à la jeunesse. — Les paratonnerres de M. Dupuis-Delcourt. — Le roi zélandais Thierry mangé par ses sujets. — M. Colin et M. Félicien David. — Le journal l'*Époque* et M. Griollet. — M. le préfet de police et son cheval. — Chute d'iceux

Les lecteurs des *Guêpes* savent ce que nous pensons de l'éducation universitaire; — nous pouvons renvoyer d'ailleurs ceux qui ont eu la bonté de conserver nos petits volumes — aux mois d'août, de septembre 1840, et à tous les mois de septembre suivants.

Nous serons aujourd'hui simple historien. — M. Durant a prononcé le discours suivant :

« Omnium facile savantorum consensu, illud unice utile est assequi hominibus ut, omnis juventutis ardore et assiduo labore, illas tantummodo linguas parlent quæ nusquam parlantur et nullius usagi possunt fieri, — id est magnam linguam latinam et majorem linguam græcam erudiantur. Ea enim esset educatio præsertim meprisabilis, quæ arma ad vitæ prælium posset suppeditare idonea, — nam ea instructio videretur ad lucrum composita, dum illâ quam damus juventuti ad nihil servire potest, quare est omnino generosa et admirabilis.

» Sunt quidam nebulones et mechantes qui pretendunt hanc instructionem esse omnino inutilem et creusam ; — his nebulonibus et mechantis, inter quos numerandus est quidam Alphonsus Karrus, respondere victoriose hæc oratio habet pro buto.

» Ita est inutilis, — ita est creusa, fatemur ; et quia creusa et inutilis, ideo admirabilem et continuandam censemus et prouvare speramus.

» Commenço :

» Inventus est aliquis iter periculosius quod præterire, — arbor robustior quem emundare, sourça generosior et vehementior quam tarire quam citius refert.

» Iter somno pellendum, arbor tædio calmandus, sourça chosis inutilibus quasi epongia absorbanda est; et, non timeo dicere : « Nihil est somnolentius, nihil embetantius, nihil spon-
» giosius et inutilius quam educatio quam alma mater Univer-
» sitas prodigat alumnis. »

« Ensuitè hi susdicti nebulones et mechanti reclamant sine morâ egalitatem ; — hanc damus egalitatem, — nam omnis regionis jeunegenti ad annum vigesimum parveniant nihil scientes omnino quam has duas superbas linguas, superbas dixi linguas, et non satis dixi : — lingua enim quam omnes parlant et comprenant exponit oratorem fœdissimis exprobrationibus ; — quivis auditor non hesitat signalare solecismos et barbarismos et sottisas qui in oratione cujuslibet possunt micare ; — sed omnes admirantur linguam quam non intelligunt. « Nullus est, inquit
» sapiens, heros pro suo valet de chambrâ ; — nullus est pro-
» pheta in suâ patriâ, » — et ego adjiciam : « Nihil est doc-
» tus quem turba intelligit. »

« In hac regione quæ ingeniosior semper habita est, quæ esprito continuo laboravit quasi morbo — tædio attamen templa sunt erecta et religio formata, — perinde ac pesti, febri et furiis apud Græcos et Romanos. Nos herum templorum hujus religionis sumus sacerdotes.

» Thema est espriti humani finis ; pauperibus spiritu regnum cœli, fortibus in themâ regnum terræ — tribuitur.

» Fateor equidem, nam grandior modestia est superbia procacior, mea oratio plena est excellentibus chosis, et elegantiis delicatissimis, sed non attamen eadem admiratio vos caperet, et præcipue vestros parentes, si gallicè loquerer quam si latinâ sermone uterer.

» Et inter avantagios latinæ et græcæ educationis illum enumerare decet : — vos omnes honesti restauratores, honorati soupæ marchandi — quos institutores vocamus — num hanc soupam tristem et liquidam, num vinum, nympharum donum, adeo vendere facile esset, sine latinâ, sine græcâ oratione ? — Latina etenim oratio butyram offæ, græca vinum cyathis addit.

» Adhuc restat argumentatum ejus nepotis Alphonsi Karri in poussieram reducendum.

» Rapportavit ille nebulo regem nostrum Ludovicum Philippum dixisse olim quibusdam adolescentibus : — « Vestri magistri » vos occupant nimium græci et latini. »

» Respondebo primum : « Si rex Ludovicus Philippus has pa-
» rolas pronunciavisset latinâ sermone, — hæ parolæ difficilius
» intellectu, et simul minus dangerosæ fuissent. »

» Secundo dicam quod dixit quidam sacerdos, cui, post sermonem contrà dansam et noças, objectum fuerat Salvatorem noçarum Canæ fuisse convivam : « Non est quod melius fecit. »

Ce discours, qui a été constamment écouté avec le plus vif intérêt, a été couronné d'unanimes applaudissements.

※ L'homme n'a pas dit son dernier mot à la foudre ; celle-ci l'ayant fort bravé cet été, je me fais un plaisir de lui faire savoir qu'il va, un de ces jours, lui arriver quelque chose de fâcheux. M. Dupuis-Delcourt, célèbre aéronaute, ne veut plus qu'elle se livre aux facéties dangereuses qu'elle a encore exécutées ces jours-ci ; elle fera bien de jouir de son reste, son heure est venue. Nous avons vu depuis quelque temps sur les murailles de Paris une formule d'annonce assez inquiétante, en cela qu'elle semblait nous annoncer le néant pour une époque assez rapprochée de nous. On lisait sur tous les murs : « Plus de frottage ; plus de punaises ; plus d'enfants... oisifs ; plus de chapeaux de soie ; plus d'oignon brûlé ; plus de terre ; plus de rhumes, etc., etc. » M. Dupuis-Delcourt vient à son tour dire : « Plus de tonnerre. » Franklin a inventé le paratonnerre, et on a dit de lui : « *Eripuit cœlo fulmen*, » il a arraché la foudre du ciel ; mais ce n'était que le commencement ; le paratonnerre a jusqu'ici vieilli dans une longue enfance. Franklin s'est emparé de la foudre, mais il ne l'a pas mise en bouteille, et c'est ce que va faire M. Dupuis-Delcourt, pour quoi il a pris un brevet du roi, *sans garantie du gouvernement.*

Jusqu'ici, le paratonnerre s'est contenté de monter une longue faction sur le toit d'un palais ou d'un bâtiment, et d'attendre l'arme au bras que l'ennemi vînt à portée de lui. Le bâtiment seul était préservé, et le tonnerre, le plus souvent, voyant une maison si bien gardée, tombait tranquillement sur une maison voisine. Il ne s'agit plus de préserver une maison et d'en laisser brûler une autre, le paratonnerre de M. Delcourt ne se dérange pas pour si peu : un seul paratonnerre garantira tout Paris, il sera élevé jusque dans la région des nuages au moyen d'un aérostat en métal, retenu captif au-dessus de la capitale par des chaînes amarrées, l'une sur les tours de Notre-Dame, l'autre sur les Invalides. Les frais seront faits par une redevance que payera Paris avec plaisir, pour être à jamais préservé de la foudre.

Ce n'est pas tout. Comme les chimistes prétendent qu'une eau électrisée par le passage de la foudre est le plus puissant engrais possible, M. Dupuis-Delcourt ne compte pas perdre celle dans laquelle le tonnerre enchaîné viendra se noyer ; il la mettra en tonneaux, cruchons et bouteilles, et en vendra aux consommateurs. On n'a pas encore fixé le prix du litre de foudre. On ne sait pas non plus si le tonnnerre gagnera de la qualité et de la valeur en vieillissant, comme le vin, et si on donnera la préférence à certains orages; alors on signalerait la foudre de telle ou telle année; il y aurait de la foudre cachet vert ou cachet rouge.

Je ne sais si cela n'est pas un rêve, mais ce qui est certain, c'est que le brevet est pris. Reste à savoir, au cas où la chose serait possible, si la nature ne sera pas un peu gênée dans son perpétuel enfantement par ce soutirement perpétuel de l'électricité, et si en même temps qu'une plaine sera préservée de la foudre, elle ne sera pas préservée aussi de toute récolte. Il y a en ce moment dans les esprits une inquiétude et un besoin du nouveau qui ne laisse pas de me donner quelque souci. J'ai quelquefois pensé que ce monde n'est qu'un effet magique, un prestige, un fantôme, qui doit cesser de s'évanouir aussitôt que l'homme aura dit certaine parole mystérieuse et trouvé le mot de l'énigme. L'Éden a disparu au moment où le premier homme a eu mangé du fruit de l'arbre de la science. Nous en avons aujourd'hui mangé les fruits et les feuilles. Ce monde-ci ne tardera pas beaucoup à finir : peut-être le dernier mot à trouver est celui de M. Dupuis-Delcourt; aussitôt qu'il l'aura prononcé, l'enchantement disparaîtra, ce monde s'écroulera et il n'en sera plus question.

Aussi bien, il n'y aura peut-être pas grand mal ; il est vieux, il fait comme les vieillards, il érige en vertus ses infirmités, mais il n'est guère plus habitable; je crois qu'il a fait son temps, et M. Dupuis-Delcourt peut dire le mot de l'énigme

On a beaucoup parlé dans le temps d'un nommé Thierry, qui s'était fait roi de la Nouvelle-Zélande. Il y a en ce pays une variété particulière de *soucis de la couronne*. Son peuple, mécontent de son administration, l'a fait cuire et l'a mangé. Un de ses amis, qui en a envoyé la triste nouvelle, a glissé, involontairement, sans doute, dans sa lettre, ces phrases, qui n'ont pas paru suffisamment funèbres. « Le malheureux prince a été mangé ; les ennuis de la royauté l'avaient fort maigri, aussi ne l'a-t-on pas fait rôtir, on l'a mangé bouilli... Néanmoins on l'a trouvé excellent, comme nous le trouvions, hélas ! quand il était parmi nous, nous qui le connaissions et avions su l'apprécier ! »

En général, les journaux accablent beaucoup un certain M. Colin, qui a fait les paroles de la fameuse symphonie de M. Félicien David. Parce que les paroles ne sont pas un chef-d'œuvre, on trouve mauvais que M. Colin exige la moitié du produit de l'ouvrage. — C'est un usage dont M. Colin n'a aucune raison de laisser déroger contre lui. Il est fâcheux que M. Colin ait besoin d'insister à ce point pour percevoir ses droits, et que cette résistance vienne de M. David. En effet, tous deux ont composé cette symphonie lorsque tous deux étaient pauvres et inconnus. Personne alors n'aurait donné des vers à M. David, il a été heureux de trouver ceux de M. Colin ; ils n'avaient à eux deux alors que des illusions, des privations et des espérances ; le partage s'en faisait sans trouble et sans chicane. N'est-il pas triste que M. David n'ait pas senti qu'il devait continuer à partager avec M. Colin les chances de cet ouvrage, qu'ils avaient fait ensemble ? La part de M. David est déjà bien assez belle, même après le partage de l'argent, et elle le serait plus encore si les droits de son compagnon avaient été défendus et protégés par lui. Ce serait un plaisir de plus qu'il aurait fait à ses admirateurs, de leur donner lieu d'aimer son caractère comme ils aiment son talent.

Un journal de tribunaux raconte ce qui suit : « Les habitants du passage du Caire, à Paris, ont été affligés hier au soir par une scène déplorable. — Une inimitié existait depuis quinze jours entre deux ouvriers des imprimeries lithographiques de MM. Carré et Fritz. L'un de ces ouvriers fit appeler l'autre et lui donna un soufflet. — Celui-ci, qui avait un poinçon à la main, riposta en frappant son adversaire dans la poitrine. Le coup a fait une blessure dont on redoute les suites. — *La justice s'est emparée du coupable !* — Je voudrais savoir lequel des deux la justice et le journal appellent le *coupable ?*

※ Le succès qu'a obtenu le placement des actions du journal l'*Époque,* qui sera à lui seul grand comme la *Presse* et les *Débats* réunis, a éveillé toutes sortes de projets analogues ; — mais, jusqu'ici, il manque aux entrepreneurs un élément important, et je dirais presque indispensable, à savoir un Griolet. Tous sont à la recherche d'un Griolet ; — mais les Griolet sont rares, — et sans Griolet il n'y a rien à espérer.

M. Griolet est un négociant fort riche, — ancien maire d'un des arrondissements de Paris. Il y a quelques années, à la suite de je ne sais quelle discussion, M. de Girardin inséra dans le journal la *Presse* une lettre dudit M. Griolet, qui contenait un *lapsus calami,* — appelé vulgairement faute d'orthographe. — M. Griolet fut fort ému et garda dans son cœur une blessure secrète, *acutum vulnus sub pectore.* — Il la nourrit longtemps de son sang, *vulnus alit venis* ; mais il lui a été présenté une précieuse occasion de lui donner quelque chose de plus substantiel à dévorer, — à savoir la *Presse* et son fondateur ; — aussi, quand on lui a proposé de prendre des actions de l'*Époque,* il s'est écrié : « J'en prends deux cent cinquante pour l'*Époque,* — et deux cent cinquante contre M. de Girardin.

Outre que l'apport de M. Griolet faisait une assez belle somme, son exemple, fort influent, en a entraîné beaucoup d'autres, et la boule d'or s'est faite à la manière des boules de neige. De là la recherche et le besoin d'un Griolet.

※ Le 25 juillet dernier, — à trois heures et un quart, j'ai rencontré M. le préfet de police à cheval, — rue de Rivoli. — M. Delessert avait un habit bleu, — le cheval était bai ; — je donne ces détails, un peu minutieux, pour que M. le préfet se rappelle qu'il surveillait beaucoup son cheval, — parce que le pavé sec, plombé, trop scrupuleusement nettoyé, — exposait à chaque instant le cheval et le cavalier à une chute semblable à celle qu'a faite M. Delessert il y a deux mois et demi — rue de Poitiers.

Il y a longtemps que j'ai averti M. Delessert du danger auquel sont exposés les chevaux — sur les chaussées balayées avec trop d'ardeur, — et qui deviennent pour eux comme une sorte de parquet ciré sur lequel ils ne peuvent tenir pied.

Il est urgent également de prendre des mesures nouvelles relativement à la circulation des voitures dans Paris.—Le nombre des voitures augmente tous les jours. — Les encombrements et les accidents se multiplient. — Les charrettes pesamment chargées embarrassent la voie publique, et par leur masse et par leur lenteur ; il sera bientôt nécessaire de leur appliquer une heure après laquelle elles ne devront plus traverser Paris.—Les tonneaux des porteurs d'eau sont aussi une cause fréquente d'encombrement par leurs longues stations. On pourrait exiger d'eux qu'ils s'arrêtassent dans la cour de quelque maison.—Également, les voitures qui attendent quelqu'un devraient entrer dans toutes les cours qui peuvent le permettre. — Il est une foule de petites surveillances qui diminueraient la gêne et les accidents. — Dix voitures stationnant sur le même côté de la rue n'embarrassent pas autant, à beaucoup près, que deux qui s'arrêtent en face l'une de l'autre. — Ainsi, le 22 juillet, la rue Saint-Martin était obstruée dans la moitié de sa voie par des pavés enlevés et des pavés apportés, — précisément vis-à-vis le n° 16. — Eh bien ! une charrette est restée plusieurs heures devant le n° 16, — ce qui achevait de barrer la rue, etc., etc.

Comme je revenais à Sainte-Adresse, j'ai trouvé une lettre fort gracieuse de M. de Salvandy, qui m'annonçait que le roi, sur sa présentation, me nommait membre de la Légion d'honneur. — J'ai pris respectueusement le dernier ruban qu'a porté mon père, et je l'ai attaché à ma boutonnière,

Septembre 1845.

Un service de chemin de fer. — Nouveau mode de décoration. — Les blocs de grès de Meudon de M. Gabriel. — Philippe de Gérard. — Les Irlandais mangeront les Anglais... à défaut de pommes de terre. — Français moderne. — Le merle blanc découvert par la *Démocratie pacifique* et les chiens à trois pattes de M. Jadin. — Pauvre Marochetti ! — Petit bonhomme vit encore, ou les affaires par actions. — Ancelot, émule de Molière. — M. le curé de Trouville.

SEPTEMBRE. — Voici l'annonce que l'administration du chemin de fer a fait insérer dans les journaux pendant tout l'été. —Cette annonce n'était que la reproduction d'une grande affiche placardée dans les bureaux et les salles d'attente.

« *Un service* (par correspondance de voitures spéciales sur le chemin de fer) est établi entre Paris, Cormeilles, Enghien, Montmorency. »

Voici comment la chose s'exécutait : — Vous vous présentiez au bureau : — « Avez-vous des places pour Montmorency? — Oui, monsieur. — Donnez-m'en une. — La voici. — Combien? — Tant. »

Vous preniez votre billet, votre bulletin de correspondance, et vous partiez. Arrivé à Enghien, on vous mettait à terre. « Vous êtes arrivé. — Mais non, je vais à Montmorency. — Vous en avez le droit; — allez-y. — Conduisez-moi ! — Non. — Mais comment faire? — C'est bien simple, allez à pied. — Mais j'ai pris et payé un billet pour Montmorency; il y a Montmorency sur l'affiche. — Ah! oui, *on met ça*, parce que vous *pouvez* y aller d'Enghien. — Grand merci! alors vous ne vous opposeriez pas à ce que j'allasse jusqu'à Ecouen? — Non, monsieur. —

Vous êtes bien bon; et même plus loin? — Si vous voulez. — Je suis vraiment confus, » etc.

🐝 Certains journaux ministériels devraient mettre un peu plus de soin dans la façon dont ils parlent des princes. — En voici un qui raconte : « M. le duc d'Aumale, *en échange de la Toison d'or*, qu'il venait de recevoir des mains de la reine, a annoncé à plusieurs grands dignitaires que le gouvernement français les avait promus à divers grades dans l'ordre de la Légion d'honneur. » Il n'est pas encore décidé qu'on donnera la croix aux douze hommes qui ont échappé au massacre des quatre cent cinquante héros français en Afrique. — Mais, si on la donne à quelqu'un d'entre eux, il est assez curieux de voir quels seraient les considérants de ces diverses promotions.

Ainsi, on dirait pour les uns : « Un tel, soldat décoré pour une défense héroïque de plusieurs jours contre des ennemis *cent fois* supérieurs en nombre. »

Et pour les autres : « Un tel, décoré pour avoir été présent au moment où la reine d'Espagne donnait au duc d'Aumale l'ordre de la Toison d'or. »

🐝 Me voici un peu compromis en *paléontologie*. Les journaux font grand bruit de tombeaux celtiques, d'armes et d'ossements trouvés à Meudon. — Je puis dire que je les ai vus le premier ou à peu près. J'allais à Meudon faire une visite à M. Gabriel, savant et habile jardinier. — Je le rencontrai qui venait au-devant de moi, et qui s'était arrêté à regarder des ouvriers qui creusaient le sol pour je ne sais quelle conduite d'eau, etc. « Tenez, me dit-il, voici des os que je viens de trouver sous ces énormes pierres que les ouvriers ont mises à nu. — Je me trompe fort, dis-je, si ce ne sont pas des os humains. » Nous tournâmes quelque temps autour d'immenses blocs de grès, et nous partîmes en disant : « Cela a tout l'air de monuments druidiques. » — Puis, nous n'y pensâmes plus. — Et M. Gabriel, qui, semblable au berger de Virgile, m'avait dit avec une modestie hypocrite : « *Sunt mihi poma, castaneæ et pressi copia lactis*, — je n'ai que des pommes, des châtaignes et du fromage, — » me donna un dîner excellent — avec un dessert royal : — les meilleurs ananas que j'aie jamais mangés, — des fraises d'une grosseur invraisemblable — et toutes sortes de légumes de l'année prochaine, — et, mieux que tout cela, une franche cordialité au sein d'une charmante famille. — Je me souvenais bien de tout cela, — et aussi de beaux présents que m'a faits M. Gabriel ; — mais j'avais oublié les os des Celtes et les blocs de grès. — J'aurais peut-être quelques droits sur les cent cinquante squelettes qu'on a livrés aux savants ; mais je leur en abandonne ma part, et, dans le prochain voyage que je ferai à Meudon, je ne réclamerai que le *magnolia tripetala*, la *reine des prés rose*, les *cannacorus* et les *rhododendrons à fleurs pourpres* que m'a donnés M. Gabriel.

M. Philippe de Gérard vient de mourir. — Les journaux ont attendu sa mort pour rappeler qu'il a été une des gloires de l'industrie française. Le gouvernement l'a laissé mourir dans l'indigence. Les *Guêpes* se font honneur de lui avoir rendu justice plus tôt, — et d'avoir parlé de lui comme il le méritait dans le numéro qui rendait compte de la dernière exposition de l'industrie.

Le peuple irlandais ne vit que de pommes de terre, — et la récolte des pommes de terre a entièrement péri. On ne voit pas trop ce que mangeront les Irlandais cet hiver..., à moins qu'ils ne mangent les Anglais.

J'ai parlé plusieurs fois des *tarifs* dits *protecteurs*. — Ces tarifs empêchent d'entrer en France les grains et les bestiaux étrangers, qui abaisseraient de plus d'un tiers le prix du pain et le prix de la viande. — M. Bugeaud, — grand éleveur de bestiaux, est un des plus solides partisans de ces tarifs, qui constituent au bénéfice de certains industriels le plus odieux et le plus ridicule privilége.

Je comprends très-bien que, pour favoriser une industrie naissante et lui laisser le temps de se développer, on frappe d'un droit les produits analogues des autres pays, mais pendant un certain nombre d'années, — après lequel, si l'industrie du pays n'a pas réussi à fournir aussi bien sous le double rapport du prix et de la qualité, on doit cesser de la protéger — et rendre l'entrée libre aux produits étrangers. — Je fais grand cas de M. Bugeaud, mais je n'ai jamais pu être d'accord avec lui sur ce point.

UNE PHRASE FRANÇAISE (français moderne). Il y a eu un *steeple-chase* sur le *derby* de Chantilly : les *gentlemen riders*, les membres du *Jockey-Club* et toute la *fashion* du *sport* étaient sur le *turf*, comme en un *raout*. La plupart étaient vêtus de *twines* et suivis de leurs *grooms*, — menant à la main les *race-horse* ; les *dandys*, le *Stud-book* à la main, réglaient leurs paris, tandis que les *grooms* se préparaient à la course avec quelques verres de *grog*, de *brandy* et de *bishop*. Les *puffs* des journaux disent qu'il était venu du monde de fort loin par les *rails-ways* et par les *steamers*.

Une chose m'étonnait : — c'est qu'à cette époque de miracle les journaux n'annonçassent pas un *merle blanc*. — La découverte de cet oiseau est due à la *Démocratie pacifique*. A propos de ce journal, M. Toussenel — a bien voulu m'envoyer un livre fort remarquable intitulé les *Juifs rois de l'époque*. — Je l'en remercie sincèrement.

En même temps qu'un journal annonçait la naissance d'un *merle blanc*, un autre racontait que deux peintres de talent, MM. Decamps et Flers, avaient couru un grand danger. — Tous deux, se promenant dans la même voiture, avaient été violemment jetés à terre, etc.

Ceci n'est en vérité qu'un besoin de quinze lignes. — Vous en serez convaincus comme moi, lorsque vous aurez lu celles qui suivent : A l'époque où M. Jadin fit ce beau tableau de

Moïse où les chiens n'avaient que trois pattes, mais qui cependant ne manquait pas d'un certain mérite, M. Flers qui peint si bien les masures et les prairies normandes, avait la faiblesse d'adorer les cancans, et d'en faire et d'en répandre à profusion.

— De telle sorte que beaucoup de ses amis brouillés avec lui ne disaient plus « l'atelier, » mais « la loge de Flers. »

M. Flers répandit le bruit que M. Decamps avait mis la main au tableau de M. Jadin. Tous en furent très-irrités. « Je fais moi-même mes tableaux, disait M. Jadin, et je te défends de répéter de pareilles sornettes. — Le tableau serait meilleur si j'y avais mis la main, disait M. Decamps, et si tu racontes encore de pareilles choses, tu auras affaire à moi. »

La discussion s'échauffa de telle sorte, que M. Flers alla demander à son commissaire l'autorisation de porter un poignard pour se défendre contre les agressions de M. Jadin et surtout de M. Decamps.

La vérité est donc que non-seulement M. Decamps est à Fontainebleau, où il caracole sur un fort joli cheval noir, mais encore que, fût-il à Paris, il ne se promènerait pas en voiture avec M. Flers.

On a possédé au Havre pendant quelques jours, sur la place de la Mâture, — la statue du duc d'Orléans. — Il est fâcheux que la faveur ait confié cette statue à M. Marochetti, ce négociant en sculpture qui a reçu des commandes à la fois pour une statue de Napoléon et pour une statue de lord Wellington. La statue est mauvaise : — le cheval paraît un de ces chevaux dressés par M. Baucher et qui dansent la polka : le prince semble empaillé. — En voyant cette triste production du ciseau de M. Marochetti, — les gens qui savent ce qui se passe dans les coulisses des arts disaient : « Bouchot est mort : pauvre Marochetti ! »

Toute mauvaise qu'elle est, la statue du prince mort a été très-bien accueillie. — On n'a pas oublié que le duc d'Orléans était brave, intelligent, laborieux et instruit, et, n'eût-il pas été prince, un des jeunes hommes les plus remarquables de ce temps-ci ; — et on le regrette encore beaucoup, tandis que M. le duc de Nemours se fait laborieusement une popularité.

🐝 Les titres et les dignités ne sont plus un but aujourd'hui : ils ne sont qu'un moyen. — On n'est plus député pour défendre les intérêts de son pays. — On n'est plus pair de France pour apporter aux lois le fruit de longues études et d'une utile expérience. — On n'est plus général pour mener les armées à la victoire. Ces titres enviés ne servent plus qu'à servir d'amorce aux nombreux hameçons que tend chaque jour la crédulité publique. — On vend ou au moins on loue son nom et son titre aux entrepreneurs de n'importe quoi par actions, et on reçoit pour prix d'iceux un certain nombre d'actions au pair, c'est-à-dire un certain nombre de fois dix ou quinze francs, selon que les actions auront monté.

🐝 J'ai dit, je crois, — la crédulité publique, — hélas c'est tout au plus si l'on peut croire à l'innocence même des dupes. Les affaires, par actions, — pour la plupart, — participent d'un jeu appelé *Petit bonhomme vit encore*, — jeu dans lequel on se passe de main en main une allumette enflammée, et où celui-là perd entre les mains duquel s'éteint l'allumette. Chacun de ceux qui achètent espère revendre : tant pis pour ceux qui gardent les actions et participent réellement à la chose qui a servi de prétexte aux actions.

Et aussi de vol à l'américaine, — dans lequel le volé n'est que le plus maladroit des deux voleurs.

🐝 Dans ce qui se passe en ce moment, il n'est rien qui doive me faire changer d'avis sur les chemins de fer. L'État ne devait pas aliéner les voies de communication.

🐝 Certains coups heureux, certaines fortunes brutalement acquises, en achetant au pair et en revendant à primes des actions de chemins de fer, ont entraîné des inconvénients d'une certaine gravité. Beaucoup de gens, pour en avoir vu d'autres s'enrichir en quelques jours dans de pareils trafics, ont de la peine à continuer à se résigner à un lucre péniblement et lentement acquis par un travail opiniâtre.

Lorsque M. Ancelot était encore directeur du Vaudeville, un jeune homme, qui avait obtenu une lecture pour une pièce de sa façon, — afin de bien disposer son juge peut-être, demanda à lire quelques vers qu'il avait adressés à l'académicien. — Quand on arrive à ce vers :

Rival heureux de notre grand Molière,

M. Ancelot se récrie... sa modestie ne peut supporter un pareil éloge; il demande, il exige qu'on substitue *émule* à *rival*. Le jeune homme continue la lecture; — le poëme terminé, il s'attendait à quelques compliments; mais depuis le vers : *Émule heureux*... M. Ancelot n'avait plus rien écouté et était resté plongé dans une profonde méditation; enfin, il parle, et c'est pour dire : « Décidément, *émule heureux* n'est pas euphonique, rétablissez *rival*. »

A ceux qui voudraient faire passer pour une grande preuve de prospérité l'empressement avec lequel les capitaux se jettent sur les entreprises des chemins de fer, — on peut répondre que ceci n'est que l'appât du jeu; — que demander beaucoup au hasard est au contraire une preuve qu'on n'espère guère arriver par les voies régulières du travail. Examinez, par comparaison, comment on obtiendrait de l'argent pour l'agriculture, — de ce même argent qui a l'air si pressé et si embarrassé de se placer. Les agriculteurs, même propriétaires, empruntent à dix et quelquefois quinze pour cent; — le plus souvent pour acheter, planter et fumer des terres qui ne leur rapportent ensuite que quatre pour cent.

Il est une époque tous les ans, époque à plusieurs reprises signalée par les *Guêpes*, — où rien ne se passe plus comme à l'ordinaire ; — cette époque est celle où, la session étant terminée, les journaux doivent remplir à tout prix les deux colonnes qu'ils consacraient pendant la session aux séances des deux Chambres. Chaque village alors, — si l'on en croit les journaux, — renferme un centenaire ; chaque champ recèle une amphore pleine de pièces d'or et de médailles antiques ; — il pleut des crapauds, — les veaux naissent avec deux têtes, — on prend des baleines entre les jetées de Cherbourg — et des soles sous le pont Royal. — Si un chasseur tire un coup de fusil, il abat un aigle ; — cet aigle a un collier sur lequel on lit le nom de Pierre le Grand ou tout au moins de Christine de Suède, etc. — Si vous héritez, plus le testateur était pauvre, plus vous devez sonder les vieux meubles. A cette époque de l'année, il n'est pas d'armoire qui n'ait un tiroir secret contenant de trente à quatre-vingt mille francs en billets de banque ; — s'il y a un vieux fauteuil sur lequel dormait le défunt, épluchez bien le crin, il est parsemé de pièces d'or. — Profitez du moment, car, la session ouverte, tous ces prodiges disparaissent : — les fauteuils n'ont plus que du crin dans leurs flancs, — il n'y a plus sous le pont Royal que des pêcheurs, — il ne pleut que de l'eau ; les chasseurs ne tuent plus que des moineaux ou se tuent eux-mêmes. — Ceci a pour but de prémunir les lecteurs des *Guêpes* contre les miracles dont sont remplies pour le moment les feuilles quotidiennes et les divers carrés de papier se disant journaux sérieux ou organes de l'opinion publique.

Cependant, pour ne pas me mettre mal avec ces redoutables carrés de papier, je vais ici leur fournir un bon gros vrai miracle, dont ils pourront faire leur profit.

Comme je me trouvais, ces jours-ci, à Trouville-sur-Mer, — je remarquai plusieurs choses : d'aqord, M. Panseron, le musicien, qui, au moyen d'un costume équivoque, se baignait sur la partie de la plage réservée au beau sexe : — ensuite, comme je passais dans une rue de Trouville, je cherchai pourquoi la moitié de cette rue était parfaitement propre et soigneusement balayée jusqu'au ruisseau, tandis que l'autre moitié, jusqu'au même ruisseau, était couverte de trois pouces de fange. Je fus obligé d'aller aux informations. Ce qu'on appelle Trouville se compose en réalité de deux communes : Trouville et Hennequeville. La première seule est connue et condamne l'autre à l'obscurité.

Hennequeville lutte contre la fusion des deux pays : cette rue, placée sur la limite des deux États, appartient par moitié aux deux villages. — Trouville balaye ; Hennequeville, pour n'être pas confondue, conserve soigneusement la boue de ses rues.

L'église de Trouville étant devenue trop petite, — le curé a formé le projet d'en construire une nouvelle : — il a acheté une portion de terrain avec l'argent de quelques fidèles, et on a consacré la future église à Notre-Dame-des-Victoires. — Aussitôt la sainte Vierge manifeste par des miracles qu'elle accepte cette dédicace. — Au premier coup de pioche, on découvre une carrière qui produit des moellons de construction, de la pierre de taille, de la pierre à chaux, etc.; — on avait besoin d'eau pour les travaux, c'est l'affaire d'un second coup de pioche, et une source d'eau vive s'échappe des flancs du rocher. Monseigneur l'évêque de Bayeux a autorisé une souscription pour la construction de la nouvelle église. — Peut-être s'est-on trop pressé, et un troisième coup de pioche aurait-il procuré un trésor. — C'est le vrai moment, comme nous l'avons expliqué plus haut, de faire cette sorte de découverte.

J'ai lu tout ceci sur un papier signé de M. le curé de Trouville, qui m'a été offert en échange de cinq francs que j'ai donné aussitôt que j'ai eu appris par le même papier : 1° que mon offrande serait agréable à Dieu; 2° que M. le curé dirait tous les mois, pendant vingt-cinq ans une messe basse pour moi; — que tous les ans, — quand je ne serai plus, il fera un service à mon intention, et que, accessoirement, il se fera un plaisir de tirer du purgatoire et même de l'enfer toutes les personnes qu'il me serait désagréable d'y savoir retenues. — Cela fait des billets du paradis qui ressemblent à ceux des bastringues de Paris. — « Cinq francs pour un cavalier, qui pourra amener une dame. » — Il aurait réellement fallu ne pas avoir cinq francs dans sa poche.

O païens et idolâtres que vous êtes! est-ce là ce que vous avez fait de cette religion si simple et si désintéressée que le Christ a laissée à ses apôtres!

Juin 1846.

La pêche aux électeurs : les divers modes de cette pêche. — Accident du chemin de fer du Nord. — La couleur à la mode. — Les bains de mer d'Honfleur. — Le roi règne et ne gouverne pas. — Tentative contre la vie du roi. — Les avocats et Napoléon. — Les circonstances atténuantes. — Les pêcheurs peuvent-ils s'emparer des objets qu'ils trouvent dans la mer? — Sur les élections.

Juin. — Voici le moment des élections, — tous les partis se préparent à pêcher des électeurs ; — chacun prépare ses engins et amorce ses lignes. — Cette pêche, assez curieuse quoique toujours exécutée de la même manière, n'est pas suffisamment connue dans ses détails; elle se divise en une foule de pêches variées et de procédés différents.

Il y a d'abord les pêches au filet, qui permettent de

prendre à la fois un certain nombre d'électeurs; — elles se pratiquent avec des filets différents, selon les localités où l'on pêche et l'espèce de poisson que l'on veut surprendre.

Pêche au trémail. — Une fois votre filet tendu, — vous allez à une certaine distance battre l'eau et effrayer l'électeur par de grands et gros mots — qui, en général, font d'autant plus de bruit qu'ils sont plus creux. — Les pêcheurs de l'opposition crient qu'*on vend le pays à l'Angleterre.* — Le ministère fait sonner qu'*on veut plonger la France dans l'anarchie.* — Dans l'un et l'autre cas, quelques poissons timides s'épouvantent et vont donner dans le trémail.

Pêche a la nasse et au vervieu. — Le ministère met au fond de la nasse quelque *nouveau témoignage de l'entente cordiale entre la France et l'Angleterre*, — ou une fausse nouvelle de la prise d'Abd-el-Kader.

L'opposition met dans sa nasse la diminution ou si on veut l'abolition des impôts, l'avènement des garçons tailleurs, — le règne des perruquiers, — et une loi agraire.

Pêche a l'épervier. — Le gouvernement rassemble ses électeurs sur un point donné — autour d'une espérance quelconque — d'un port de mer ou d'un chemin de fer pour telle ou telle ville, — parfois même d'un tableau pour l'église.

Puis, quand les poissons s'agitent autour de l'amorce, — il jette son filet et les englobe.

Cette pêche réussit moins à l'opposition, qui n'a rien d'assez immédiat à promettre.

Mais ces procédés perdent tous les jours de leur puissance; l'électeur *trop pêché* — est devenu défiant, — et il voit de loin le filet. — Les gros surtout ne peuvent guère être pris qu'un à un, et il faut donner à chacun l'amorce qui lui convient, — c'est la belle pêche, la pêche digne des amateurs, — c'est la pêche à la ligne.

Pêche a l'asticot. — On ne prend pas encore comme

cela de bien gros poissons. — les hameçons sont petits et l'appât est mince.

Le ministère met à son hameçon—un bureau de tabac,—une demi-bourse dans un collége,—un bureau de poste, — un petit avancement dans la carrière administrative, — on prend ainsi de l'ablette, du gardon, de la brême et du goujon.

L'opposition amorce — avec un brevet de grand citoyen, d'électeur incorruptible, d'ennemi de la tyrannie : elle ne prend pas grand'chose ; si elle a la maladresse de pêcher dans les mêmes eaux que le ministère, le poisson ne mord à son hameçon — que faute d'autre appât.

Quand il s'agit des gros poissons, du barbeau, du brochet, de la carpe, le ministère tire de son panier — des amorces plus sérieuses, — de bonnes grosses places, des décorations, des préfectures, des concessions, etc., etc..

L'opposition ne peut attacher à sa ligne que des promesses réalisables si... ou quand... Elle fait les promesses plus grosses, il est vrai, parce qu'elle sait bien qu'elle ne pourra les tenir ;— mais tout cela c'est la pêche *à la mouche artificielle*, et cela ne vaut pas la pêche *au vif*. C'est le secret des majorités.

Quelques pêcheurs rusés cependant — pêchent à côté des pêcheurs du ministère, et prenant clandestinement leurs amorces dans le panier de leurs adversaires,—c'est un procédé qui réussit et s'emploie plus fréquemment de jour en jour, mais cela accoutume le poisson à mordre à tous les hameçons.

Qui oserait nier les progrès de l'esprit humain ? — on a supprimé tour à tour la théocratie, la monarchie, l'oligarchie, la république ; — on s'est lassé du gouvernement de Dieu, à cause des prêtres ; de celui d'un roi, à cause du despotisme ; — de l'oligarchie, à cause d'un despotisme plus grand ; — de la république, à cause des républicains. — Mais enfin, après bien du bruit, bien des misères, bien du sang, — on a découvert cette fois la meilleure forme de gouvernement possible : — on s'est soumis et pour toujours à la puissance des portes et fenêtres. — Les portes et les fenêtres gouvernent la France, — Dieu n'a plus qu'à la protéger. On a pensé que les citoyens qui possèdent le plus de portes et de fenêtres sont naturellement les plus *éclairés*, — et que le *cens* — qu'on écrivait autrefois *sens* — était la seule qualité nécessaire à un gouvernement, — et cette forme de gouvernement a réuni tous les suffrages.

En effet, — quand il fallait pour participer aux affaires une haute intelligence, un esprit vaste, des lumières péniblement acquises, — quelques personnes pensaient n'y pouvoir jamais parvenir, — tandis qu'aujourd'hui, en faisant et surtout en vendant du drap, du vin, des lampes, des souliers, etc., on peut arriver tout doucement à avoir assez de portes et de fenêtres pour être appelé au gouvernement de son pays. — Quand l'âge et la fatigue vous rendent impropre à votre petit commerce, — la carrière n'est plus fermée à personne, — si ce n'est aux songes-creux qui consument leur vie dans des études stériles et des méditations sans produits. — On est, grâce à Dieu, débarrassé de ces gens-là, — heureusement pour le pays remplacés par d'honnêtes merciers, ferblantiers, lampistes, etc., qui pendant trop longtemps n'avaient eu aucune part au gouvernement de leur pays.

Je n'ose pas dire combien il me manque de fenêtres pour que j'aie le droit de me mêler de tout cela.

M. Frissard, le timide et débonnaire ingénieur — est une sorte de commissaire des morts — que l'on envoie après chaque catastrophe — constater que tout est pour le mieux dans le plus mauvais chemin de fer possible. — Quatorze personnes, selon les uns, — beaucoup plus, selon les autres, ont été étouffées dans un marais sur le chemin de fer du Nord. — M. Frissard dit que ce n'est la faute de personne, — que les travaux étaient bien exécutés, — le matériel en bon état, — le personnel suffisamment soigneux et capable. — Donc, puisqu'il n'y a aucune cause à ce sinistre accident, on ne peut pas en prévenir aujourd'hui le retour. — Donc cela arrivera de temps en temps, — donc il n'y a qu'à bâtir une chapelle comme on a fait sur la rive gauche de Versailles, — celle-ci est dédiée à *Notre-Dame des flammes*, — celle du chemin du Nord sera sous l'invocation de *Notre-Dame des boues*. — Il faudra inventer une nouvelle patronne pour chacun des supplices qu'auront à subir les voyageurs en chemin de fer. — Ce sera bientôt une mythologie nouvelle qui nécessitera un calendrier spécial.

Je n'ai pas le bonheur d'être de l'avis de M. Frissard; — il me semble que, puisqu'on n'a pas trouvé encore le moyen de rendre le déraillement impossible, — il faudrait prendre des précautions particulières dans les endroits où le déraillement peut avoir d'aussi funestes conséquences : — tous les remblais, tous les ponts, devraient être munis de garde-fous — et de contre-rails capables d'opposer une sérieuse résistance au déraillement.

🐝 Il n'y a guère eu de cerises cette année, — il y a peu d'abricots et de pêches, et point de prunes. — Heureusement que le *Journal des Débats* annonce — que « la politique de 1846 donne des *fruits* d'ordre, de paix, de liberté. » Les prunes de reine-Claude sont bien bonnes.

🐝 On lit dans les journaux spéciaux que la couleur à la mode sera cet été la couleur *club-stick*, — c'est le nom d'un *des race horse* inscrits au *stud-book*, montés par des *gentlemen riders* vainqueurs du *turf* sur le *derby* de Chantilly — (autrement, pour le français, d'un des chevaux qui ont couru sur la pelouse de Chantilly). — Cette couleur, sorte de *bai-marron*, ressemble un peu à la *couleur puce* dont Louis XVI fut le parrain. — Les annales de la mode ont gardé le souvenir de cet événement. En 1775, — la reine ayant choisi une robe de taffetas d'une couleur rembrunie, — le roi dit en riant : « C'est couleur de puce. » — A l'instant, toutes les femmes de la cour voulurent avoir des *taffetas puce*; — la manie en passa aux hommes; on chercha des nuances nouvelles; il y eut couleur de vieille et de jeune puce; la mode adopta successivement les couleurs : dos de puce, ventre de puce — et tête de puce; — cette mode régna tout l'été, et avec tant de fureur, que tout le monde pensait qu'elle passerait l'hiver. — Mais, à la fin de l'automne, les marchands offrirent à la reine des satins nouveaux, parmi lesquels elle choisit une robe d'un blond cendré. — Monsieur, depuis Louis XVIII, s'écria : « C'est la couleur des cheveux de la reine. » A l'instant la *couleur puce* tomba, — on dépêcha des gens de Fontainebleau à Paris pour demander des velours, des soieries, des draps, des ratines, etc., *couleur des cheveux de la reine.*

Aujourd'hui que les chevaux donnent les modes, — cette couleur s'appellerait *isabelle*.

Les exemples de naïveté sont bons à recueillir. — La naïveté n'est pas le défaut de notre époque. — *Les pauvres d'esprit* eux-mêmes font tout ce qu'ils peuvent pour se faire escompter ici-bas le royaume des cieux, qui leur a été si solennellement promis.

Honfleur est une jolie ville à l'embouchure de la Seine. Je lui permettrais volontiers une foule de prétentions que j'ai déjà eu occasion de reconnaître en y plaçant la scène de celui de mes romans que j'aime le mieux et qui s'appelle *Midi à quatorze heures*. — Honfleur est surmontée d'une belle montagne verte, du sommet de laquelle on a une vue magnifique.

Mais je ne me serais pas avisé de penser qu'Honfleur songerait jamais à avoir des bains de mer.

Voici pourtant que je reçois un prospectus qui en fait preuve. Ce prospectus, écrit avec une bonne foi et une naïveté dignes d'un autre siècle, fait une amère critique de l'établissement qu'il annonce.

En voici quelques passages :

« Honfleur... située *sur la rive gauche de la Seine*

Il n'est pas adroit, — ville d'Honfleur, — d'annoncer qu'on *est sur la rive gauche de la Seine*, — quand on offre aux gens des bains *de mer*, — quoique cela donne l'air d'être une continuation du faubourg Saint-Germain de Paris. « *L'uniformité salutaire du climat d'Honfleur* » est une vérité incontestable ; mais s'il est également vrai que ce port soit *à l'abri des ardeurs du soleil*, il ne l'est pas du tout qu'il soit aussi bien *à l'abri des vents les plus froids*, et cela, parce que Honfleur est au nord.

L'auteur du prospectus fait ensuite une longue énumération des plaisirs que présente la ville ; le choix n'en est pas heureux : — presque tous sont *ailleurs*, — quelques-uns des plaisirs qu'offre la ville sont à quatre lieues d'elle ; à quatre lieues également on a les bains de Trouville, à trois les bains du Havre. Cela compte-t-il entre les plaisirs qu'on peut trouver aux bains d'Honfleur ?

Il annonce avec une touchante sollicitude qu'il n'y a rien de si facile que de s'en aller d'Honfleur, — à toute heure, par toutes voies : « Il y a, dit-il, quatre départs par jour pour Paris, par voitures, par bateaux, etc. Et chaque jour, au moyen de deux bateaux à vapeur, dont le trajet est fait *avec la plus grande* régularité, l'habitant d'Honfleur peut aller passer quelques heures au Havre. — Le trajet se fait en trente minutes. »

Le prospectus n'ajoute pas si c'est pour y prendre des bains qu'il conseille aux baigneurs d'Honfleur d'aller au Havre.

Le conseil ne serait peut-être pas mauvais ; — en effet, il y a à Honfleur, comme dit avec raison le prospectus, « des cafés, des hôtels, des restaurants confortables, des cabinets de lecture, — des jardins, — des bancs, des pelouses couvertes d'ombrage, une très-belle vue ; » mais il y manque deux choses très-nécessaires pour prendre les bains de mer, d'abord une plage, — puis de l'eau de mer. Les côtes d'Honfleur sont vaseuses ; l'eau, se mêlée d'eau de Seine, est presque toujours au bord troublée par

« Il y a, dit encore le prospectus, du linge et des costumes complétement neufs et confectionnés avec le plus grand soin. Il y a un maître baigneur connu sur toute la côte. » Tout cela est vrai. C'est bien dommage que cela ne puisse suppléer — quand il s'agit des bains de mer — à une plage et à de l'eau salée.

🐜 Il arrive en ce moment une chose assez consolante : — les députés et les journaux n'ont plus de nouvelles... bizarreries à débiter. — Le tour est fini, les voilà revenus aux anciennes. — La phrase : Le roi règne et ne gouverne pas, sert de prétexte à autant de discours, à autant de colonnes qu'il y a sept ans. — Les *Guêpes* ont dit leur avis sur ce sujet la première fois qu'elles ont pris leur volée.

En face du reproche fait à un roi *constitutionnel* de trop gouverner, il est curieux de placer le reproche contraire adressé à Louis XIV, à la fin de sa vie, dans une satire du temps :

« Louis XIV eut toujours la prétention de *gouverner par lui-même* : il crut y être parvenu, et presque tout le royaume le crut aussi; ce qui produisit de salutaires effets à beaucoup d'égards. Mais est-ce réellement *gouverner par soi-même* que de n'écouter que ses ministres, de ne voir que par leurs yeux, et de s'interdire ainsi tout autre moyen de connaître la vérité, quand ils ont intérêt de la cacher? C'est ce que fit ce prince pendant cinquante-cinq ans. »

On voulait alors que le roi n'eût pas de ministres.

— Certains ministres aujourd'hui voudraient-ils ne pas avoir de roi?

🐜 Le lâche assassinat tenté sur la personne du roi — a été funeste à bien des gens, en ce qu'il a fait dire énormément de sottises. — Certains journaux ont cru être très-agréables à M. Pasquier en parlant de l'estime qu'il avait inspirée à Lecomte. — D'autres ont réclamé pour M. Decazes, et ont affirmé que Lecomte n'estimait pas moins le grand référendaire que le président de la Chambre haute... — Les uns ont donné, jour par jour, des nouvelles de l'assassin, ont dit comment il avait passé la nuit et ce qu'il avait mangé à son dîner. — Ils lui ont procuré, en agissant ainsi, le bonheur qui enivrait Fieschi en se voyant l'objet de l'attention publique.

Le *Journal des Débats* a soulevé d'unanimes réprobations en s'efforçant de donner à ce crime une couleur politique. — M. Bertin ne sait peut-être pas que l'action de « calomnier la nation en faisant suspecter au roi la fidélité de son peuple » a toujours été considérée comme *crime*, — et, en cette qualité, plus d'une fois punie de mort. — Dans un livre de jurisprudence très-connu, intitulé : *Des injures dans l'ordre judiciaire*, publié en 1783, par M⁰ Dareau, avocat au parlement et au présidial de la Marche, à Guéret, il est rapporté deux exemples de semblables punitions prononcées par les tribunaux. — L'un de ces faits a eu lieu en 1629, à propos du roi Louis XIII; l'autre, qui lui ressemble beaucoup, se passa en 1702. Un sieur de Lachaux, gentilhomme et garde du roi, joua une sorte de comédie pour faire croire à une prétendue conspiration contre la vie du roi, — pour se donner l'honneur de l'avoir découverte.

Une sentence du Châtelet, — considérant que ledit Lachaux s'était rendu coupable d'impostures capables d'alarmer le roi sur les sentiments d'amour et de fidélité de ses sujets, lesquelles impostures ont causé une grande rumeur et troublé la tranquillité de plusieurs citoyens, qui ont été arrêtés et inquiétés à ce sujet, condamna ledit de Lachaux à faire amende honorable — devant le palais des Tuileries, où il fut mené par le bourreau, ayant la corde au cou. Après quoi, il eut « les bras, jambes, cuisses et reins rompus par l'exécuteur de la haute justice; — puis son corps fut mis sur une roue, la face tournée vers le ciel, pour y demeurer tant et si longtemps qu'il plût à Dieu de lui conserver la vie. » — On l'avait préalablement appliqué à la question ordinaire et extraordinaire.

Je prie de croire que je ne demande pas qu'on traite ainsi

M. Bertin; — mais on aurait pu lui faire dire de *haut lieu,* comme disent les journaux, — ce que dit au même endroit le même jurisconsulte, — à savoir « qu'un zèle excessif pour le prince peut être aussi dangereux qu'une grande indifférence. »

M. Bresson et M. Crémieux plaidaient — contre et pour la *Gazette de France,* — l'un comme avocat général, l'autre comme défenseur.

Napoléon, qui n'était pour rien dans l'affaire, qui n'était ni accusé, ni témoin, — a été, je ne sais pourquoi, fort maltraité par ces deux messieurs.

M. Bresson a dit : « Ne savez-vous pas pourquoi l'empereur est tombé ? parce qu'il aimait la guerre, parce qu'il l'aimait à l'excès. »

M. Crémieux a prêté à l'empereur ces paroles : « Ne faudrait-il pas que je *mette* dessus ce que j'ai mis dessous, et dessous ce que j'ai mis dessus ? — Une phrase médiocre et une faute de français !

MM. les avocats gardent rancune à Napoléon de l'éloignement qu'il a de tout temps témoigné pour eux.

Tout le monde se sert d'Ibrahim-Pacha, et lui prête des mots pour ou contre ses amis et ses ennemis. — Les Turcs, qui achètent les femmes, — contrairement aux Européens, qui se font acheter par elles, — ce qu'on appelle *dot,* — expriment assez volontiers le degré de beauté d'une femme par la valeur de l'argent.

Certains journaux légitimistes donnent un tarif peu révérencieux de certaines beautés de la nouvelle cour.

D'autre part, on assure qu'Ibrahim, interrogé sur la valeur approximative de madame Liadières, a répondu : « Elle vaut deux diamants de la grandeur de ses yeux. »

Dites à une femme que le pacha, à une question pareille à son sujet, a répondu qu'il ne la prendrait qu'autant qu'elle lui donnerait un certain nombre de billets de mille francs, elle sera fort en colère. C'est cependant ainsi qu'elle s'est mariée probablement, et elle n'a pas pensé à s'en offenser.

🌸 Je fais depuis longtemps le devoir d'un bon citoyen, — en expliquant certains verdicts du jury dont la singularité pourrait scandaliser le vulgaire et diminuer le respect dû à cette institution. Je dois avouer, cependant, que quelques-unes de ces décisions m'embarrassent quelque peu. De jour en jour, l'admission des *circonstances atténuantes* prend des formes moins intelligibles, et m'oblige à de grands efforts pour combattre victorieusement les adversaires du jury.

La femme Salomé épouse un homme veuf, père d'une petite fille ; elle se fait faire un enfant par un ami de son mari ; — elle songe, alors, que l'enfant du premier lit spoliera le sien et partagera avec lui la succession de Glœckler. — Elle jette par la fenêtre la petite Sophie, âgée de six ans ; — puis elle empoisonne son mari, — lui ouvre le ventre, — le vide et va jeter les intestins, son cœur, son foie, etc., dans les latrines. La justice intervient ; — les preuves les plus convaincantes sont réunies contre l'accusée. — MM. les jurés décident, en conséquence, que l'accusée est coupable, — mais admettent en sa faveur des *circonstances atténuantes*.

Aussitôt des personnes qui saisissent chaque prétexte pour déprécier les institutions de leur pays — demandent quelles sont les circonstances atténuantes. « Est-ce que son mari était un méchant homme, qui avait exaspéré sa femme par sa mauvaise conduite et par des traitements durs ? — Nullement, c'était un homme doux et indulgent. — Que fallait-il donc, demandent ces mêmes personnes, pour que la femme Salomé ne méritât pas l'indulgence du jury ? est-il donc un crime plus horrible qu'elle eût pu commettre pour ne pas concerner les circonstances atténuantes ? »

Je n'en finirais pas si je rapportais tous les mauvais propos qu'inspire cette affaire à ces gens.

Je suis heureux de pouvoir encore une fois éclaircir l'opinion des jurés du Bas-Rhin, et justifier ces magistrats de rencontre des inculpations que l'on fait peser sur eux. — Oui, la femme Salomé a empoisonné son mari; — oui, elle l'a vidé; — oui, elle a jeté son cœur et son foie dans les latrines; — et tout cela, il faut l'avouer, n'est conforme ni aux devoirs de l'épouse, ni à la morale de tous les pays. — Mais, cependant, elle n'a pas poussé la férocité jusqu'à manger le malheureux Glœckler; — il lui faut savoir gré d'avoir su s'arrêter sur la pente si glissante du crime.

Il faut encore rechercher les causes de ce forfait. — Eh bien, les causes viennent du plus beau et du plus noble sentiment qui puisse animer le cœur d'une femme : de l'amour maternel. La femme Salomé, s'étant fait faire un enfant par un ami de son mari, — ne peut s'accoutumer à l'idée que l'enfant de son mari partagera avec le sien; — et, pour assurer le sort de cet enfant, elle n'hésite pas d'abord à jeter par la fenêtre la petite Sophie, puis à empoisonner son mari, qui, heureux jusque-là dans ses spéculations, pourrait compromettre par d'autres opérations — la fortune qu'il a acquise.

Il faut de plus considérer, comme l'a dit l'avocat de la femme Salomé, qu'elle était grosse, et que les femmes, dans cette situation, sont parfois exposées à des envies étranges, à des appétits extraordinaires. Elle a eu envie de tuer et de vider son mari. — Eh bien, qui sait, si elle n'avait pas satisfait cette envie, si l'enfant qu'elle porte n'aurait pas eu une fraise ou une tache de café sur le nez?

Certes, ces considérations diverses ont dû nécessairement exercer une grande influence sur le jury; mais je crois savoir qu'il a été déterminé par une considération d'un autre ordre.

Du jour où l'on confia la justice criminelle aux jurés, dont les deux tiers sont marchands, — la hiérarchie des crimes fut un peu bouleversée.—L'assassinat, qui avait été si longtemps le crime le plus réprouvé et le plus puni, — perdit de son importance, et céda le pas au vol. — L'assassin ne menace que la vie, le voleur menace l'argent. — Après le vol, vient nécessairement le crime de ne pas payer ses dettes, — puis le crime de marchander et de rabattre les factures. — L'assassinat n'est plus qu'en cinquième ou sixième ligne. — Quelquefois, il est vrai, il semble reprendre son rang, mais c'est parce qu'il accompagne un vol, et que le jury n'ose pas encore le considérer comme atténuant. — Quelquefois aussi l'assassin est convaincu d'avoir eu des billets protestés, et alors toute indulgence disparaît.

Ce n'est pas ici le cas de la femme Salomé. — Certes, MM. les jurés ne prétendent pas l'excuser d'avoir empoisonné et vidé son mari; mais ils n'ont pu rester insensibles à un incident révélé aux débats, et qui honore le caractère de la coupable.

L'honnête droguiste qui lui a vendu l'arsenic offrait de lui faire crédit, et de ne réclamer l'argent de cette fourniture qu'à la fin de l'année. — Eh bien! la femme Salomé a insisté pour payer le poison comptant: — et non-seulement elle a ainsi fait bénéficier le marchand de l'intérêt de l'argent, mais encore elle ne l'a pas exposé à la perte de sa créance, qui aurait pu avoir lieu — dans le cas où, — ce qui est arrivé, — la femme de Glœckler serait condamnée; — ce qui prouve que cette femme avait encore du bon.

Les pêcheurs de nos côtes acceptent sans se plaindre toutes les rigueurs de la mer, — ils se soumettent à ses colères, qui déchirent leurs filets et brisent leurs barques, — ils savent qu'il n'est guère de famille à laquelle elle n'ait pris quelqu'un, — et j'ai entendu dire, en chaire, à un jeune prêtre, fils de pêcheur, après plusieurs tempêtes successives : « Il semble que la mer est devenue le cimetière de la paroisse. »

Mais aussi, en échange, on aura toujours bien du mal à faire croire aux pêcheurs que tout ce qui sort de la mer, ce champ qu'ils sillonnent sans cesse, n'est pas à eux. — Aussi ont-ils avec l'administration des discussions fréquentes relativement au sauvetage des objets qu'ils rencontrent à la mer, tels que des pièces de bois, tonneaux et barriques pleines ou vides, etc. Ces mêmes hommes, qui pour rien au monde ne couperaient une branche de sureau dans la haie du voisin, — qui, s'ils trouvent un morceau de bois à terre, — demanderont à qui il appartient, ne se font aucun scrupule d'emporter chez eux une barrique d'eau-de-vie ou de tafia, — ou les débris d'un navire qu'ils auront rencontrés à la mer.

La loi a fait ce qu'elle a pu pour obvier à cet inconvénient; tout en punissant comme voleur celui qui ne dépose pas en mains sûres tout objet trouvé à la mer, elle a donné le tiers de la valeur de l'objet trouvé à celui qui le trouve, — en réservant à celui qui l'a perdu le second tiers; — le troisième tiers appartient, je crois, à l'État.

Mais, grâce à certains abus de l'administration, ce troisième tiers est souvent l'huître et les deux autres ne sont que les coquilles. — Voici comment:

D'abord, si l'objet trouvé est une barrique de vin et que cet objet ne soit pas réclamé, — l'objet est resté quelquefois longtemps en sauvetage au bord de la mer, — il est déprécié; on le vend à la criée, on le vend mal, puis l'octroi vient prélever ses droits. — Le tiers devient bien peu de chose. — Ensuite, et quelle que soit la nature de la chose trouvée, — voici ce qui arrive: — le pêcheur qui la trouve renonce à sa pêche pour ce jour-là et amène sa trouvaille à terre, ensuite il va dans les bureaux, à la ville, réclamer sa part, — Là, on le reçoit le plus souvent fort mal: la chose n'est pas encore vendue, ou ces messieurs n'ont pas eu le temps; — il vient quelquefois de quatre ou cinq lieues; — n'importe, il reviendra; — peut-être bien pour être encore renvoyé à un autre jour.

Voici ce qui est arrivé à trois pêcheurs que je connais:
Ils avaient trouvé la nuit à la mer une barrique de vin, — ils

l'amenèrent à terre avec beaucoup de peine, — puis ils la veillèrent tout le reste de la nuit, qu'ils passèrent sans dormir dans leurs vêtements mouillés. — Dès le jour, ils firent leur déclaration, — le vin fut vendu, l'octroi préleva ses droits; — les pêcheurs, qui avaient perdu une pêche, perdirent trois ou quatre autres marées à la ville, dans les bureaux,—enfin, il leur revint à chacun neuf sous.

Ainsi, voici ce qu'il arrive le plus souvent des objets trouvés à la mer ; ceux qui les trouvent les volent,—ou ne se dérangent pas pour les amener à terre — et les laissent perdre tout à fait.

Pendant que M. Guizot se baignait à Trouville, — M. Thiers était venu avec sa famille aux bains du Havre. — Les fonctions qu'on avait bien voulu me confier — m'ont procuré l'honneur de le promener dans la rade sur un tout petit et tout charmant bateau à vapeur, que MM. Gardet et Mazeline avaient eu l'obligeance de mettre à la disposition de la Société des régates.

M. Delespaul, — député de Lille, — je crois, — a reçu une éducation extrêmement catholique ; — il était enfant lorsque son père, lui donnant quelque instruction, dit : « Et le fils de Dieu, assis à la droite de son père..... — Quoi, papa, s'écria l'enfant, — il est toujours à la droite de son père ? — Jusqu'à la consommation des siècles, répondit le père.—Eh bien ! répliqua l'enfant, il doit joliment s'ennuyer. »

L'amadou et la pierre à fusil ont été remplacés par les briquets phosphoriques, les allumettes pyrogènes, chimiques, etc. — Deux perfectionnements se disputent aujourd'hui la faveur du public :—l'un consiste en allumettes dont l'extrémité est enduite de rouge, — elles partent au frottement, — comme un pistolet, — brûlent les habits, les mains et le visage.

L'autre consiste en allumettes dont le bout est bleu, elles ne font pas d'explosion ; — mais elles ne s'allument pas plus qu'un cure-dents.—Le prix de ces allumettes est considérablement réduit, on en donne plein une boîte pour un sou, mais il en faut quelquefois deux boîtes pour parvenir à allumer un cigare.

Un industriel, dont les allumettes appartiennent à la première catégorie (celles qui allument les habits et crèvent les yeux), met sur les boîtes une étiquette ainsi conçue :

S. A. R. Monseigneur le duc d'Orléans, par ordonnance royale regretté de ceux qui l'ont connu.
Allumettes chimiques inaltérables.
Lithographie de...

Un autre industriel, oculiste nomade, — se fait annoncer dans les journaux de province comme *opticien* de Sa Majesté la reine des Français.

Jusqu'ici, il n'y a pas grand mal à ce qu'on suppose que Sa Majesté la reine a la vue basse et fatiguée. — Mais si on s'en rapporte, pour de semblables annonces, au bon goût de messieurs les industriels, — il est à craindre que, pour débiter leurs drogues et se donner des titres ronflants, ils n'en viennent bientôt à prêter aux divers membres de la famille royale d'horribles infirmités ou des maladies ridicules, — dont ils se diront les guérisseurs habituels.

Enfin ! — les gens qui payent deux cents francs d'impositions ont choisi leurs représentants parmi les gens qui payent cinq cents francs. — Ces derniers ont fait des dieux à leur image.

Mais les simples hommes comme vous et moi, — ceux qui ont beaucoup moins ou un peu moins de fenêtres qu'il ne faut pour être réputés citoyens, ceux-là n'ont pris aucune part au vote, et cependant ils sont censés représentés à la Chambre ; il devrait y avoir au moins un député pour ces pauvres diables, qui, après tout, forment la grande majorité numérique du pays. — Mais on a vu, il y a quelques années, comment fut honni, conspué, expulsé, un certain M. Lepelletier Dulas, qui payait trente-quatre sous de moins qu'il ne faut pour être législateur, — un présomtueux qui voulait frayer avec les *honorables* quand il lui manquait trente-quatre sous pour cela. On se rappelle comment il fut renvoyé avec ses pareils.

Grâce au système représentatif, on ne vaut bien, plus, on n'existe que par l'argent. — On n'est pas capable ou incapable, — savant ou ignare, — honnête ou voleur, — spirituel ou crétin, — on paye ou on ne paye pas cinq cents francs, — on paye ou on ne paye pas deux cents francs d'impositions.

Et encore, parmi les gens à deux cents francs, — tout le monde n'est pas représenté. — Par exemple, un collége compte quatre cent un votants. Un des candidats obtient deux cent un suffrages, — il est l'élu, le député, le législateur de ces deux cent un ; — mais il est l'ennemi, le tyran des deux cents autres.

Le Grec Lucien avait prévu le gouvernement représentatif, et il s'en explique dans son dialogue de *Jupiter tragique* avec une liberté que je me garderais bien d'imiter. — Je vais seulement le citer, en avertissant cependant mes lecteurs qu'il n'a pas osé deviner que le talent, le génie, ne seraient comptés pour rien, il leur assigne le premier rang après l'or et l'argent ; ce n'est pas constitutionnel ; mais Lucien vivait avant la Charte, — et il y a de ces choses qu'on n'invente pas.

Jupiter convoque les Chambres ; — il fait inviter tous les dieux à s'assembler pour délibérer sur un sujet important. — Les dieux se rendent aux ordres du maître du tonnerre, — Jupiter dit à Mercure : « Placez-les selon le mérite de la matière dont ils sont formés : — d'abord les dieux d'or, ensuite ceux d'argent, ceux d'ivoire, ceux d'airain, puis ceux de bois. — Parmi ceux qui sont de la même matière, vous donnerez les premières places à ceux qui sont les mieux sculptés.

MERCURE. Vos ordres seront exécutés. Il y a cependant un embarras : dois-je placer un dieu d'or, grossièrement travaillé, avant des dieux d'airain faits par Myson et avant ceux de pierre, qui sont l'ouvrage de Phidias et d'Alcamène ? — Ne devrions-nous pas plutôt donner la préférence à l'excellence du travail ?

JUPITER. Cela serait mieux en effet ; — cependant, tout bien considéré, placez toujours les dieux d'or les premiers.

MERCURE. J'entends ; vous voulez que, dans la distribution des places, on préfère les richesses au mérite. Allons, messieurs les dieux d'or, placez-vous.

Oh ! oh ! Jupiter, remarquez-vous que les premiers siéges vont être remplis par les dieux barbares ! vous voyez que ceux des Grecs sont beaux et bien faits, mais presque tous de pierre ou de cuivre, — ou tout au plus d'ivoire, — beaucoup même sont de bois. — Cet Apis, au contraire, cet Anubis, ce Mithras, sont de bel et bon or, bien lourds et bien massifs.

NEPTUNE. En vérité, Mercure, est-il juste de placer avant moi cet Anubis, cet Égyptien à tête de chien ?

MERCURE. Sans doute, Neptune. Lysippe ne vous a fait que de cuivre, ce chien est du plus précieux des métaux ; il faut, s'il vous plaît, que ce museau d'or prenne place avant vous.

VÉNUS. Mercure, je dois même à ce titre avoir une des premières places : d'abord je suis belle, — ensuite Homère m'appelle souvent *Dorée*.

MERCURE. C'est une flatterie de poëte, — vous êtes tout simplement de marbre de Paros, — et accessoirement le chef-d'œuvre de Praxitèle ; — contentez-vous de la place qui vous est assignée. — Tenez, voici aussi Apollon qui réclame. — Eh bien ! il n'en sera pas moins assis au dernier rang ; — il avait une couronne d'or, il est vrai, et des cordes d'or à sa lyre ; mais les voleurs les lui ont enlevées. — Mais, Jupiter, je ne puis plus suffire à apaiser ce tumulte ; entendez-vous le bruit qu'ils font, et comme ils demandent leur portion de nectar et d'ambroisie, etc., etc.

Avant les élections, chaque parti s'annonçait à lui-même une victoire certaine. — Chaque parti a ensuite glorifié ou insulté telle ou telle ville, — tel ou tel département, selon que son député y a réussi ou échoué.

Ainsi, le huitième arrondissement, qui a élu M. Beudin et repoussé M. Bethmont, — est, pour les conservateurs, devenu le premier arrondissement : c'est le plus intelligent, le plus vertueux, le plus habile des arrondissements ; — chacun de ceux qui le composent est un homme infiniment éclairé, infiniment spirituel, extraordinairement patriote. — Heureux les enfants qui naissent dans le huitième arrondissement : — l'air y est salubre — et toutes les vertus s'y sont réfugiées, — les ruisseaux y sont du café au lait ; — mais, pour l'opposition, le huitième arrondissement est déshonoré, un honnête homme ne peut plus habiter le huitième arrondissement ; c'est la Béotie des Grecs, c'est le Canongate des Anglais ; — les voitures de déménagement ne suffisent pas pour le nombre de gens qui le quittent ; — les femmes y sont laides, les hommes y sont bossus ; — les chiens y sont enragés ; — on n'oserait pas avouer qu'on connaît quelqu'un dans cet arrondissement ; — on y a ressenti quelques secousses de tremblement de terre, on y assassine à huit heures du soir ; — les maisons menacent de tomber sur leurs locataires ; — le thermomètre s'y élève à quarante-six degrés l'été, et s'y abaisse à trente l'hiver ; — ce n'est plus bon qu'à faire un lieu d'exportation comme Botany-Bay.

Heureusement que chaque ville, que chaque arrondissement, honni par un journal et par un parti, est porté aux nues par le parti et par le journal contraire, de sorte que villes et arrondissements ne peuvent ni trop s'enorgueillir, ni se désespérer tout à fait.

🐝 Les dieux d'argent (citoyens de deux cents francs), rassemblés pour l'élection des dieux d'or (hommes de cinq cents francs) ont abusé de la quantité des portes et fenêtres qu'il possèdent pour se livrer, dans certains arrondissements, à d'étranges vacarmes ; — quelques-uns de ces législateurs se sont un peu aveuglés, — d'autres ont échangé d'abord des injures, ensuite des coups de poing : — plusieurs ont usé du droit que leur cens leur donne de prendre la parole dans les assemblées, pour imiter le cri de divers animaux; — on a reconnu le petit chien auquel on marche sur le patte, — le perroquet qui se demande à lui-même s'il a déjeuné, — et la mouche qui voltige sur les vitres.

Plusieurs rébus ont été proposés aux candidats. — On leur a demandé comment ils auraient voté dans telle ou telle circonstance depuis longtemps passée. — Quelle aurait été votre opinion dans telle séance de l'Assemblée constituante ou des États généraux? — Pour quelle sauce vous seriez-vous prononcé dans le Sénat romain lorsque cette illustre assemblée fut convoquée pour savoir comment on accommoderait un poisson destiné à la bouche de l'empereur? — Qu'auriez-vous dit si vous aviez été appelé lorsque Caligula fit proclamer son cheval consul? etc., etc. — Ces exercices et beaucoup d'autres ont été successivement exécutés par les candidats avec plus ou moins de bonheur et de dextérité. — Les avanies ont été en général subies par lesdits candidats avec une humilité dont les députés se vengeront sur les électeurs.

Les élections faites, — tel député s'est trouvé à la fois compté dans les rangs de deux ou de trois partis différents; — tel homme, dont on disait pis que pendre quand il était candidat du parti opposé, était accepté, usurpé même quand il a été élu.

Candidat des adversaires, c'était un niais, un traître; — élu, on le comptait volontiers parmi ses amis.

La moitié moins un des gens qui, en France, ont acquis le mérite de payer deux cents francs d'impositions — a envoyé à la Chambre quatre cent cinquante citoyens qui ont acquis le mérite plus grand de payer cinq cents francs. — La Chambre se compose de gens tellement capables, tellement vertueux, tellement indépendants, — qu'elle paye plus de deux cent vingt-cinq mille francs de contributions directes; — une Chambre qui paye deux cent vingt-cinq mille francs de contributions directes est bien certes en état de faire des lois, — et puis ce n'est pas bien difficile. — Vos électeurs vous envoient à gauche ou à droite, ou au centre, ou à l'extrême gauche. — Vous avez votre chef de file ; — s'il se lève, vous vous levez ; s'il met dans l'urne une boule blanche, vous mettez une boule blanche ; s'il met une boule noire, vous mettez une boule noire.

Cela n'a pas l'air difficile, comme je vous le disais tout à l'heure. — Eh bien ! il paraît qu'il faut absolument avoir pour cela un certain nombre de fenêtres à sa maison ; — avec une fenêtre de moins, on en est tout à fait incapable. — M. Lepelletier-Dulas, faute de trente-quatre sous, — le prix d'un seul carreau, — n'a jamais pu y parvenir.

🐝 Ne croyez pas, par ce que je vous dis ici, que je sois partisan de la réforme électorale dans le but de l'abaissement du cens, — ce serait encore pis ; ce que ma raison et mon cœur repoussent avec indignation, c'est de voir l'argent pris pour mesure de tout, — c'est d'entendre la loi et les mœurs demander à un homme, non pas : « Qui es-tu ? » mais : « Qu'as-tu ? » C'est de voir que, fatalement, — l'argent étant tout et le reste rien, — on en vient à donner tout le reste pour de l'argent ; — il n'y a pas une vertu qu'on consente à acheter, il n'y en a pas une qu'on ne consente à vendre.

Juillet 1846.

Un pensionnat de jeunes filles. — Le représentant des têtes fêlées. — Derniers vers. — L'épreuve du dévouement. — Le serrurier Fichet. — Révélations sur le sort du serrurier Huret. — La canonisation des bourgeois. — M. Aymès et le jeune colon.

JUILLET. — Si l'éducation des hommes consiste encore dans l'apprentissage des deux seules langues qui ne se parlent pas : si elle a pour résultat de les jeter au milieu de la vie complétement désarmés, — il faut, pour être juste, dire que celle des femmes a fait et fait tous les jours les progrès les plus incroyables ; certes, bien au contraire des jeunes garçons, les jeunes filles peuvent entrer dans la vie au moins prêtes à tout, et n'ignorent absolument rien.

J'ai vu, il y a quelque temps, dans un journal, que, dans une pension de Paris, on faisait suivre aux jeunes personnes un petit cours de droit, afin qu'elles pussent, plus tard, défendre leurs intérêts contre leur mari présumé, dicter elles-mêmes les clauses de leur contrat et en surveiller l'exécution, préserver leur dot de toute atteinte, faire respecter leur douaire, — connaître les sévices qui peuvent entraîner la séparation, — savoir dans quel cas la loi punit l'adultère du mari ou celui de la femme, dans quelles circonstances elle excuse la vengeance du mari, ce que c'est que le flagrant délit et comment il se prouve, etc., etc.

J'ai été l'autre jour témoin d'un autre progrès — que je veux livrer à l'admiration publique, mon admiration particulière ne me paraissant pas à la hauteur de la circonstance.

J'étais allé déjeuner au Havre, à l'hôtel des bains, — et j'allais faire signe de me venir prendre à mon canot, qui m'attendait sur la rade, lorsque je fus frappé d'un mouvement extraordinaire qui avait lieu dans le nouveau salon de Frascati. — On rangeait des bancs et des chaises, — et on élevait un théâtre. Je savais qu'Alcide Tousez était au Havre, et je pensai qu'on avait obtenu de lui une représentation à Frascati, — et je m'étonnai qu'on dressât le théâtre si matin. — On me répondit qu'au contraire on avait commencé trop tard, car la représentation était indiquée pour midi, et il était onze heures. « Eh quoi! en plein jour? — En plein jour. — Eh bien! je suis sûr que cela embarrassera et intimidera les acteurs. — Oh! il n'y a pas de danger. »

Je restai convaincu qu'il y avait un danger réel. — J'ai entendu dire à divers artistes, et de ceux qui ont en scène le plus d'assurance et d'aplomb, — qu'il suffisait de la moindre circonstance inusitée, d'une coulisse placée à droite au lieu de l'être à gauche, — d'une salle plus éclairée ou moins éclairée que de coutume, — de personnes étrangères introduites dans les coulisses, — pour leur ôter toute aisance et toute présence d'esprit; j'allumai un cigare et je me promenai dans le jardin en attendant la représentation — et en recueillant des renseignements. « Où prend-on les billets! — On n'en prend pas, l'entrée est libre. — Il y aura alors beaucoup de monde. — C'est ce qu'on veut; c'est pour cela qu'on a loué le salon de l'hôtel, où il y a déjà une nombreuse compagnie. — Mais quel sera le bénéfice? — Aucun, s'il s'agit d'argent; c'est la directrice d'une *pension de demoiselles* — et de *yung ladies*, qui fait jouer un vaudeville à ses élèves. — C'est une singulière idée. — Est-ce qu'on ne jouait pas *Esther* et *Athalie* à Saint-Cyr? — Ce n'est peut-être pas ce qu'on y faisait de mieux, mais encore était-ce dans la maison — et devant peu d'étrangers scrupuleusement choisis. — Tenez, voici qu'on va lever la toile. « J'entrai dans le salon, et la pièce ne tarda pas à commencer. — C'étaient, en effet, des jeunes filles de douze à quinze ans qui jouaient les divers rôles;

— presque toutes déployèrent un remarquable talent de comédiennes. Une jeune fille, habile à lever au ciel de grands yeux noirs, m'a rappelé madame Volnys ; une autre, la malice pétulante de mademoiselle Déjazet, peut-être même la surpasse-t-elle un peu dans la façon leste de jeter un mot grivois ; — une troisième, enfin, d'une douzaine d'années, passionnée, ardente, emportée, a beaucoup du talent de madame Dorval, mais avec moins de retenue, peut-être, et de réserve, — mais avec plus d'aplomb et d'habitude de la scène. Je regrette bien de ne pas savoir le nom d'une petite blonde, paraissant âgée de treize ans, qui a des regards si tendres, une voix si pleine de larmes, — et dont toute la personne exprime si bien les poignantes douleurs d'une passion concentrée. Je ne doute pas que la directrice de l'établissement ne s'empresse de m'envoyer les noms des jeunes actrices, pour me mettre à même de compléter la publicité à laquelle elle livre ses élèves avec tant d'intelligence et d'amour du progrès.

Les heureux parents pleuraient d'attendrissement et de joie en voyant ces jeunes filles montrer d'aussi heureuses dispositions, et en tiraient les augures les plus favorables pour leur avenir et leur bonheur. Et, en effet, à moins d'être un de ces critiques envieux et jaloux, qui, « ne reconnaissent le soleil que quand il est couché, » à moins de ne croire du talent qu'à ceux qui ont un nom, — je dois convenir que ces jeunes filles, avec encore un peu de travail, — et en perdant un peu d'aplomb, — pourront lutter sans désavantage avec les actrices les plus aimées du public.

Nous devons aussi féliciter les parents qui voient leur sollicitude et leurs sacrifices aussi bien récompensés ; et nous espérons que l'institutrice qui a eu cette heureuse idée voudra bien, en nous envoyant le nom de ses jeunes actrices, nous adresser en même temps son nom à elle, et l'adresse exacte de l'institution où on donne et on reçoit de pareilles leçons, et où on en profite d'une manière si remarquable, pour que nous soyons en mesure de répondre aux demandes qui ne peuvent manquer de nous être faites par les mères de famille éclairées.

☙ On demandait à M. L*** — qui, aux élections de Voumers, a fendu la tête d'un de ses électeurs d'un coup de bouteille, comment il s'était laissé aller à un pareil emportement : « Que voulez-vous, répondit ce candidat malheureux, j'entendais dire que je ne pouvais représenter que des têtes fêlées, j'ai voulu me faire un électeur et une voix de plus. »

☙ Il y a quelques jours, un jeune homme de vingt-quatre ans, qui était venu passer les vacances avec sa mère, veuve, et sa sœur, et qui allait tous les jours prendre des bains de mer avec celle-ci, — s'est noyé sur la plage de Sanvic, ayant à peine de l'eau à l'estomac, — surpris, comme cela lui était déjà arrivé, par une faiblesse subite. Faute d'une surveillance suffisante que l'autorité ne prend pas soin d'exiger, ce n'est qu'après un assez long temps qu'on l'a cherché et un bien plus long temps qu'on l'a retrouvé. — Les soins les plus empressés et les plus opiniâtres n'ont pu le rendre à la vie.

On a trouvé sur sa table des vers qu'il avait faits le jour même de sa mort, — et qui sembleraient renfermer un pressentiment du sort funeste qui lui était réservé :

> Au grain qu'il sème et qu'il enterre,
> L'homme dit : « Que deviendras-tu ?
> — Que devient ton corps dans la terre ? »
> Répond le grain à l'homme...
> Le grain dit : « Je germe dans l'ombre,
> Et je suis fleur quand vient l'été. »
> L'homme dit : « Dans le tombeau sombre,
> Je germe pour l'éternité. »

Sainte-Adresse.

> Qu'il est triste de voir la maison de son père,
> Le toit de ses aïeux,

JUILLET 1846.

S'en aller de vieillesse et tomber de misère
Comme un chêne trop vieux.
. . . .
J'aime ce beau jardin, Éden de mon enfance,
   Où je jouais sous les pommiers ;
Chaque année, au printemps, rêve, joie, espérance,
Y semblent refleurir avec les amandiers.
J'aime la vieille cour avec la maison grise...
J'aime au fond du vallon la vieille et pauvre église
Avec son coq doré sur le haut du clocher,
Et les saules pleureurs, et l'humble cimetière
Où dorment pour jamais mon aïeul et mon père...
. . . .

Ces vers ne sont pas terminés ; il les quitta au moment où sa sœur l'appela pour lui dire qu'elle était prête ; il jeta sa plume et sortit avec elle de la maison dans laquelle il ne devait plus rentrer. — Une demi-heure après, il était mort. — Un jour après, il dormait dans le cimetière, à côté de son père et de son aïeul.

Il faut bien se résigner aux malheurs fatalement inévitables. — Un homme se noie dans un naufrage, — avec un navire qui sombre au milieu d'une tempête, — à cent lieues de la terre. — Aucune puissance humaine ne le pourrait sauver. — Mais quand un homme périt à quelques pas du rivage, dans une position où un enfant, en lui tendant la main, aurait suffi pour lui conserver la vie, il se mêle à la douleur de l'amertume et de l'indignation contre l'indifférence de ceux qui ne se chargent de l'autorité qu'au bénéfice de leur vanité ou de leur avarice, se contentant de professer à haute voix un grand amour de l'humanité, — amour bien platonique, hélas ! — et qui ne se manifeste jamais que par des discours.

Il est des précautions qu'on doit exiger de tout industriel qui fonde un établissement de bains : 1° des baigneurs, nageurs et plongeurs éprouvés ; 2° une barque toujours à l'eau ;

3° tous les appareils et tous les médicaments reconnus utiles pour secourir les noyés — en parfait état.

Combien y a-t-il d'établissements de bains où une seule de ces précautions soit exigée et prise?

Voici, pour ma part, quinze ans que j'appelle inutilement l'attention de l'autorité sur la nécessité de mesures sévères. — La fréquence des accidents qui ont attristé cette saison lui ouvrira-t-elle les yeux?

🐝 Il y a dans la rade du Hâvre, comme dans celle de tous les ports, un certain nombre de tonnes ou bouées flottantes qui servent à indiquer le passage aux navires. Ces bouées sont en fer creux et présentent une surface unie : un malheureux naufragé essayerait en vain d'y trouver un appui, il y déchirerait ses ongles et se noierait à côté. Pourquoi ne pas adapter à ces bouées des poignées qui permettraient à un homme en danger de s'y cramponner et d'y attendre des secours?

Mais qui s'occupe de pareils détails?

🐝 M... parlait sans cesse de son influence, de son pouvoir, sur l'esprit de M. Thiers, qui était alors ministre. Dans sa conversation, il ne laissait pas échapper une occasion de parler de son illustre ami. Si on lui donnait rendez-vous : « Impossible... j'en ai un à la même heure avec M. Thiers. » Quand on le rencontrait, il allait chez M. Thiers, ou il revenait de chez M. Thiers, selon le point sur lequel il avait le cap au moment de la rencontre.

Avait-il du monde à dîner : « Mangez de ce macaroni? disait-il; — M. Thiers ne l'aime qu'ici. »

Racontait-il une histoire, elle avait fait pouffer de rire M. Thiers, si elle avait la prétention d'être comique; si, au contraire, elle était tragique, madame Dosne en avait été fort touchée. Ses paroles étaient à chaque instant émaillées du nom de M. Thiers: c'était toujours : « Comme me le disait M. Thiers; » ou : « Comme je l'ai dit avec franchise à M. Thiers. »

M. de L... s'avisa un jour de dire à l'ami du ministre : « Parbleu ! mon cher, tu te crois donc au mieux avec M. Thiers ? — J'ai quelques raisons pour cela. — Je sais bien que tu lui as rendu de grands services, mais cela n'est pas une raison ; en politique, l'ingratitude est une vertu. — Allons donc ! il me parle tous les jours de son amitié. — Tâche, en attendant, de ne pas avoir besoin de lui. — Hier encore, il me reprochait d'une manière charmante de ne lui rien demander. — Paroles en l'air. — Du tout, il a beaucoup insisté sur ce point, et je suis convaincu qu'en cas de besoin je pourrais recourir à lui en toute sécurité. — Laisse-moi donc tranquille. — C'est ma conviction. — Toi ! tu n'oserais rien demander. — Parce que je n'ai besoin de rien. — Je te laisse tes illusions. — Je ne crois pas en avoir. — Crois-moi, ne le mets pas à l'épreuve : — tu prends pour une affection particulière ce qui n'est qu'une coquetterie banale d'un homme politique qui a besoin de partisans ; et puis tu as peut-être dit, en parlant de tes relations avec lui, un peu plus qu'il n'en est. — En tous cas, il est dangereux d'éprouver les amis ; — c'est jouer leur amitié contre le service qu'on attend d'eux. — Crois-moi, garde ta confiance, — et ne cherche pas. — Mais je te répète que chaque jour il me parle de sa reconnaissance, de son amitié, et je pourrais, j'en suis sûr, obtenir de cette amitié les preuves les plus éclatantes. — Toi... eh bien ! écoute — après tout, je souffre de te voir dupe, — tu pourrais, dis-tu, obtenir de M. Thiers les choses les plus importantes ? — Eh bien ! essaye de lui demander... quelque chose de facile. Voyons... une épreuve bénigne... tiens, j'ai la croix de chevalier depuis cinq ans, demande-lui pour moi la croix d'officier, — je parie dix louis que tu ne l'obtiens pas. — Je parie que si. — C'est bien. » Trois jours après, M... apportait triomphalement à M. de L... sa nomination comme officier de la Légion d'honneur.

MM. Huret et Fichet, — deux serruriers de même force, ont longtemps couvert les murs de Paris de leurs discussions affichées. — M. Huret ouvrait, en les touchant du bout du doigt, toutes les serrures de M. Fichet. — M. Fichet ouvrait les serrures de M. Huret en soufflant dessus. — Chacun des deux soutenait que ses serrures étaient les seules bonnes serrures. Le charlatanisme de ces deux messieurs, qui fut alors remarqué, non-seulement ne ferait plus aujourd'hui aucun scandale, mais ne serait pas aperçu. — Tous les marchands sont aujourd'hui de leur force, — ils n'avaient fait que devancer leur siècle de six mois.

Néanmoins, la lutte de ces deux serruriers inquiéta un moment l'autorité ; — la propriété était menacée. — Tous deux à la tête de la serrurerie faisaient les meilleures serrures possibles ; — mais chacun des deux ouvrait les serrures de l'autre. — Cependant M. Huret disparut des murailles, je ne sais pour ma part ce qu'il est devenu. — On m'a dit qu'il ne fait plus de serrures, et qu'il se contente d'ouvrir les serrures Fichet. — Ceci est un propos auquel je n'ajoute aucune foi, et je vous conseille de faire comme moi. — Cependant, si M. Huret n'est pas mort, — ou si M. Fichet n'a pas réussi à l'enfermer dans quelque cachot avec une serrure Fichet que M. Huret ne peut cette fois ouvrir, nous allons sans aucun doute le voir reparaître ; — car M. Fichet élève de nouveau la voix, et répand des affiches et des prospectus dont je ne puis me refuser le plaisir de vous citer quelques passages. — Il commence ainsi :

« *De tout temps*, la profession de serrurier a été de première nécessité, puisqu'elle a pour but de mettre en sûreté ce que possède la *classe honnête*. »

« Qu'est-ce que la classe honnête? » demanderait M. Huret, s'il ne gémissait pas dans le cachot où le tient M. Fichet.

« *C'est la classe qui possède.* » (On voit que M. Fichet comprend à merveille le gouvernement représentatif.)

Quand la société, dans son enfance, n'avait pour habitations que des cabanes sans fermeture, il existait, comme aujourd'hui, deux classes bien distinctes : l'une qui a, l'autre qui n'a pas. — Cette dernière pénétra dans les cabanes; l'autre se fit des maisons, y ajouta des portes et des fenêtres, et pria M. Fichet de lui faire des serrures.

« Que demande-t-on aux serruriers? dit M. Fichet. — Que la *supériorité d'intelligence leur soit acquise d'une manière incontestable*; — qu'ils construisent des serrures complétement à l'épreuve des malfaiteurs. Signalons donc les vices des fermetures, — en *ouvrant les serrures* de nos confrères, et assurons-nous un triomphe constant par la supériorité de nos ouvrages. »

Quel malheur que M. Huret ne réussisse pas à trouver la combinaison de la serrure qui le tient captif dans la cave de M. Fichet depuis sept ans! Quel beau prospectus il lancerait contre celui de son rival! Jusqu'ici il est évident que tout le monde doit se munir des serrures Fichet, puisque ce serrurier annonce qu'il ouvrira toutes celles de ses confrères, et qu'alors ceux qui n'auraient pas pris les siennes seraient complétement à la merci des voleurs. — L'autorité certes pourrait défendre à M. Fichet d'ouvrir ainsi les portes ; mais quel moyen de répression a-t-elle contre lui? La prison. — Et avec quoi fermera-t-on cette prison?

Résignons-nous donc aux serrures Fichet, jusqu'au moment où Huret, trouvant enfin la combinaison de celle qui l'enferme, sortira triomphant de la cave de son adversaire, — et viendra à son tour ouvrir toutes les serrures que celui-ci aura faites pendant son absence.

O bourgeois! — successeur des rois, — roi toi-même aujourd'hui, — que ta destinée est grande et que ton pouvoir est immense! — Tu as attaqué tous les abus et tu as eu soin de ne pas trop les détériorer; — tu ne voulais pas les détruire, tu voulais t'en emparer; tu les possèdes, et, grâce à tes ménagements, ils sont encore en assez bon état pour exciter l'envie d'une autre classe qui a, pour le moment, ramassé ton ancienne indignation contre ces même abus, en attendant qu'elle puisse, à son tour, les conquérir.

O bourgeois ! — tu es roi, — tu es législateur, tu es militaire, tu es tout ce que tu as daigné être, — et cela sans études accablantes, sans soucis rongeurs ; cela à mesure que tu te fatigues d'être ferblantier, ou que tu t'ennuies d'être droguiste, ou que tes facultés un peu éteintes ne suffisent plus à ton commerce de bonneterie.

Bourgeois, tu règnes et tu gouvernes ; — bourgeois, tu as escompté le royaume du ciel qui t'était promis contre le royaume de la terre ; — bourgeois, tu es grand, tu es fort, tu es nombreux surtout ; — bourgeois, je m'incline devant ta toute-puissance, — et je te prie de me prendre en miséricorde, — car je veux être le chantre de tes gloires. — Je n'en veux laisser ignorer aucune à tes envieux abattus, — et j'en ai ces jours-ci découvert une — que j'ai résolu de mettre en lumière.

Comme, l'autre jour, je passais par la ville de Rouen, il me prit envie d'aller voir l'église de Bon-Secours, récemment construite sur le sommet de la côte de ce nom. L'église est gardée par de hideux mendiants, — coassant des phrases notées — comme une chanson.

J'avoue que ces gens-là m'inspirent moins de pitié que de dégoût ; la mendicité est pour eux une profession qu'ils n'échangeraient pas pour une autre, une profession qu'on apprend comme tout autre état. La façon dont ces gens demandent, l'expression de leur voix n'est pas celle de la souffrance, c'est une mélopée convenue, — certaines paroles sur certain air : — il y a l'air des boiteux, — et l'air des manchots qui n'est pas le même. Cette église, qui, par sa situation, a dû couter des sommes énormes, a été construite du produit de la charité des habitants de Rouen. — Certes, je n'ai rien contre les églises et contre les beaux monuments ; mais une ville comme Rouen, qui a déjà tant de si magnifiques églises, aurait au moins aussi bien honoré Dieu en ouvrant un asile à ceux de ces mendiants qui sont invalides, et leur donnant du pain et des soins ; l'autorité se serait chargée de loger les autres.

Dans un pays riche et civilisé, il ne peut y avoir que deux sortes de mendiants : 1° ceux qui, vieux, malades, infirmes, ne peuvent pas travailler : — à ceux-là la société doit un asile et du pain ; 2° ceux qui ne veulent pas travailler : — à ceux-là — on doit offrir de l'ouvrage ou la prison, à leur choix.

J'entrai dans le temple, — il n'est pas encore terminé ; — l'architecte s'est beaucoup inspiré des anciennes églises que possède Rouen. — Mes regards ne tardèrent pas à être attirés par de riches vitraux — d'une couleur générale harmonieuse. — D'abord, je me laissai aller à la rêverie qu'inspire le jour religieux que le soleil tamise à travers les vitraux peints. — Mais tout à coup mon esprit se réveilla en sursaut, — il me sembla que je venais d'être le jouet d'un rêve, d'une hallucination ; — je pensai que les couleurs étincelantes des vitraux m'avaient ébloui, — et que les tons papillotant m'avaient fait voir des formes étranges. — Je me frottai les yeux, — et je regardai plus attentivement. — Je ne m'étais pas trompé : — ni le jour, ni le soleil ne se jouaient de moi. — Je fis quelques questions, et j'appris que le curé, pour stimuler le zèle et la charité des fidèles, avait fait placer dans les vitraux de l'église le portrait en pied de chacun des bienfaiteurs de l'église, — avec leurs habits de ville. — Quand les aumônes étaient plus fortes, on pouvait faire ajouter sa femme et ses enfants.

J'avais trouvé un cicerone complaisant qui me désigna — M. le préfet, — *ab Jove principium*, — avec son habit bleu et argent ; — M. le procureur du roi, — avec sa robe et sa toque.

Jamais l'imagination n'aurait osé imaginer des vitraux ainsi composés : — cela ressemble beaucoup moins à des vitraux qu'à des verres de lanterne magique. — Je vis — M... marchand de rouenneries, en pantalon vert-pomme et en habit marron, assis devant un comptoir d'acajou.

🐝 Madame X..., en robe rouge, — avec un chapeau à plumes,—accompagnée de ses deux garçons, l'un avec l'uniforme de la Flèche, — l'autre avec celui du collége de Rouen. — Le chapeau de madame X... était de cette forme dite *paméla*,—qui n'est déjà plus à la mode.—On assure qu'elle a offert une somme importante pour faire changer le chapeau.

🐝 M..., fils d'un riche courtier. — Il tient un cigare qu'il vient d'éteindre par respect pour le lieu saint : — il a un de ces habits-vestes qui ont été à la mode tout l'été, et un chapeau à petits bords.

🐝 Madame..., vêtue d'une robe orange, corsage à basques, — elle brode au métier.

🐝 Madame..., avec un bonnet à la vieille, une ombrelle marquise, une mantille à la paysanne.

🐝 Mademoiselle..., tenant son cheval par la bride : —elle a une ravissante amazone, un chapeau d'homme, un voile vert, — des gants de castor, — des bottines à talon.

🐝 M..., ferblantier retiré : — il arrose ses tulipes.

🐝 M... et M..., — deux amis intimes, — qui ont voulu avoir leurs portraits réunis, comme ils ont confondu leurs aumônes :—l'un est en redingote à brandebourgs, l'autre en paletot d'été à carreaux ; — tous deux sont assis et jouent aux dominos, etc., etc., etc.

🐝 O l'ingénieux expédient digne d'être trouvé par M. Aymés ! — O le spirituel curé, — plus spirituel encore que ne le croient les bienfaiteurs ainsi figurés aux vitraux, — avec leurs noms écrits en lettres gothiques à côté des portraits ! On assure que ces figures ridicules — sont peintes à l'huile, et non pas cuites avec le verre, et qu'elles disparaîtront naturellement d'ici à quelques années.

Mais je veux, pour ma part, contribuer par un bon conseil à

l'achèvement du monument, — en ouvrant à la perspicacité de M. le curé de Notre-Dame-de-Bon-Secours—une nouvelle source de recettes et d'aumônes.

Que ne fait-il peindre des annonces sur les nouveaux vitraux! je suis sûr que les industriels les lui payeraient un prix fou, la *Moutarde blanche*, — *Plus de cheveux gris*, — la *parfumerie hygiénique*, — la *botterie podophile*, — les *registres à dos élastiques*, — *M. Foy, négociateur en mariages*, etc., etc., ne refuseraient pas de contribuer pour leur part, — et je suis sûr qu'un peintre habile tirerait des annonces illustrées un aussi bon parti que des figures qui ornent déjà si agréablement le chœur de l'église.

Ne pourrait-on pas aussi, — à l'exemple des journaux de modes, — mettre au bas des portraits — une courte note, qui serait sans aucun doute très-bien payée ? — par exemple :

M..., chapeau de mademoiselle Crysanska, — robe de Madame..., — parfums de Guerlain ; — mouchoirs de... ; — cheveux teints par madame Ma ;—M..., habit de... ;—gants de... ; — bottes de Muller ; — cheveux coupés par Delignou (graisse d'ours à un franc le pot) ; — cannes de Verdier.

🙰 Sérieusement, — ne vaudrait-il pas mieux prier Dieu sous la voûte étoilée du ciel — que de lui bâtir un temple ainsi fait de sotte vanité ?

🙰 Le marchand de comestibles du boulevard de la Madeleine,—qui mêle d'une façon si ridicule et si odieuse la religion avec ses denrées,—et qui fait faire au bon Dieu la parade devant son échoppe pour attirer les passants, M. Aymès, puisqu'il faut l'appeler par son nom, — a imaginé dernièrement la façon que voici de vendre des confitures de goyave ; il a fait afficher sur sa boutique : « Un colon jeune et inexpérimenté, — cédant à l'entraînement du jour, a voulu jouer sur les chemins de fer;—il est ruiné, et dans une situation digne de pitié ; il a été obligé de se défaire d'une forte partie de confitures de goyave, qui est sa dernière ressource ; il en a confié la vente au Bazar provençal, où on les trouve au prix de... »

Un de ces jours derniers, un jeune homme bien mis et d'excellentes façons entra dans la boutique et demanda—M. Aymès. — Le garçon répond qu'il est à table... mais que si c'est quelque chose dont monsieur a besoin, — il le servira avec la même conscience. « Non, il faut que je parle à M. Aymès lui-même.— Monsieur, il n'aime pas qu'on le dérange quand il dîne. — Peu importe ; allez lui dire que c'est une affaire pressée, il dînera un peu plus tard, un homme aussi pieux ne regardera pas à une aussi petite mortification. » Le garçon obéit. M. Aymès ne tarde pas à paraître ; il a la bouche pleine — et a gardé sa serviette pour bien montrer à l'importun visiteur que sa visite doit être courte. « Vous êtes monsieur Aymès ? — Oui monsieur. — Asseyons-nous. — Mais, monsieur, c'est que je dînais. — Ça ne fait rien, ne faites pas attention. » L'étranger s'assied, M. Aymès veut rester debout; mais son interlocuteur annonce qu'il ne parlera pas que M. Aymès ne soit assis. — Le pieux épicier cède enfin. « Ah! monsieur Aymès, permettez-moi d'abord de vous serrer les mains avec effusion, avec reconnaissance. — Vous me confusionnez, monsieur, le saucisson d'Arles que je vous ai vendu était donc bien excellent?—Ce n'est pas cela,—monsieur Aymès, — ce n'est pas cela ; — mais soyez certain que je ne suis pas le seul qui sois touché pour vous de reconnaissance. — Monsieur, je ne mérite pas, — dit tout haut le religieux marchand de vin, et tout bas il se dit : « Je lui ai donc vendu des pois qui ont bien « voulu cuire ! » — C'est donc vous seul, monsieur, qui avez tendu une main secourable à cet infortuné. — Quel infortuné? — Eh quoi ! dans sa détresse, il n'a pas trouvé un ami, pas un compatriote,—et c'est un étranger, un épicier, qui seul est venu à son aide. Ah ! monsieur Aymès, j'ai presque envie de vous serrer sur mon cœur. — Mais enfin, monsieur, puis-je savoir... — Oui, tu le sauras, homme généreux, homme magnanime et modeste, à la fois; —tu as déjà oublié tes bienfaits, mais ton cœur n'est pas le seul noble et élevé, il est d'autres cœurs qui savent t'apprécier; —en vendez-vous beaucoup?—De quoi, monsieur? — Eh parbleu! de cette confiture de goyave. — Mais oui, monsieur, cela ne va pas mal. — Et... il se porte? — Qui ça? — Eh! le jeune et infortuné colon que vous avez arraché au désespoir; — je suis colon, monsieur, et j'ai été touché de douleur et de compassion en voyant un compatriote réduit à cette terrible extrémité; mais ses malheurs sont finis, j'ai le bonheur d'être riche, j'ai des amis qui le sont — et qui s'empresseront, comme moi, de venir à son secours. Conduisez-moi auprès de lui, respectable monsieur Aymès. — Monsieur, je ne le puis... en ce moment... je dînais quand vous m'avez fait demander... et... — Ah! monsieur Aymès, quel frivole prétexte... Mais je ne l'accepte pas, je veux que vous me conduisiez à l'instant même... je veux qu'il sache que c'est encore à vous qu'il est redevable des bonnes nouvelles que je vais lui donner, je veux être témoin de l'effusion de sa reconnaissance. Garçon, le chapeau de M. Aymès. — Il est vrai, monsieur, que le dîner était un prétexte; je ne suis pas, grâce à Dieu, assez adonné à la gourmandise—*gulæ deditus*... Mais des affaires de la plus haute importance me retiennent chez moi. — Ah! je le vois, c'est votre modestie... Mais n'importe, donnez-moi vite son nom et son adresse, et je cours... — Mais, monsieur... — Il ne faut pas le laisser une minute de plus dans la misère... Il avait, par hasard, quinze cents livres de goyave quand son malheur lui est arrivé; mais il n'en aura bientôt plus, et il doit être dans l'anxiété... Vite... le nom et l'adresse. — Monsieur, je vous dirai que cet infortuné jeune homme m'a fait promettre de lui garder le secret : son orgueil aurait trop à souffrir.—Je comprends très-bien, respectable monsieur Aymès, que vous ne satisfassiez pas l'indiscrète curiosité du premier venu; mais moi, son compatriote, moi qui ne le cherche que pour le sauver... vous seriez coupable de ne pas être indiscret, et je dirai plus... monsieur... vous seriez peut-être envers lui passible de dommages-intérêts.—Monsieur, chacun a sa manière de voir... — mais j'ai promis et... — Monsieur Aymès, une plus longue résistance m'est suspecte, je ne vous le cache pas.—Peu m'importe, monsieur... mais je vous demanderai la permission de retourner à mon dîner. — Je vous la refuse formellement, cette permission...—Savez-vous ce que je commence à croire... c'est que vous exploitez ce malheureux colon; c'est que vous abusez de son infortune pour lui acheter à vil prix ses confitures de goyave; c'est que... Je crois que vous l'avez peut-être assassiné pour vous emparer de ses confitures... Oui... oui... s'écria le colon en secouant M. Aymès par le collet de son habit... oui, je croirai que tu l'as assassiné et enterré dans ta cave si tu ne me dis pas le nom et l'adresse de mon désolé compatriote. Réponds, scélérat! »

M. Aymès, secoué vigoureusement, appela au secours. La famille éplorée arriva, la bouche pleine : — l'étranger ne put contenir plus longtemps un violent éclat de rire — et s'en alla.

Août 1840.

Les petits cadeaux entretiennent l'amitié. — Pour si peu !... — Les forges de Coly. — Canonisation du bourgeois (suite). — Le fulmi-coton. — Les coiffeurs des princes. — Les cheveux du roi d'Espagne. — Fromage d'Italie perfectionné. — Histoire d'un épicier.

AOUT. — Les *Guêpes* ont plusieurs fois parlé de la façon singulière avec laquelle on distribue les croix d'honneur à l'étranger, — à peu près comme on offrirait une prise de tabac ou des pastilles. — Il semble que la qualité d'étranger soit quelque chose de si élevé, qu'un Français soit obligé de dévouer sa vie entière pour arriver à ce point de mérite, se fasse couper quelque membre à la guerre, ou se dessèche le cerveau dans les arts de la paix. Je ne sais plus quel est celui de nos jeunes princes qui dernièrement a donné ainsi une croix, à la cour d'Espagne, à un grand seigneur du lieu; le journal officiel donnait pour cause à ce don que le seigneur avait assisté à la présentation du prince à la reine d'Espagne.

Le *National* raconte avec indignation le fait suivant, — qu'il emprunte au *Journal des Débats* :

« Le prince Frédéric de Bade et le duc de Montpensier ont fait l'échange de leurs décorations, avant de se rendre au bal donné par M. le baron d'André. Au bal, le prince badois portait le grand cordon de la Légion d'honneur, et le prince français le grand cordon de Zœringen. Les officiers français qui accompagnaient le duc de Montpensier ont *tous* reçu la croix de Zœringen; les officiers badois qui accompagnaient le prince Frédéric ont *tous* reçu la croix de la Légion d'honneur.

« Tous ces officiers ont paru au bal avec leurs décorations. »

On se demande — si les officiers étaient en nombre égal des deux parts, sans quoi l'une des deux croix serait humiliée — d'avoir eu à payer l'autre double.

On se demande — si c'est une action si éclatante d'accompagner un prince au bal, — qu'elle soit payée d'une récompense que l'on ne donne pas toujours à un brave soldat qui se fait mutiler pour son pays.

On se demande, — puisqu'on donne la croix d'honneur aux officiers badois qui accompagnent au bal le prince Frédéric, — ce qu'on donnera aux officiers français qui accompagneraient à la guerre le duc de Montpensier et qui se feraient cribler de blessures autour de lui.

Mais j'apprends à l'instant que le *National* a ignoré — que les *Débats* ont omis une circonstance qui change singulièrement l'appréciation des faits. — Le bal donné par M. le baron d'André était un bal masqué ; — l'échange des décorations était un déguisement, — et le lendemain chacun a repris sa croix, — et il n'a plus été question de cette plaisanterie, — qui n'était peut-être pas d'un excellent goût.

Dans un procès récent, le plaignant, marchand de quelque chose, a fait à l'accusé un reproche qui, dans sa naïveté, montre bien le degré d'immoralité auquel on est parvenu aujourd'hui sur l'argent : « Comment se fait-il, — s'écria en plein tribunal l'honnête négociant, qu'un homme bien mis, qu'un homme qui a de l'éducation, n'ait pas honte de voler *pour si peu !* »

Je ne sais pas pourquoi je me priverais de donner l'essor à un très-doux mouvement d'orgueil que je ressens, — pourquoi je cacherais que je suis très-fier du succès de mon frère Eugène ; — les lecteurs des *Guêpes* d'ailleurs sont mes amis, — j'ai le droit de leur répéter ce que je lis dans un journal :

« M. Eugène Karr, ingénieur civil, qui a monté les forges de Coly, près Montpont (Dordogne), a été nommé directeur de cette belle usine.

» C'est le 4 août que l'établissement a été béni par MM. les curés du Pizou et de Menesplet, en présence d'une immense population accourue de tous les environs. Ces deux ecclésiastiques, entourés des ouvriers employés dans l'usine, ont adressé au ciel des vœux et des prières en faveur de cette utile fondation, l'une des plus importantes de notre département.

» Les forges de Coly ont commencé dès le lendemain à fabriquer du fer. Les marteaux et laminoirs ont fonctionné avec un grand succès, quoique les eaux fussent très-basses par suite de la sécheresse ; mais l'immense puissance hydraulique des moteurs a conjuré cet obstacle, et les premiers travaux, entrepris dans les conditions les moins favorables, ont pleinement répondu aux espérances des propriétaires et aux prévisions de l'ingénieur.

» Le chef de fabrication, à la tête des ouvriers de la forge, est venu féliciter M. Eugène Karr de son œuvre. Cet habile ingénieur a trouvé là une première et bien douce récompense de ses veilles et de ses travaux. — (*Écho de Vésone.*) »

Moi, je suis allé l'embrasser.

🌿 M. de B..., député, demanda un jour à M. Duchâtel un tableau pour une église; — le tableau fut confié à M. Champ... et, aussitôt terminé, envoyé au desservant de l'église désignée. Grande joie du curé, qui désirait depuis longtemps couvrir d'un tableau l'imitation libre de marbre qui était la seule décoration de son maître-autel; il fait déballer et dérouler la toile et rétablir le tableau dans son cadre, — puis ne se lasse pas d'examiner et d'admirer; — mais une idée l'obsédait, sans qu'il lui fût possible de s'en débarrasser : « C'est singulier, se demandait-il, j'ai vu ce saint-là quelque part. » — Cependant, il fut décidé qu'on accrocherait le tableau dans la nuit du samedi, pour qu'il apparût dans toute sa gloire le dimanche matin aux yeux étonnés de tous les paroissiens rassemblés pour la messe.

De temps en temps, le curé retournait contempler le tableau, — et toujours il se disait : « Je connais ce saint-là, — j'ai vu ce saint-là quelque part, — où diable ai-je vu ce saint-là? »

Tout à coup le nuage qui couvrait sa mémoire se dissipe et il s'écrie : « Je le reconnais, — j'ai joué au piquet avec lui, et il m'a gagné douze francs; — j'ai dîné avec lui, et il a mangé énormément de macaroni; — et la sainte aussi, elle avait une douillette puce; — et le saint Jean aussi, il a tant crié, qu'on l'a couché de très-bonne heure! »

En effet, le curé ne se trompait pas. M. Champ... avait donné aux personnages de son tableau les traits des membres de la famille de B...

Grande anxiété du curé, qui, après de mûres réflexions, renvoya le tableau au ministère de l'intérieur — en disant qu'il ne pouvait offrir M. de B... — et sa famille à l'adoration des fidèles, que ce serait du paganisme et de la B....olâtrie.

M. B..., averti, va au ministère et se plaint amèrement de M. Champ...; mais M. Champ..., invité à s'expliquer, communique des lettres du député, desquelles lettres il ressort que c'est sur ses instances réitérées que lui Champ... a canonisé l'honorable représentant et sa famille.

Je l'ai dit déjà, le monde est une charade que Dieu a donnée à deviner à l'homme. — Chaque jour les esprits, plus tendus qu'ils ne l'ont été à aucune époque, sont sur le point de deviner le mot; — le jour où l'homme l'aura prononcé, — jour où la charade sera devinée, — tout sera fini : — le monde aura vécu.

Avant la découverte du coton-poudre, avant que la science n'eût dévoilé la plus inoffensive, en apparence, des choses connues, — qui aurait pensé que le bonnet de coton, — emblème du sommeil bête, du sommeil sans rêves, — recélait la foudre dans son tissu ridiculisé? — Aujourd'hui que la découverte est faite, tout le monde le savait, — les modestes s'en étaient doutés.

Toutes ces découvertes sont plus embarrassantes qu'elles n'en ont l'air. Que deviendront les lois sur la détention des armes de guerre, — puisque chacun, en quelques secondes, peut métamorphoser en poudre ses bas, sa chemise et son mouchoir?

Le coton jouait déjà un rôle important dans la civilisation; — déjà il avait pour mission de réparer les erreurs ou plutôt les omissions de la nature à l'égard d'un assez grand nombre de femmes. — Le coton, qui ne se permettait d'incendier que les cœurs, est capable aujourd'hui de brûler et de faire sauter les téméraires. — A une femme suspecte de tirer du nouveau monde une partie de ses attraits, il faudra commencer par demander si elle est chargée. Les mères prudentes, les maris soupçonneux,

— ayant des filles et femmes coquettes et maigres, — exigeront qu'elles ne se servent que de fulmi-coton. — Quand on saura bien la chose, on se défiera peut-être plus qu'il ne faut des femmes charnues et des veuves corpulentes. — L'exagération de certains charmes répandra la terreur et équivaudra à l'inscription que mettent sur leurs murs certains propriétaires jaloux : « Ici il y a des pièges à loups? »

Plusieurs réclamations ont été adressées au ministère français de la part de quelques puissances étrangères envers lesquelles les marchands français manquent quotidiennement de respect. — En effet, à la quatrième page de tous les journaux, et sur tous les murs de Paris, — vous voyez des gens qui s'intitulent — dentistes et fabricants de râteliers de tel ou tel roi, — pédicure et chirurgien-herniaire de tel ou tel prince. — Je suis forcé de remplacer par des etc., etc., une foule d'annonces du même genre que je ne puis répéter ici : il y a jusqu'à des fabricants de corsets pour la déviation de la taille qui se prétendent fournisseurs de reines et de princesses.

Ces annonces tendent évidemment à déconsidérer les rois, princes et princesses — en leur attribuant une foule d'infirmités dont j'aime à les croire exempts.

Voici comme exemple l'annonce d'un coiffeur :

Air : C'est l'amour, l'amour...

C'est l'toupet, l'toupet, l'toupet,
  Qui s'accommode
    A la mode;
Pour que l'homme soit complet,
  Il lui faut du toupet.
Qu'un soldat en couvre sa tête,
  Il sert le pays, les amours;
Il l'aide auprès d'une conquête,
  Du sabre peut sauver ses jours à

> Cousin de la vaillance,
> De plus d'un caporal,
> Dans notre belle France,
> Il *fit un général.*

« Perruques invisibles, à quinze francs ;
» Toupets garantis, à huit francs et au-dessus ;
» Perruques pour dame d'une rare perfection ;
» Par Dumas, artiste capillaire des princes.
» Coupe de cheveux et frisure, cinquante centimes.
» Teinture à la minute, trois francs. »

C'est à faire supposer que les jeunes princes ont des perruques, et si quelqu'un prétend avoir vu le prince de Joinville ou le duc de Montpensier, hier, et avoir bien vu qu'ils n'ont la tête ornée que de leurs *propres et privés de cheveux*, — on répondra que cela fait tout simplement l'éloge de leur *artiste capillaire;* — que, si on ne voit pas leur perruque, c'est qu'ils ont une *perruque invisible,* — et que les princes n'ont pas reculé devant une dépense de quinze francs.

Il n'est peut-être pas de très-bon goût à M. Dumas, qui devrait donner son prénom pour ne pas être confondu avec Alexandre ou M. Adolphe, d'annoncer en même temps qu'il coupe les cheveux et coiffe au rabais, et qu'il est *artiste capillaire* des princes.

🐝 Sous Philippe V, roi d'Espagne, on n'osait pas lui donner un coiffeur français, quoique les Espagnols fissent très-mal les perruques, parce que, disent les Mémoires du temps, les Français étant légers, on craignait qu'un coiffeur de cette nation ne mît dans la chevelure artificielle qui devait orner la tête sacrée de Sa Majesté des cheveux tirés de la tête d'un roturier. Or, un roi d'Espagne ne devait porter sur son chef que des cheveux de gentilhomme.

🐝 On a établi une ferme dans laquelle on fait travailler des malheureux devenus fous ; — c'est une excellente institution qui en a rendu plusieurs à la raison, et remplacé pour les autres, par un travail modéré, toutes sortes de pratiques cruelles que l'on est souvent ailleurs obligé d'appliquer à ces infortunés. — Je regrette de n'avoir pas retenu le nom de cette ferme. Quelle que soit souvent l'amélioration de la position des fous, ils doivent être néanmoins les objets d'une grande surveillance, — en voici un exemple :

Dans la ferme dont je parle, — on élève beaucoup de porcs et on fabrique de la charcuterie.

Dernièrement, deux fous, occupés à confectionner du fromage d'Italie, — causaient de leur ouvrage ; — l'un dit à l'autre : « Sais-tu? j'ai une idée qui me tourmente, — j'ai découvert un moyen de faire un fromage d'Italie bien meilleur que tout ce qu'on a mangé jusqu'ici? — Et moi aussi, dit l'autre. — Bah ! C'est comme je te le dis. — Et quel est ton moyen? — Dis plutôt le tien. — Après toi. — Non, avant. — Eh bien, c'est d'y mêler ta cervelle. — Ah! ah!... Eh bien, je crois, moi, que ton foie, haché bien menu, lui donnerait un petit goût de rillette bien agréable. — Ça s'est déjà fait, — tandis que ta cervelle y mettrait un onctueux... »

De paroles en paroles — la discussion s'échauffa, et nos deux hommes finirent par se précipiter l'un sur l'autre, le couteau à la main, — pour prendre, l'un le foie, — l'autre la cervelle de son ami, et essayer son nouveau fromage d'Italie. — On les arrêta à temps.

L'autre soir, je rencontre sur le boulevard, au milieu de la chaussée, un homme ivre mort entouré de plusieurs passants; — je m'arrête comme les autres, — j'aide à le placer à l'abri des voitures; puis les assistants s'écoulent, moins un, qui reste avec moi. — Il fait froid; que va denir ce malheureux? S'il passe là la nuit, il sera mort demain. — A toutes mes questions, il ne répondait qu'une chose : « Respectable famille ; —*, épicier, rue de l'E..., n°... — Êtes-vous blessé? — Respectable famille ;***, épicier, rue de l'E... n°...—Pouvez-vous marcher? Respectable famille ; — ***, épicier, rue de l'E..., n°... »

Impossible d'en tirer autre chose. — Comme intelligence, notre homme était descendu au degré d'un caniche qui a sur son collier le nom et l'adresse de son maître.

Après avoir échoué plusieurs fois, — nous obtenons d'un fiacre qu'il se charge du malheureux, et qu'il le conduise à l'adresse qu'il indique avec tant de constance. — Le cocher nous offre de monter dans sa voiture ; — nous préférons suivre à pied. « Bourgeois, où faut-il porter ça ?—Rue de l'E..., n°..., chez M.***, épicier. » — Nous arrivons à l'adresse indiquée. On frappe une demi-heure. Enfin on ouvre. — Nous disons à l'épicier : « Voici votre fils. — Malheureux! dit le père en chemise, — dans quel état je te vois ! — Respectable famille ! répond le fils***, épicier, rue de l'E..., n°... »

L'épicier tâte la poche de son fils — et s'écrie : « Il a encore son argent! »

Puis — un peu après : « Il n'a pas sa montre ! — Qu'est-ce que sa montre est devenue? »

L'épicier père alors se livre à une douleur si grande, que je pensai que si je lui avais rapporté seulement la montre, il n'aurait peut-être pas réclamé le fils qui devait être après.

L'épicier nous regarde d'un air soupçonneux et ferme la porte.

« Mon cher monsieur, dis-je, — monsieur et moi vous voulons aller nous coucher — et nous vous souhaitons le bonsoir. Vous feriez peut-être bien d'ajourner vos doléances sur la montre t de donner à votre fils des soins dont il a grand besoin. — Pardon, messieurs, vous offrirai-je du cassis? — Merci, nous ne prenons rien; pas plus le cassis que les montres. — Voici nos cartes. »

L'épicier nous laissa partir à regret. — Nous payâmes le fiacre — et nous rentrâmes chacun chez nous.

Aucun épicier n'est venu nous remercier — et nous passons

sans doute pour, ayant trouvé un épicier et une montre, n'avoir rendu que l'épicier. — Soyez donc vertueux après minuit!

Octobre 1846.

Procès au chemin de fer du Havre. — Les *tableaux vivants*. — Un fils de hasard. — Saucisses d'homme. — M. Henry Galos.

Cette fois — sur le chemin de fer de Rouen à Paris — je suis venu par les voitures de seconde classe ; — elles ont aussi leur supplice; le crime de ne payer que douze francs ne pouvait être puni comme celui de n'en donner que neuf, mais il ne pouvait cependant pas demeurer sans répression. — Si les gens qui ne donnent que neuf francs aux banquiers de grande route, auxquels appartiennent les voies ferrées, sont, en réparation de ce crime que nous avons défini crime de non-monnaie, condamnés au froid, à la pluie, aux pleurésies, aux pneumonies, et, le cas échéant, à la mort, — ceux qui ne donnent que douze francs en sont quittes pour le froid aux pieds et les rhumes, et aussi deux ou trois petites gênes innocentes : ils ont les pieds sur la planche même du fond des voitures; on ne leur met pas de tapis, je le veux bien; mais on refuse de remplacer le tapis par la paille, etc.

Sur le chemin de fer du Nord, — les voitures de troisième classe sont couvertes et fermées : — les administrateurs ont cru devoir faire cette concession à l'opinion; mais leur vengeance n'a fait que changer de forme. Ah! vous prétendez que vous avez froid! ah! vous vous plaignez de ce que les voitures sont découvertes! ah! vous avez trop d'air! — Eh bien! on va vous les couvrir, vos voitures de troisième classe, et vous n'aurez pas trop d'air désormais.

En effet, — dans ces voitures, il n'existe que de petites ouvertures par lesquelles je ne crois pas que la tête d'un homme puisse passer, — de sorte que des voyageurs entassés dans ces boîtes en plus grand nombre que dans les autres, ceux-là seuls peuvent respirer qui se trouvent auprès de ces sortes d'ouvertures; — en cas d'accidents, on ne pourrait sortir de la voiture. — Mais voici enfin le règlement définitif publié. Ce règlement, imposé par l'autorité supérieure, renferme plusieurs prescriptions très-bonnes et très-sages : — ainsi, tous les convois doivent avoir des voitures de troisième classe, — et toutes les voitures doivent offrir aux voyageurs sûreté et commodité.

Comme je n'appelle pas sûreté et commodité d'être exposé au froid, à la pluie et à la neige pendant trente lieues, — ni d'être entassés de façon à ne pouvoir pas respirer, — ni d'avoir pendant quatre ou six heures les pieds engourdis par le froid, — je suis convaincu que les tombereaux de Rouen et d'Orléans n'existent plus, — que les voitures de deuxième classe sur la route de Rouen ont de la paille — et qu'on a élargi jusqu'à la proportion de fenêtres les ouvertures faites aux boîtes du chemin du Nord. — Cependant j'irai y voir.

Je suis allé voir les *tableaux vivants*. — M. Keller, qui exploite cette nouvelle industrie, a pour état de montrer nues au public sa femme, sa sœur, et quelques jeunes filles placées par leur famille ou par elles-mêmes sous la protection de cet habile professeur (c'est ainsi qu'il s'appelle lui-même).

Ces exhibitions, — au dire des journaux, sont faites au point de vue de l'art, — au bénéfice de l'art, — dans l'intérêt de l'art, etc. Les bourgeois sont allés là uniquement pour voir des femmes nues. — Dans les deux hypothèses, on est complétement trompé. Dans les représentations publiques, l'autorité veut que ces dames soient revêtues de maillots de soie couleur chair, — de telle sorte qu'elles montrent en réalité moins de leur propre chair que n'en étalent au bal les bourgeoises réservées. — De plus, le bourgeois a été surpris d'apprendre qu'il n'est agréable de voir une femme déshabillée qu'autant qu'on la déshabillerait soi-même — et un peu malgré elle; de sorte qu'il est rentré chez lui très-contrit, très-éteint et dans un état au moins assez rassurant pour sa *chaste épouse*, qui craignait qu'il ne s'incendiât l'imagination par un semblable spectacle — et ne devînt exigeant à l'endroit de la pureté des formes à la maison.

Au point de vue de l'art, — outre que ces femmes ne sont pas, pour la plupart, rigoureusement belles, le maillot déprime et écrase beaucoup de choses.

Deux troupes rivales exploitent divers théâtres. — La troupe qui a passé de la Porte-Saint-Martin au Palais-Royal possède des femmes peut-être plus jeunes, — je n'en sais rien, — mais à coup sûr plus maigres que la troupe du professeur Keller. — Peut-être peut-il être utile à ce professeur que les familles sachent qu'il nourrit mieux ses élèves que son concurrent.

En résumé, — l'art n'a rien à voir dans de pareilles industries — et les espérances lubriques des bourgeois ont été déçues. Nous demandons si les personnes chez lesquelles le professeur Keller montre nues en réalité — sa femme, sa sœur, etc., ont paru à ce professeur désirer ce perfectionnement au point de vue de l'art plastique et de la statuaire.

※ L'autre jour, — un homme bien mis — ou plutôt richement vêtu — cheminait sur le boulevard; des chaînes et des breloques le recommandaient à l'admiration et à l'envie des passants; — tout à coup il s'arrête, il chancelle, il tombe, la foule s'amasse, on veut lui donner des secours, mais il est mort. Un jeune homme fend la foule, envisage le cadavre, — jette un cri, se précipite sur le corps, l'embrasse, lui prodigue les noms les plus tendres : « Mon père ! c'est mon père ! » s'écrie-t-il ; — il appelle un fiacre, on l'aide à y mettre le défunt, il y monte lui-même en sanglotant et il donne une adresse rue Joquelet. Le fiacre part, — la foule se dissipe, les curieux se dispersent en disant : « Pauvre jeune homme ! excellent fils ! »

On allait tourner pour entrer dans la rue Joquelet lorsque le jeune homme fait arrêter le cocher — et descend : « Je vais avertir mon frère, — allez toujours rue Joquelet, je vous rejoins, j'y serai en même temps que vous. » Le cocher remonte sur son siége et arrive rue Joquelet, n°... — Il attend quelque temps devant la porte indiquée, — le jeune homme ne revient pas; le cocher descend, entre, questionne, le mort est inconnu et dans cette maison et dans toute la rue, il faut le porter chez le commissaire.

Là seulement on s'aperçoit que l'excellent fils était un audacieux voleur, qui avait pris le temps de débarrasser son prétendu père, qu'il n'avait jamais vu, — de sa montre, de ses breloques, de ses chaînes, de son argent et d'un gros diamant qui attachait sa chemise.

Un aubergiste et sa femme, atteints et convaincus d'avoir assassiné un voyageur qu'ils logeaient, et d'avoir fait de son corps des saucisses qu'ils ont données à manger à d'autres voyageurs, — ont été traduits devant le jury. Le jury a admis en leur faveur des circonstances atténuantes et a écarté la *préméditation*, quoiqu'il semble au premier abord difficile de mettre un homme en saucisses sans y penser un peu — et sans le faire exprès.

Je viens de parcourir le département de la Gironde — et pendant mon voyage — tout ce que j'ai acheté ou fait acheter : — cigares, bougies, couteaux, fromage, allumettes chimiques, etc., — tout, sans exception, était enveloppé dans des professions de foi de M. Henry Galos. — Ces prospectus se terminaient ainsi : « *Et vous nommerez* HENRY GALOS. »

Janvier 1847.

Les savants de l'avenir. — Le discours du roi et les journaux. — M. de Balzac peint par lui-même. — M. Tony Johannot et M. Frédéric Bérat. — Ce qu'un cardinal a laissé aux pauvres dans son testament. — Ce qu'il faut de rentes pour être pauvre à Paris. — Mot d'une femme sur le parti conservateur. — Le roi Louis-Philippe et M. Thiers. — Mot de M. Léon Gozlan sur lui-même. — Un bout-rimé de M. Victor Hugo. — Singulière situation du prince d'E... — Pourquoi M. de Balzac ne sera pas académicien. — Où il est parlé de M. Dumas, — de M. de Béranger, — de M. de Musset, — de M. de Lamennais. — Parallèle entre M. Empis et M. Leclerc. — Destinée d'un fort en thème. — Pourquoi M. de Vigny ne donne plus sa voix à M. de Balzac. — M. Pasquier. — M. Flourens. — D'un feuilleton de madame de Girardin. — La haine du *Constitutionnel*. — M. Granier de Cassagnac, M. Adolphe Adam. — Les statuaires iconoclastes. — M. Ponsard, M. Bocage, madame Dorval et *Agnès de Méranie*. — Opinion de Rossini sur l'opéra de *Robert Bruce*. — M. Lablache. — M. Pillet et madame Stolz. — M. Troupenas. — Histoire des diamants de madame Rossini. — Entente cordiale de M. Duchâtel et de la reine d'Angleterre. — M. le ministre de l'agriculture et les pommes de terre. — Le pain et l'hermine. — De M. Leverrier et de sa planète. — Un mot de M. Ponsard. — A un pape. — La Société des gens de lettres. — M. Dumas tiré à quatre journaux. — Ce qu'il a dit et ce qu'il aurait dû dire. — Sur Me Chaix-d'Est-Ange. — Me Lacan. — Me Léon Duval. — Les avocats ont trop d'esprit. — *Post-scriptum*.

JANVIER. — Les savants des siècles futurs auront besoin d'être d'une tout autre espèce que ceux de ces temps-ci. En effet, ceux que nous possédons écrivent dix volumes à propos d'une pièce de cuivre, et tirent les conséquences les plus graves, et quelquefois les plus étranges, d'un c ou d'un o déchiffré péniblement et non sans contradictions sur une vieille amphore. Mais s'il est des époques dont il est difficile d'écrire l'histoire faute de renseignements, la nôtre sera la plus difficile de toutes à cause du nombre et de la confusion des renseignements que nous laisserons.

Prenons par exemple le récit d'un fait qui s'est passé à Paris, devant six à sept mille spectateurs, au commencement du mois de janvier; — voyons les renseignements que fourniront les journaux à un historien futur.

Il s'agit de l'ouverture de la session et du discours du roi.

J'ai entendu demander pourquoi la réunion des deux Chambres a lieu au palais du Corps législatif et non à la Chambre des pairs, puisque les pairs tiennent le premier rang et conservent la droite dans toutes les occasions où les membres des deux Chambres se trouvent réunis. — La raison en est toute simple : cela vient de l'habitude où l'on est de faire entrer une tentative d'assassinat dans le cérémonial de la séance d'ouverture; l'espace à parcourir est bien plus court des Tuileries au palais Bourbon que des Tuileries au Luxembourg, — et il ne se trouve, dans le premier cas, sur le passage du cortége, aucun endroit où on puisse tendre des embûches.

Voici ce que les différents carrés de papier qui gouvernent le pays ont dit à propos du discours du roi :

La *Quotidienne*. — « Louis-Philippe a prononcé son discours au milieu de l'indifférence du public. — Nous avons été frappés du changement opéré dans sa démarche et dans son maintien; la vieillesse courbe le prince; sa voix est moins accentuée que de coutume. »

Journal des Débats. — « La santé du roi paraît meilleure que jamais; il a prononcé son discours d'une voix ferme et sonore, au milieu d'un religieux silence, sauf les marques d'assentiment et les acclamations prolongées. »

Le *National* n'a pas trouvé dans la diction du roi cette fermeté à laquelle il était accoutumé. — L'accueil a été froid.

La *Presse* constate des cris longtemps répétés de : Vive le roi !

— Le discours a été prononcé d'une voix ferme, et accueilli par une adhésion vivement prononcée.

Selon le *Constitutionnel*, — un vent aigre, un temps froid, — avaient rendu les curieux clair-semés.

Selon la *Réforme* (opposition plus avancée), — un froid glacial, un vent de bise, rendaient livides les visages des soldats.

L'*Époque* — affirme que le temps était magnifique.

Selon le *Siècle*, — la foule n'a montré aucun empressement.

Selon le *Journal de Paris*, — une grande émotion dominait l'assemblée.

Selon le *Moniteur parisien*, — les acclamations ont été mille fois répétées.

Il aurait pu tomber de la pluie, du givre et des avocats, il n'en aurait pas fait pour cela moins beau aux yeux de l'*Époque*. Le soleil aurait frit les poissons dans la rivière desséchée, la *Réforme* n'en aurait pas moins souffert de la bise, et le *Constitutionnel* n'en eût pas moins été obligé d'endosser son carrick à triple collet. La vérité est que le roi a soixante-douze ans et se porte bien...

M. de Balzac racontait l'autre jour que, voyageant en Allemagne, n'ayant qu'un domestique français et un livre de poste allemand, il se trouvait fort embarrassé pour payer les postillons. — Il s'était procuré de la monnaie du pays, et, arrivé au relais, il la mettait pièce à pièce dans la main du postillon, — ne s'arrêtant que quand il le voyait sourire, ce qu'il regardait comme un signe incontestable qu'il avait donné une ou deux pièces de trop. — M. de Balzac n'a pas dit par quelle grimace il répondait au sourire du postillon.

Tony Johannot, qui a failli récemment mourir d'une fluxion de poitrine, et qui est heureusement conservé à ses amis et à la peinture, aime tant une nouvelle chanson de Bérat, — le *Berger normand*, — qu'il a voulu l'*illustrer*, — comme on dit aujourd'hui, — d'un dessin de sa main. — Nous avons eu bien peur un moment que ce ne fût le dernier.

Je me rappelle un couplet de cette chanson si fraîche et si naïve :

« On sent bon déjà dans la plaine;
Deux à deux v'là qu'on s'y promène;
Les amours ont déjà r'pris;
L' rossignol chant' toutes les nuits;
　Dans les nids
　　Y a des p'tits. »

Quelqu'un exprimait très-bien le charme des mélodies de Bérat, en disant : « Ce sont de petites bératitudes. »

On lit dans le testament politique du cardinal de Richelieu : « Si les peuples étaient trop à leur aise, il serait impossible de les contenir dans les règles de leur devoir. » On ne peut imaginer une maxime plus féroce ni plus strictement observée de tout temps.

Ce sont ceux qui ont le moins d'argent qui payent le plus cher les objets nécessaires à la vie. — J'ai réuni les prix comparés de certaines denrées — achetées en gros par le bourgeois aisé, et en détail par le pauvre ouvrier. — Il ne faut pas oublier qu'il y a encore plus de différence dans la qualité que dans le prix des choses; — c'est le marchand en détail qui mêle de la chicorée au café, et de la terre à la chicorée, — et qui fait du vin avec de l'eau et des baies d'hièble et de sureau.

La voie de bois, que le bourgeois paye de trente-quatre à trente-six francs, — revient à l'ouvrier qui achète des cotrets à soixante et un francs soixante centimes.

Le bourgeois qui achète beaucoup de viande paye, en temps ordinaire, toute viande, bœuf, mouton ou veau, au prix de seize sous la livre; — l'ouvrier, qui n'en prend que le dimanche, paye le veau vingt-quatre sous la livre. — La viande de porc, que le bourgeois paye quatre-vingt-dix centimes la livre, coûte à l'ouvrier, sous les formes de cervelas et autres rogatons, un peu plus de vingt-quatre sous la livre.

Tout bourgeois a chez lui, dans Paris, du vin naturel et très-potable au prix de dix sous la bouteille.

Le vin bleu fait — d'eau, de baies de sureau et de litharge de plomb; le vin malsain et un peu vénéneux, coûte au pauvre, qui le boit par verre, seize sous le litre.

La chandelle, prise au paquet, coûte trois francs soixante-cinq centimes; — achetée pièce à pièce, le même paquet coûte trois francs soixante-quinze centimes.

Le café en grain et de bonne qualité coûte au bourgeois deux francs vingt centimes; le café, mêlé de chicorée, laquelle est mêlée de terre, — revient au pauvre à deux francs quarante centimes.

Le meilleur charbon coûte au bourgeois neuf francs quarante centimes le sac; — l'ouvrier qui en achète pour deux sous à la fois, quand il en a brûlé un sac, l'a payé quatorze francs.

❧ Voici une ruse assez habile, et plus productive pour les marchands qu'elle n'en a l'air au premier abord; — elle s'applique à la vente du bois en falourde.

Voici un morceau de bois — coupez-le en deux — coupez-le en quatre, les morceaux réunis ne formeront qu'une longueur égale au morceau entier:

Mais on le coupe en biseau:

et voici en différence ce que gagne le marchand et ce que perd le consommateur à la falourde:

Résumé :

Il n'y a pas beaucoup de riches qui auraient le moyen d'être pauvres.

🐝 J'ai entendu dire par une femme : « Les conservateurs sont des girouettes rouillées. »

🐝 Malgré leurs dissentiments acerbes, le roi Louis-Philippe et M. Thiers sont loin d'être antipathiques l'un à l'autre. — Le roi, du reste, considère M. Thiers comme un homme précieux, et ne se plaint même pas de le voir dans l'opposition avec un peu d'ardeur ; c'est en se servant de la popularité acquise par M. Thiers dans l'opposition que le roi a enlevé la question des fortifications, à laquelle il tenait extrêmement, et qu'il a triomphé de plusieurs obstacles qui paraissaient invincibles. — Chaque fois que M. Thiers arrive aux affaires, il ne tarde pas à perdre sa popularité ; alors le roi le laisse aller, et attend pour le rappeler qu'il en ait acquis une nouvelle en lui faisant la guerre pendant deux ou trois ans.

🐝 M. Léon Gozlan, dont on connaît l'esprit brillant, — avait deux pièces à l'étude : l'une au Vaudeville, l'autre à la Comédie-Française. — Le lendemain du succès de la pièce du Vaudeville, il rencontre un ami qui lui dit : « Cela doit vous encourager pour l'autre. — Au contraire, répondit M. Gozlan, j'ai envie de la retirer ; vous ne savez pas la poltronnerie des vainqueurs. »

🐝 On proposait des bouts-rimés. Madame*** donna à M. Victor Hugo ces quatre rimes : — *songe*, — *pié*, — *plonge*, — *estropié*. Il les remplit ainsi :

« Si Puck, le nain qu'on voit en songe,
Osait jamais risquer son pié
Dans le soulier où ton pied blanc se plonge,
Il en serait estropié. »

Madame ***, depuis ce temps, est tellement embarrassée de la curiosité fâcheuse qu'excite son pied, qu'elle a inventé un parent, dont elle a inventé la mort, afin de se retirer du monde pendant quelque temps.

On a beaucoup parlé d'un haut fonctionnaire qui, surpris dans une maison suspecte de la rue Mont-Thabor, où la police faisait une perquisition, refusa quelque temps de dire son nom au commissaire. — Puis enfin, voyant qu'on allait le conduire à la Préfecture, il s'y décida ; — mais il en ressentit une si grande émotion, qu'il tomba frappé d'une attaque d'apoplexie. — Le commissaire, en même temps, fut si effrayé de voir qu'il avait arrêté un homme qui est l'arbitre de sa destinée, que, frappé d'une attaque pareille, il tomba de l'autre côté. — On les transporta à leur domicile ; tous deux sont loin d'être rétablis.

Cette anecdote a remis en mémoire une autre aventure que l'on prête au même fonctionnaire, qui était alors plus jeune qu'aujourd'hui. Obligé de se sauver la nuit, par la fenêtre, de la maison d'un de ses amis, il lui manquait plusieurs vêtements qu'il n'avait pas eu le temps de réunir ; se croyant poursuivi, il se réfugia dans la cave de charbon d'un grand bateau amarré au quai. — Il y était caché à peine depuis une demi-heure, — lorsqu'il s'aperçut que le bateau était en marche et descendait le fleuve. — Il hésita longtemps ; mais enfin, se voyant à dix lieues de chez lui — et sachant que le bateau en avait encore trente à faire, il se décida à sortir de sa cachette en chemise et à se confier au capitaine, qui lui prêta des habits de matelot et le mit à terre.

Un procès récent a dévoilé une situation singulière ; — c'est celle du prince ***, pair de France et interdit ; c'est-à-dire gouvernant les affaires du pays, excepté les siennes, que l'on a prudemment confiées à un conseil judiciaire.

M. de Balzac, M. Dumas, M. de Béranger, M. de Musset, — qui sont des hommes d'un grand talent, à des distances inégales, — et M. de Lamennais, qui a une grande réputation,

— n'ont aucune espèce de chances d'être nommés à l'Académie aux prochaines élections.

L'Académie a peur des talents qui ont de la sève et de la vie ; il lui faut quelque chose d'un peu empaillé : — son choix hésite entre M. Leclerc, fort en thème, et M. Empis, fort en rien. C'est le défaut des corps qui se recrutent eux-mêmes. Mercier disait en parlant de la Comédie-Française : « Il ne faut pas admettre d'acteurs de petite taille, parce qu'ils ne s'occuperont plus que de faire entrer de plus petits qu'eux dans la troupe. »

Jean Journet, l'apôtre phalanstérien, proposait dernièrement quelque chose d'assez bizarre et d'assez raisonnable : « Si on chargeait, disait-il, de nommer nos académiciens les Allemands, qui sont beaucoup plus au courant de la littérature française que les Français eux-mêmes, on aurait des choix très-littéraires et presque toujours très-sensés. »

Si le thème conduit M. Leclerc à l'Académie, — il serait difficile de dire où il mène une foule de victimes de cette ridicule éducation universitaire, qui emploie la jeunesse de tout un pays à apprendre les deux langues seules qui ne se parlent pas ; — après quoi on entre dans le monde, ne les sachant pas, mais ne sachant pas autre chose.

J'ai entendu M. V. Hugo et M. de Lamartine chercher toutes sortes de ruses pour arriver à réunir quatre voix pour M. de Balzac à la prochaine élection : ils n'étaient pas sûrs d'y réussir ; — et cependant ils croyaient avoir le droit de compter sur la voix de M. de Vigny.

Priez n'importe qui de vous dire sans hésiter quinze noms d'académiciens, — il y renoncera bientôt. Priez la même personne de vous nommer quinze écrivains de talent qui ne soient pas de l'Académie, — sa mémoire les lui fournira à l'instant même. Demandez ensuite qu'on dise au hasard quinze noms d'écrivains célèbres, — vous verrez dans quelle proportion seront les académiciens. Il serait bon que ce corps se demandât à lui-même ce qu'il serait si on retranchait de l'Académie ceux qui y sont entrés malgré elle.

A l'Académie française, les élections difficiles, les élections d'hommes de talent, ne se font qu'au premier tour du scrutin ; — les académiciens qui se sont vus forcés de promettre leur voix ne se croient engagés que pour ce premier tour ; si l'on en fait un second, ils se considèrent comme libres de s'abandonner à leurs sympathies pour n'importe quel Leclerc.

Voici comment beaucoup d'académiciens promettent leur voix contre leur gré, et comment on arrive de loin en loin à nommer un homme qui le mérite. Quand un *discret amant des Muses*, — comme M. Pasquier, quand un homme qui a consacré une partie de sa vie aux canards, — comme M. Flourens, rencontre par hasard quelque obstacle pour être membre de l'Académie française ; — quand trois ou quatre voix tiennent l'élection en suspens, en s'obstinant à ne porter d'aucun côté la majorité qui dépend d'elles, on arrive à composition, et ces trois ou quatre voix aident à nommer l'Empis du moment, à condition que les amis donneront un certain nombre de voix à un homme de talent pour le premier fauteuil vacant.

M. de Vigny, qui a dû son élection à une manœuvre semblable, faite par M. V. Hugo, — n'avait pu se dispenser de promettre à M. Hugo sa voix pour M. de Balzac : — M. de Balzac avait donc trois voix ; mais les amis de M. Leclerc ont fait offrir à MM. de Lamartine, Hugo et de Vigny, — l'échange des quinze voix qu'ils réunissent contre les trois de ces messieurs, — c'est-à-dire la promesse de voter tous les quinze pour M. de Balzac à la première vacance, si on leur donnait l'appoint de trois voix qui leur manque pour assurer, cette fois, l'élection de M. Leclerc. — Cette proposition communiquée à M. de Vigny, on a été très-étonné d'apprendre qu'il ne votait plus pour M. de Balzac.

Une des raisons qu'il a données, la plus forte, la plus élevée, est que, madame de Girardin ayant, dans un article de la *Presse*,

— parlé de la candidature de M. de Balzac, et ayant dit qu'il n'avait pour lui que MM. Hugo et de Lamartine, on semblait le compter pour rien, — etc.

La nomination de M. de Balzac était donc assurée sans le mauvais vouloir de M. de Vigny, — qui ne voulait donner sa voix à M. de Balzac qu'autant que cela ne lui servirait à rien.

Au commencement des séances d'élection, on fait jurer à tous les membres qu'ils n'ont pas engagé leur indépendance; tous jurent et tous ont promis leur voix.

On lit dans le *Constitutionnel* du 4 février, — deuxième page, — quatrième colonne :

« A Issengeaux, une tentative d'assassinat a eu lieu sur le juge d'instruction de cette ville; la balle ne l'a *malheureusement* pas atteint. »

On se demande ce qu'a pu faire au *Constitutionnel* le juge d'instruction d'Issengeaux; — on prétend, il est vrai, que ce magistrat n'aurait pas renouvelé son abonnement; mais nous avons peine à croire que ce soit la seule cause d'une haine aussi implacable.

Le ministère pouvait donner le privilége d'un troisième théâtre lyrique. — Ce privilége était demandé par M. Granier de Cassagnac, journaliste, — et par M. Adolphe Adam, musicien : on l'a donné à M. Granier ; — mais il faut ajouter qu'il l'a ensuite vendu cent mille francs à M. Adam.

L'*Agnès de Méranie* de M. Ponsard n'a pas eu, à beaucoup près, le succès de sa *Lucrèce* ; — cependant les deux pièces se valent. La première a eu plus de succès qu'elle n'en méritait, — la seconde en méritait plus qu'elle n'en a eu. La tragédie a été très-mal jouée par M. Bocage, — et le rôle d'Agnès convenait si peu à madame Dorval, qu'après avoir fait à mademoiselle Araldi un procès pour lui faire céder le rôle, il a été question, un moment, de lui faire un autre procès pour le lui faire reprendre.

L'engouement pour *Lucrèce* — et la froideur pour *Agnès de Méranie* s'expliquent facilement, — et les *Guêpes* avaient, lors de la représentation de la première, prédit à M. Ponsard ce qui devait arriver à celle de la seconde.

Beaucoup de gens ont l'air de faire avec ardeur des statues nouvelles, — qui n'ont d'autre but que de briser des statues déjà faites, sous prétexte de se procurer des matériaux. — Leur amour pour les uns n'est qu'une des formes de leur haine contre les autres. On n'élevait pas M. Ponsard pour lui, — mais contre M. Hugo. — Ainsi, M. Ponsard doit chercher ses assassins dans ses fanatiques, qui ont pris soin de lui faire des ennemis. — Les uns et les autres ne l'empêcheront pas d'être un homme de talent. — La troisième pièce de M. Ponsard lui assignera sa place.

Quelques jeunes amis de M. Hugo, qui avaient eu l'humilité d'accepter M. Ponsard comme rival menaçant de l'auteur de *Lucrèce Borgia,* — ont ramassé les tessons de la statue de M. Ponsard et en ont joué des castagnettes par les rues, comme font les gamins avec des morceaux d'assiette. La gloire de M. Hugo ne consiste pas — il faut le dire à ces jeunes ours — dans les mauvais vers que pourrait faire M. Ponsard, mais dans les beaux vers que fait M. Hugo.

Il y a un vieux proverbe qui dit : Deux moitiés de cheval blanc ne font pas un cheval blanc. — Ce proverbe s'applique à l'opéra de *Robert Bruce* et explique son insuccès : — on ne peut pas plus faire un opéra avec des morceaux pris çà et là, qu'on ne ferait un livre avec des pages choisies dans plusieurs livres. — D'ailleurs, les airs empruntés aux divers ouvrages de M. Rossini ont tous, je crois, subi des mutilations : à l'un on a retranché la fin, à l'autre le commencement, quelquefois pour y adapter un autre commencement ou une autre fin; — les morceaux écrits dans un ton ont été chantés dans un autre, etc. — Je regrette autant que qui que ce soit le silence que garde aujourd'hui ce grand musicien; mais on ne peut donner de nouveaux opéras de M. Rossini qu'à la condition qu'il en fera; — c'est une nécessité à laquelle il n'y a pas moyen d'échapper.

Les auteurs du poëme se soucient, je pense, de leur ouvrage, qui du reste en vaut bien un autre, à peu près comme M. Rossini se soucie de l'opéra. — J'ai entendu M. Lablache raconter que, comme il se trouvait en Italie, chez l'auteur de *Guillaume Tell*, au moment où on devait jouer *Robert Bruce* à Paris, — il s'éleva un grand vent. M. Lablache devait le lendemain se mettre en route pour la France. « Voilà, dit-il, un mauvais temps pour passer les Alpes. — Vous prenez cela pour du vent ! dit en souriant M. Rossini; vous vous trompez, c'est le bruit des sifflets de *Robert Bruce*. »

Je considère M. Pillet comme un homme excellent; — je fais cas de la voix de madame Stolz, que, malgré ses irrégularités, je trouve très-sympathique; j'aime beaucoup M. A. Royer et son talent; mais il faut dire la vérité. Disons aussi que M. Pillet ne succomberait pas s'il dirigeait, sans plus de succès, quelque chose dont moins de gens auraient envie que du privilége de l'Opéra.

Voici du reste — assurent des amis de M. Rossini — ce qui a décidé l'illustre musicien à prêter les mains à l'olla podrida en question. — M. Rossini venait d'épouser mademoiselle Olympe Pélissier, il voulait lui donner des diamants; mais il n'aime pas beaucoup à dépenser son argent, et on a donné comme nouvelle ayant besoin d'être confirmée qu'il s'était meublé un appartement convenable.

Il a vendu à M. Troupenas la partition de *Robert Bruce*, mais il n'a pas voulu être payé en argent — monnaie vulgaire, ni en or — vil métal, comme disent ceux qui en manquent; — il a voulu être payé en diamants, — et il a donné les diamants à sa femme.

❊ Lors de l'incendie qui a tant fait parler du bal du duc de G***, M. de S*** commença par emmener sa femme et ses enfants, et revint ensuite partager les dangers qu'il aurait pu y avoir. — Une femme dit : — « Quelle fatuité ! il veut faire croire qu'il a encore quelqu'un à sauver en dehors de sa famille. »

❊ M. Duchâtel a dit à la Chambre des pairs : — Une *proposition* de loi a été portée à l'*autre Chambre* — pour rendre plus facile l'importation des grains.

La reine d'Angleterre — a dit : « Messieurs, ce *sera* votre devoir — d'obvier par des *mesures ultérieures* à la disette dont souffre une partie du pays. »

Cela rappelle cet avare auquel son fils annonce qu'il n'a plus de chemises, et qui dit : « C'est bien, nous sèmerons du chanvre l'année prochaine. »

Je le dis avec une conviction profonde, il y a eu, de la part du ministère, une *imprévoyance criminelle*. — Il n'est pas tout à fait sûr pour moi qu'il y ait en réalité disette en France. — Il est parfaitement certain pour tout le monde qu'il n'y a pas disette en Europe. Donc la prévoyance la plus vulgaire eût suffi pour écarter le mal et le danger. Mais il semble que la seule chose qu'aient à faire les ministres soit d'empêcher deux ou trois autres hommes de le devenir.

Il est déplorable qu'un ministre dise : « Nous avons cru, comme tout le monde, que la récolte suffirait. » Prenez un homme intelligent parmi tout le monde — donnez-lui les télégraphes, les préfets, les sous-préfets, les maires, — donnez-lui l'argent et le pouvoir, — et il ne se contentera pas de savoir ce que savent tous ceux qui ne possèdent aucun de ces moyens d'apprendre.

❊ Voici une chose à laquelle les gouvernements constitutionels n'ont pas daigné faire grande attention, — et qui fait cependant qu'aujourd'hui la France est fort embarrassée. —

Et les Irlandais n'ont absolument rien à manger, si ce n'est les Anglais.

Les pommes de terre sont, dit-on, malades, — c'est-à-dire que tout simplement les pommes de terre dégénèrent, parce qu'on a tout fait pour les faire dégénérer. — La preuve de ce que j'avance, c'est, comme l'année dernière on a attribué la maladie des pommes de terre aux pluies de l'été, il faudrait l'attribuer cette année à la sécheresse. MM. les savants, qui ne sont cependant pas timides, ne l'osent pas tout à fait.

Quand on a trouvé que la pomme de terre pouvait se multiplier par des pommes de terre, ou des tronçons de pommes de terre plantés, au lieu de semer de la graine, on a trouvé une bonne chose, parce qu'elle faisait gagner un an : les pommes de terre de semis sont grosses comme des billes avec lesquelles jouent les enfants, et ensuite plantées produisent les pommes de terre que nous mangeons ; — cela exige deux ans. — Mais, par ce procédé abréviatif, il n'était pas difficile de prévoir par analogie que l'espèce devait dégénérer dans un temps donné.

Prenons, par exemple, le fraisier des Alpes, — qui se reproduit de deux façons, comme les pommes de terre, — par ses graines et par ses *coulants* ou rejetons. — Eh bien ! les maraîchers de Paris, qui sont fort intelligents, — le resèment plusieurs fois par an ; — sans cela il dégénère.

Que M. le ministre de l'agriculture me donne du terrain et des fonds, — et en deux ans j'aurai guéri la maladie des pommes de terre.

Je ferai ce que les cultivateurs — grâce au morcellement du sol — ne peuvent pas faire, — c'est-à-dire je permettrai au terrain de ne pas rapporter d'argent pendant un an.

Au bout d'un an — je livrerai aux agriculteurs de petites pommes de terre de semis, — et l'espèce sera régénérée, si on a soin surtout de faire, l'année d'après, saisir sur les marchés les pommes de terre malades.

Pourquoi ne ferait-on pas cela — dans chaque commune, — comme on envoie des étalons pour régénérer et perfectionner l'espèce chevaline ?

❦ Une chose bizarre est de voir, dans chaque rue, sur les boutiques des boulangers, l'annonce de l'augmentation du prix du pain, — et sur les magasins de nouveautés l'annonce de l'abaissement du prix de l'hermine et du cachemire ; — est-ce que le pain deviendrait ce qu'était autrefois l'hermine, — le superflu ? Mais on abaisse le prix des objets de luxe, non pas assez pour que le pauvre en ait, mais juste assez pour qu'il soit humilié de n'en pas avoir.

❦ Beaucoup de savants sont d'accord sur ceci, que la lumière parcourt soixante-dix-sept mille lieues par seconde. — Or, l'éloignement de certaines planètes est tel, selon d'autres savants, que leur lumière, depuis la création du monde, n'a pas encore eu le temps de parvenir jusqu'à nous, et que, par conséquent, on n'a pu les apercevoir.

Soit que M. Leverrier ait découvert sa planète par les calculs astronomiques, soit qu'il ait par hasard aperçu une planète au moment où elle devenait visible, — toujours est-il que cette découverte a été l'objet d'un de ces engouements exagérés dont les Français seuls sont capables : — le gouvernement a donné à M. Leverrier tout ce qu'il avait à sa disposition de croix, de chaires, de pensions, — je crois, — de places, etc. M. Lacave-Laplagne, qui n'avait pas autre chose, lui a donné un bureau de papier timbré ; quelques citoyens lui ont envoyé des montres, des parapluies, des épingles, des bottes, du linge ; — puis on n'y pense plus.

❦ On avait répandu le bruit et même imprimé dans plusieurs journaux que M. Ponsard avait obtenu une recette particulière. — Un de ses amis le félicitant et lui demandant dans quel département était cette recette particulière : « C'est, répondit M. Ponsard, dans le pays où M. V. Hugo est receveur général »

On disait de madame ***, femme assez agréable, qui passe pour être fidèle à son mari, mais s'en venge par l'avarice, le despotisme, la mauvaise humeur, etc. : « C'est une vertu composée de tous les vices — moins un : — celui qui ferait plaisir à quelqu'un. »

Pour l'opposition, la disette qui règne en ce moment — n'est pas un fléau qui fait souffrir et inquiète le pays, — c'est une maladresse des ministres, qui les découvre, permet de les attaquer, et donne l'espoir de les jeter par terre.

Le pape Pie IV avait le goût des bâtiments à un degré incroyable ; il consacrait à cette passion de très-grosses sommes. — Il arriva une année qu'une famine désola la ville de Rome — et que le pape mena un religieux, appelé B. Barthélemy, visiter ses bâtiments en construction. — B. Barthélemy ne dit que ces paroles de l'Évangile : « *Dic ut isti lapides panes fiant*, — dites à ces pierres de se changer en pain. »

La Société dite des gens de lettres — après quelque tumulte — s'est un peu reconstituée et continue son même commerce de la même manière ; c'est-à-dire qu'elle vend et revend ses vieux mots et ses vieilles lignes ; — c'est-à-dire que les poëtes associés, — au lieu de donner la volée à leurs vers, — comme à de légers et brillants papillons qui s'en iraient à travers les luzernes fleuries, — comme à de joyeux et amoureux oiseaux qui laisseraient tomber leurs chansons du haut des aubépines parfumées, — leur attachent un fil à la patte — comme font les enfants aux hannetons.

L'espace me manque aujourd'hui — pour dire comment j'aurais compris une semblable société. — Personne ne perdra rien pour attendre.

J'assistai à la plaidoirie de M. Dumas devant la première chambre. — Provoqué par des attaques sans mesure et sans convenance, il s'est laissé emporter, par un certain amour du rouge qui le domine, à dire lui-même de ces choses qu'un orgueil plus adroit fait dire par d'autres. Il est cependant juste de constater que le récit de ces débats a été fait : 1° par les journaux de tribunaux, rédigés par les avocats qui plaidaient contre lui, ou au moins sous leur influence ; 2° par la *Presse* et le *Constitutionnel*, — les deux journaux pour lesquels plaidaient contre lui les susdits avocats. — Les autres journaux ont copié ceux-là.

C'est un grand danger pour les journaux que de se copier ainsi les uns les autres. Ainsi, la *Gazette de France*, journal légitimiste, — à propos du discours du roi aux Chambres réunies, ayant fait l'économie d'emprunter le compte rendu de la séance au *Moniteur parisien*, — a été fort surprise, en se lisant le lendemain matin, de voir qu'elle avait fait un détail pompeux des agréments physiques de S. M. Louis-Philippe, et qu'elle s'était réjouie de son excellente santé.

Ainsi, le *Constitutionnel* — ayant dit que M. Al. Dumas, après l'audience, s'était élancé sur un cheval caparaçonné à l'orientale qui l'attendait à la porte, tenu par un nègre, — ce qui n'était pas exact, en cela que M. Dumas est venu et reparti dans un coupé traîné par un cheval normand et conduit par un cocher auvergnat, — plusieurs journaux ont paru blâmer le cheval arabe. — Un journal *illustré* a donné le portrait du cheval arabe. Beaucoup de bourgeois blonds et frisés, auteurs de vers inconnus, se sont trouvés heureux d'établir que, s'ils ont moins de talent que M. Dumas, ils ont aussi plus de modestie, — et se sont écriés dans le monde : « Vraiment! je n'approuve pas le cheval arabe. » Rappelons aux bourgeois blonds, frisés et auteurs de ces vers inconnus, — ce que disait un moraliste : — « Si nous avions moins de vanité, celle des autres ne nous choquerait pas autant. »

Un journal de modes — prétend que le cheval arabe de M. Dumas est engagé pour les premières courses de la Croix de Berny, — et il examine sérieusement, dans l'argot convenable et d'après toutes les règles du *sport*, — si ce cheval, n'étant pas inscrit au *Stud-book* des *race horse*, — a le droit de courir sur le *turf*.

Le fait est que les magistrats ne sont pas trop contents qu'on leur fasse perdre leur temps à porter, sur un procès aussi vide, un jugement qui ne sera pas exécuté, — attendu que MM. Dumas, Véron et de Girardin, ayant besoin les uns des autres, feront, aussitôt le procès jugé, un arrangement parfaitement amiable.

M. Dumas, attaqué avec plus de convenance, aurait pu répondre simplement aux juges : « Messieurs, — quand nous faisons des traités, il est tacitement convenu que les délais fixés ne sont pas de rigueur. — Nous ne sommes pas des marchands qui promettent de livrer à terme fixe une marchandise qui existe entre les mains d'autres marchands qui sont prêts à la leur vendre ; nous sommes des ouvriers. — Le contrat qui lie un ouvrier à un entrepreneur est soumis à tous les délais qu'entraînerait la maladie de l'ouvrier. — Voici des certificats sérieux constatant que j'avais une gastrite ; — mais, n'aurais-je pas eu de gastrite, — les fatigues et le vide du cerveau sont pour les ouvriers de notre sorte la maladie qui entraîne le plus nécessairement l'incapacité de travail. — Le cerveau, comme la terre, ne produit pas de lui-même, — il faut qu'il reçoive des semences qui ont besoin d'y germer ; — il lui faut ses temps de jachère et ses engrais.

» Il se présentait une heureuse occasion d'un repos fécond. — Monseigneur le duc de Montpensier me faisait l'honneur de m'inviter à son mariage. — Son Excellence le ministre de l'instruction publique m'engageait à visiter l'Algérie. — Je suis parti : je reviens reposé, ayant un peu écrit, beaucoup recueilli — et prêt à remplir mes engagements. — Je demande tel et tel délai. — Mes adversaires ont tort de me faire perdre mon temps, qui est le leur, mon esprit et mon travail, qui sont à eux, à lire du papier timbré et à y répondre. »

Eh bien ! c'est là le fond de ce qu'a dit M. Dumas; seulement

Il y a ajouté peut-être quelques paillettes et quelques oripeaux — et deux ou trois indiscrétions ; et les gens qui s'ennuient de l'entendre appeler *juste* — ont profité de ce qu'il s'appelait ainsi lui-même — pour élever un haro général.

De messieurs les membres du tribunal composant la première chambre, — je n'ai l'honneur de connaître que M. le président, — c'est assez pour que je sois sûr à l'avance — qu'au moment où ces lignes seront imprimées, peut-être il aura été rendu un jugement parfaitement juste et raisonnable.

Ce jour-là, en attendant M. Dumas, — on a plaidé une autre cause, — c'était pour moi une étude curieuse. Le plaidant était Me Chaix d'Est-Ange ; j'étais avide de voir en quoi consiste un talent qui l'a rendu célèbre.

Me Chaix ne remplit pas les conditions imposées à l'orateur ; son extérieur manque de noblesse, et même de distinction, — son geste est monotone et vulgaire, — ses inflexions de voix sont fausses, sa verve est factice. J'ai dû chercher alors si le talent de Me Chaix était plutôt composé des qualités de l'écrivain. — Voici quelques phrases que je lui ai entendu prononcer :

« Une mesure nécessaire... mais dont on pouvait se passer. — Il y avait en lui de la modération dans *son esprit*. — Notre adversaire perd son procès... nous en appelons. (Ceci doit être un *lapsus linguæ*.) — Un style qui n'est pas *exempt* de sensibilité. — Un style puisé dans le cœur. »

Voici deux pensées sur l'âge qu'il nous paraît difficile de faire concorder :

« Il avait quatre-vingt-douze ans... Il y a une loi de nature que nous subissons tous quand nous avons le *bonheur* d'arriver jusque-là... l'esprit s'affaiblit... l'intelligence meurt... — Il avait quatre-vingt-douze ans... il était mûri par l'expérience, et avait la sagesse que donnaient les années. » — Etc.

Il n'y a là ni élévation, ni netteté, ni finesse dans la pensée, ni élégance, ni correction dans l'expression. Le talent de M. Chaix,

— il faut bien trouver un talent, puisqu'il y a une réputation, — ne consiste donc ni dans les conditions demandées à l'orateur, ni dans celles exigées de l'écrivain. Il faut le chercher dans quelques saillies quelquefois assez spirituelles, presque toujours dénuées de distinction, — et surtout dans une certaine habitude d'une certaine escrime, — qui fait que des hommes de plus de talent, de plus d'esprit que certains avocats, ont cependant contre eux une sorte de désavantage au palais, de même qu'un homme très-fort peut être battu dans la rue par un homme de vigueur médiocre, — mais habile dans quelque escrime spéciale, telle que la boxe ou le chausson, — si j'ose m'exprimer ainsi, — *ut ita dicam*, pour parler comme M⁰ Lacan, — qui parle purement, mais qui récite.

Ceci nous amène à parler d'une habitude déplorable que prennent certains membres du barreau. Je veux parler des plaidoiries injurieuses, dont paraissent avoir la spécialité M⁰ Léon Duval, qui est souvent spirituel, et M⁰ Chaix, qui l'est quelquefois.

Une des causes de l'institution des avocats est la crainte de voir les plaideurs, entraînés par leurs intérêts compromis, par le ressentiment d'une injustice subie, par le ressentiment plus grand quelquefois d'une injustice commise, sortir des bornes de la discussion, se disputer au lieu de discuter, et échanger des injures au lieu d'arguments.

Aussi, quand un plaideur demande à prendre la parole dans sa propre cause, le président manque-t-il rarement de l'exhorter à la modération, de le prévenir que, s'il se laisse emporter à une éloquence trop acrimonieuse, il se verra forcé de lui ôter la parole, etc. Si le plaideur peut être excusé en ce cas, — quelle sera l'excuse de l'avocat, auquel la chose en question est parfaitement indifférente, — et qui, défenseur par hasard de son client d'aujourd'hui, aurait pu par un autre hasard se trouver son adversaire ; qui demain peut-être plaidera pour celui qu'il accuse, dans une cause analogue, contre celui pour lequel il plaide aujourd'hui, etc. ? — C'est avec préméditation que l'avocat est injurieux, c'est une façon de parler qu'il adopte.

❧ J'ai dit souvent, — je ne sais si je l'ai écrit, — que, sous beaucoup de rapports, le journaliste est un avocat qui écrit. — Un parallèle entre les deux professions — montrera combien les avocats s'accordent à eux-mêmes de priviléges auxquels les autres n'oseraient penser, — et combien les avocats de plume présentent contre certains abus de garanties que n'offrent pas leurs confrères.

Si vous êtes attaqué dans un journal d'une façon qui vous paraît dépasser les bornes que vous assignez à l'impertinence d'autrui, — vous avez le droit de mettre dans le même journal une riposte qui peut être le double de l'attaque. — Si le journaliste est allé jusqu'à l'insulte, l'opinion l'oblige à vous en rendre raison par les armes. — S'il vous diffame, vous lui faites un procès ; — il a versé d'avance, sous le nom de cautionnement, une somme considérable qui payera les amendes et les dommages-intérêts.

❧ Si un avocat vous insulte violemment à l'audience, — et il n'est pas toujours nécessaire pour cela que vous soyez en cause, — il est protégé contre votre demande de réparation — par des lois qui empêchent de se battre avec ceux qui n'en ont pas envie, — et par la jupe qui, destinée à abriter la faiblesse des femmes, protége souvent l'insolence de certains avocats et de certains prêtres.

❧ Un procès en diffamation fait sur une plaidoirie est, je crois, sans exemple au Palais, et n'aurait aucun résultat. Vous pouvez faire répondre par un autre avocat, — car vous, on saurait bien vous retenir dans les bornes de la modération. — L'avocat que vous chargerez de répondre ne rendra pas à son confrère les coups que vous en avez reçus, il les rendra au client de son confrère ; — ils joueront à leur manière et en double la scène de

Géronte dans le sac, qui, dans la querelle de Scapin avec le matamore, reçoit tous les coups que les deux combattants sont censés échanger.

La chose finie, — les journaux spéciaux de tribunaux vous infligent un supplice que la loi ne vous inflige pas. — Pour un voleur ou un assassin, le tribunal prend la peine de décider si le condamné subira ou non la peine aggravante de l'exposition su la place du Palais de Justice.

Vous, vous subissez — de par le journaliste avocat — et de sa propre et seule volonté — une exposition en effigie à quinze mille exemplaires répandus dans toute la France et à l'étranger. — Bienheureux si à la casaque du condamné il ne plaît pas à ces messieurs de joindre quelque chose et vous affubler de cornes, d'un nez de carton, et d'agréments en papier rouge et jaune, tant ils ont parfois l'esprit jovial et léger.

Cet abus très-grave a amené de la part de certains plaideurs un autre abus qui l'est au moins autant, et dont Me Chaix et Me Duval seront désolés si je réussis à appeler dessus leur attention d'hommes honnêtes. — On vient menacer un homme d'un procès; — il répond qu'il ne s'en soucie pas, — que le procès qu'on lui intenterait n'est fondé sur rien, que sa conscience est tranquille, son droit très-clair, et qu'il ne fera aucune concession. « C'est possible, répond l'adversaire, mais prenez garde... j'aurai Léon Duval ; vous savez comment il est ; — il vous *échinera* à l'audience ; — vous gagnerez peut-être votre procès, mais il en restera toujours quelque chose ; croyez-moi, arrangez-vous. » Et tous les amis de l'homme attaqué lui disent : « Arrangez-vous. » — Et il s'arrange, c'est-à-dire, il cède une partie de son droit à une odieuse chicane.

La position prise du reste par ces deux messieurs amène nécessairement cet avantage pour leur bourse : quand un plaideur voit que son adversaire se propose de le faire bâtonner par Me Chaix, — il charge Me Duval de bâtonner son adversaire; —

tous deux s'en tirent à merveille, et pour résultat inévitable, les deux plaideurs, celui qui gagne et celui qui perd, celui qui a tort et celui qui a raison, sont également bafoués, insultés et vilipendés ; — la justice a l'air de frapper en aveugle sur tout le monde, comme le diable du théâtre de Polichinelle, qui emporte à la fin de la pièce tous les personnages en disant : « Vainqueurs et vaincus, tout est fricot pour le diable. » — Beaucoup de magistrats et de membres du barreau voient avec peine de pareils excès, — et nous croyons rendre service à ces deux corps en dévoilant cet abus avec une certaine netteté.

P. S. — M. Empis a été élu membre de l'Académie française. — M. le marquis de Castellane a parlé à la Chambre des députés de M. le marquis de la Pailleterie, en termes qui prouvent que si le second est trop marquis, le premier ne l'est pas assez. Nous reparlerons de cet incident au prochain numéro.

Février 1847.

Purification de la Chambre des députés. — En faveur de quelques jambes. — M. Magendie et l'éther. — Un mot de M. Royer-Collard. — Sur les désordres de Buzançais. — Les âmes emprisonnées pour dettes. — La viande timbrée. — Un doigt de la main gauche de M. de B... — Une malice de M. de La Rochef... — Un candidat à l'Académie. — Sur quelques habitants *notables*.—Du jeu dans le monde.—Que la bonne compagnie n'est pas toujours meilleure que l'autre. — Lord Normanby et M. Guizot. — Du français des grammairiens. — Un pensum à MM. Noël et Chapsal. — Un bon parrain. — M. Eugène Sue. — De S. M. Louis-Philippe et la musique. — Le roi Louis-Philippe et M. Horace Vernet. — M. Couture. — Les journalistes et les plâtres. — Sur les habitants de Saint-Quentin. — Joubert. — Un avis aux femmes du monde. — De la Société des gens de lettres.

FÉVRIER. — *A propos des élections de Quimperlé.* — M. Drouillard vient d'être condamné à une grosse amende et à dix ans d'interdiction des droits civiques, pour avoir acheté des voix et s'être fait élire député au moyen de la corruption. — Cette sévérité montre qu'il n'y a pas à la Chambre un seul député qui ait donné ou promis la moindre chose dans l'intérêt de son élection ; — qu'il n'y a pas en France un seul arrondissement dans lequel il y ait un seul électeur qui se soit laissé influencer dans son vote par argent, promesses, bureaux de timbre et de tabac, — bourses dans les colléges, etc. ; — que toute la corruption de la France résidait dans l'arrondissement de Quimperlé, — comme toute la corruption de la Chambre dans M. Drouillard ; — que toute la France est vertueuse et incorruptible — moins ces *rudes* Bretons. — C'est pourquoi le *National* demande la suppression de l'arrondissement de Quimperlé, — la Gomorrhe de ce temps-ci ; — à la place de Quimperlé, il y aura un poteau avec cette inscription : « ICI FUT QUIMPERLÉ. » Après quoi on décrétera le désintéressement et l'incorruptibilité de tous les Français. Les Français, depuis si longtemps peuple de braves, deviendront peuple vertueux.

Croirait-on que c'est au moment de ce grand exemple qu'un homme, que je ne nommerai pas, — répétait hier ce mot bien connu : « Dans toutes les grandes villes, — sur une maison quelconque, on écrit : *Hôpital des fous*. — On y enferme cinq ou six personnes ; — cela sert à faire croire que tous ceux qui sont dehors sont parfaitement raisonnables. » Je n'ai pas daigné répondre à cet homme.

🐝 L'enivrement par l'éther, qui permet dans le plus grand nombre de cas d'exécuter les opérations les plus douloureuses sans que le patient en ait conscience, est incontestablement une grande découverte. — En outre, tout porte à croire que les plus graves accidents qui suivent d'ordinaire les opérations pourront être évités dans le plus grand nombre de cas. — Il est fort probable que le mortel tétanos ne paraîtra que par exception. — Mais je crains bien que depuis quelque temps l'envie d'expérimenter par l'éther n'ait fait couper quelques bras et quelques jambes qui pouvaient attendre.

Certes, si M. Magendie s'était contenté de dire : « N'allons pas trop vite, songeons à doser l'éther, observons, » il aurait fait son devoir de praticien habile et consommé ; — mais son parti pris contre l'éther est un triste enfantillage de vieillard, ainsi que les craintes qu'il a manifestées dans un récent discours. « J'ai vu, dit-il, de jeunes vierges, sous l'influence de l'éther, tomber dans de tels excès de passion, que la pudicité du chirurgien devait s'en alarmer, et que, dans l'opération, le danger était pour l'opérateur. »

UN MOT DE M. ROYER-COLLARD. — Un écrivain de ce temps-ci, qui a fait un ouvrage sur l'empereur Napoléon, — homme d'un esprit vif et plein de charme quand il cause, — est loin de conserver toutes ses qualités quand il écrit ; — son style est plein de négligences, de redondances, etc.

On citait à M. Royer-Collard une phrase où, ayant à parler de la redingote grise de Napoléon, il n'avait pu se décider à faire imprimer le mot redingote, et avait écrit : « Il n'avait pas encore cette *enveloppe* grise qu'il a depuis rendue si célèbre, etc. — C'est une élégance, dit Royer-Collard ; il dit *enveloppe*, comme un portier dit « Mon épouse. »

SUR LES DÉSORDRES DE BUZANÇAIS. — A Buzançais, la cherté du pain a provoqué de déplorables désordres. — A la tête des perturbateurs se sont montrés quelques hommes d'un naturel sauvage et féroce, qui, poussés, non par la misère, mais par l'envie et la haine, se sont livrés aux excès de la plus révoltante barbarie ; — ils ont pillé des maisons et détruit des moulins, puis massacré, avec les circonstances les plus épouvantables, un propriétaire appelé M. Chambert.

Arrouy avoue à l'audience qu'il lui a donné deux coups de fourche, l'un dans le ventre, l'autre au visage, et que, à ce dernier coup, il n'a pu retirer sa fourche qu'en mettant le pied sur l'estomac de la victime ; — Velluet s'est vanté d'avoir fait avec sa cognée une croix sur la figure du malheureux Chambert. — Des femmes se sont ruées sur le cadavre et l'ont frappé à coups de sabot.—Michot s'est écrié qu'il irait le déterrer pour en manger. — Quand on eut porté le corps à l'hospice, Griffon rôdait alentour, *il avait promis d'en rapporter un morceau.*—Legeron père disait : « J'ai beau me laver les mains dans du vin blanc, j'ai toujours de son sang dans les ongles. »

Pendant ce temps, — M. Guesnier, maire de Buzançais, — M. Gaulin, juge de paix, — le conseil municipal et les chefs de la garde nationale, se tenaient chez eux, signaient tout ce que voulait l'émeute ; — les plus braves regardaient par les fenêtres, ce qui a permis à l'un de dire : « On frappait sur Chambert comme sur un bœuf. » — A un autre, de rapporter qu'il pensait que Chambert fuyant s'était couvert la tête d'un foulard rouge, tant elle était pleine de sang.

Le brigadier de gendarmerie, Gandelier, a fait ce que pouvait faire un homme seul contre une multitude en furie ; — mais la fille Madeleine Blanchet, — servante de madame Chambert, — n'a pas examiné ce qu'elle pouvait faire. — Sa maîtresse était renversée dans la cour ; l'émeute, furieuse, proférait contre elle des cris de mort. Madeleine Blanchet, seule, s'est précipitée contre les assaillants ; — puis, se jetant sur sa maîtresse, elle l'a couverte de son corps en s'écriant : « Vous me tuerez avant de la toucher. » Et devant tant de générosité et de courage, les assassins ont eu peur et se sont retirés.

Noble et vertueuse fille, — qui osera maintenant t'avoir pour servante, — toi, qui t'es montrée si grande et si généreuse ! toi, qu'il faut désormais respecter et honorer avec orgueil ! La ville de Buzançais s'honorera elle-même en constituant une petite rente à Madeleine Blanchet.

On disait : « Il n'y a qu'un seul homme à Buzançais, c'est Madeleine Blanchet. »

LES VICTIMES DE MONVILLE ET LE CLERGÉ. — Après le désastre de Monville, des quêtes nombreuses sont venues en aide aux victimes. Monseigneur l'évêque de Rouen a prétendu qu'une somme de dix mille quatre cent soixante-quatre francs, provenant de la charité publique, — devait être employée à fonder des messes pour le repos de l'âme des victimes. Les autorités de la ville s'y sont opposées, — mais M. le ministre des cultes a accordé l'autorisation, sauf certaines modifications dans les détails. — Il semblerait, au premier abord, que quand les laïques donnent leur argent, les prêtres pourraient bien donner leurs prières. — Si on n'avait pas accordé l'argent, on n'aurait donc pas prié pour les morts. Dieu aurait donc été sans pitié pour eux si on n'avait pas donné d'argent aux prêtres! — Dieu est donc le percepteur des contributions de l'Église, et il est chargé des sommations et des poursuites en cas de non-payement! — Dieu est donc l'huissier et le garde du commerce de l'Église. — Il exerce donc la *contrainte par âmes* sur les morts qui n'achètent pas les prières des prêtres, — et il les fait brûler jusqu'à acquittement de la dette en capital, intérêts et frais! Le crime de *non-monnaie* est donc poursuivi jusque dans l'autre monde!

Précédemment j'avais été frappé de voir chaque dimanche faire, dans l'église de la petite commune de Sainte-Adresse, une quête *pour les trépassés*. Il m'avait semblé qu'un des avantages d'être mort, c'est que l'on n'a plus besoin d'argent. Erreur; — le curé m'a expliqué que lorsque cette quête a produit une somme qu'il fixe lui-même, il prie pour les âmes des morts. Il faut croire que Dieu fait grâce aux damnés, — après une certaine somme de prières. Le prêtre ne prierait-il donc pas sans argent? Le prêtre n'offre-t-il pas chaque jour le sacrifice de la messe en expiation des fautes des hommes? Les prières ordinaires n'invoquent-elles pas la miséricorde divine en faveur des morts? Oui, mais ce sont des prières de pacotille, — cela est fait comme les capotes des soldats, — on prend mesure sur une guérite ; ces prières-là sont mal cousues et vont mal. Parlez-moi de prières faites exprès, des prières sur mesure ; alors vous êtes proprement sauvé. Il y a donc beaucoup de gens qui n'ont pas le moyen de ne pas être damnés. Les gens gênés iront peut-être en purgatoire. — Un homme qui aurait passé sa vie à voler serait donc sûr de son salut en fondant beaucoup de messes.

O ennemis de la religion ! jusqu'à quand offenserez-vous ainsi Dieu et la justice, l'humanité et le bon sens ? Il ne suffit pas d'être catholiques, il faudrait être chrétiens.

Toujours est-il que les habitants de Monville ont eu à subir successivement : 1° la trombe ; — 2° la philanthropie (voir les procès à la suite de la loterie) ; — 3° la charité chrétienne. — Trois fléaux.

RELATIVEMENT AUX BOUCHERS DE PARIS. — Les marchands bouchers continuent à étaler au dehors de leurs boutiques des cadavres d'animaux, des girandoles de boyaux et toutes sortes d'agréments exécutés avec les entrailles des moutons et des veaux. Ce spectacle dégoûtant est encore orné de peintures au sang exécutées sur le dos dépouillé des cadavres. — C'est en vain que j'ai plusieurs fois appelé l'attention de l'autorité sur cette hideuse exhibition.

Pendant longtemps on se contentait d'y peindre des amours avec des cœurs percés de flèches, et le plus souvent l'empereur Napoléon, une main derrière le dos, l'autre tenant une lorgnette. Mais, quelques autres figures s'y faisant voir depuis quelques jours, on prétend que la sollicitude de la censure a été excitée par ces expositions de peinture. — D'ailleurs, la loi imposait un devoir au ministère de l'intérieur : — tout dessin, avant d'être publié, doit être revêtu du visa des bureaux. Faudra-t-il porter ces cadavres rue de Grenelle ? Et aussi, comme un des artistes s'était avisé l'autre jour de mettre sur un mouton, au-dessous d'un cœur enflammé, ces mots : *Vive l'amour !* la susceptibilité du parquet s'est à son tour éveillée. — En effet, si on écrit une phrase *galante*, on peut écrire une phrase littéraire, voire même une phrase politique; cela est publié, cela s'étale tous les jours : cette nouvelle forme de la presse a besoin d'être surveillée. Si le mouton d'aujourd'hui est innocent, celui de demain peut être subversif.

Qui empêche un marchand boucher d'étaler un bœuf-Pasquin et un veau-Marforio? Quelles théories soutiendront ces viandes? Ce gigot ne peut-il être républicain? Cette éclanche ne peut-elle lever l'étendard de la légitimité? Le boucher Rolland ne peut-il pas prêcher le communisme sur ses viandes, comm M. Sue au bas du carré de papier de M. Véron?

La viande prend une attitude inquiétante, — il faut lui appliquer les lois sur la presse : le ministère public n'hésite pas à le penser, mais quelques détails de forme l'embarrassent. — Faudra-t-il déposer un exemplaire du veau suspect, comme on dépose un numéro du journal, au parquet du procureur du roi? En cas de contravention, on saisira la viande incriminée; rien de plus facile.

Une nouvelle ressource peut par cela, du reste, être acquise au gouvernement : si la viande s'imprime et publie ses idées, elle doit déposer un cautionnement, elle doit être assujettie au timbre. L'autorité y a pensé, car, autrement, elle ne permettrait pas ces morgues illustrées, ces peintures de sang sur des cadavres qui sont un objet parfaitement dégoûtant et qu'il faudrait, sans cela, *reculer des yeux.*

ANECDOTE. — Voici une histoire que M. de B... raconte souvent et qu'il a fini par se faire accroire à lui-même : « Vous voyez ma main gauche? dit-il. — Oui. — Vous voyez mon doigt du milieu? — Oui. — Vous voyez qu'il a été à peu près brisé? — Non. — Eh bien, voici comment il a été à peu près brisé : une femme que j'aimais partait pour un long voyage ; il serait trop long de vous dire pour quelles raisons cette femme, de la plus haute naissance et d'une fortune immense, partant e diligence comme une bourgeoise ; je la conduisis à la voiture, et comme nous nous disions adieu, le postillon fouetta les chevaux, et la voiture partit.

» Par la portière, je tenais sa main dans la mienne, elle ne lâcha pas ma main ; je sautai sur le marchepied en me tenant à la portière par le doigt du milieu de l'autre main ; nos regards se confondaient en échangeant de voluptueuses tristesses, — nous oubliions le monde entier ; — je fis ainsi cent quarante lieues. Voilà comment mon doigt a été à peu près brisé ; — vous en voyez la trace ? — Non. »

On assure que M. de la Rochef...... est un des soutiens de la nouvelle direction de l'Odéon. Le duc a une idée fixe, c'est de faire représenter une tragédie qu'il a en portefeuille, sous le nom d'un jeune homme de province inconnu. — Puis, après le succès, il dirait : « La pièce est de moi. »

Voilà vingt-deux ans qu'il prépare cette piquante malice, mais chaque fois qu'il est au moment de réussir, une indiscrétion vient le trahir ; on dit tout bas le véritable nom de l'auteur. Alors il retire sa pièce et attend une meilleure occasion. — Il en est quitte chaque fois pour donner un nouveau titre à une pièce toujours la même, qui s'est appelée tour à tour, *Artémise, Cydonie, Polyxène*, etc.

UN CANDIDAT A L'ACADÉMIE. — La nomination récente d'académiciens qui n'ont pas écrit une ligne (cela s'appelle dans l'endroit *cultiver discrètement les Muses*), — la nomination plus récente de M. Empis — encouragent des espérances qui sans cela pourraient être trouvées saugrenues ; — voici la copie exacte d'un papier qui a été adressé à tous les membres de l'Académie.

A MESSIEURS LES MEMBRES DE L'ACADÉMIE FRANÇAISE.

« Messieurs, j'ose venir solliciter vos suffrages pour occuper la place laissée vacante par la mort de M. de Jouy. Je me présente devant vous avec deux sortes de titres, des ouvrages intéraires et des ouvrages scientifiques. Permettez-moi de mettre sous vos yeux l'énumération rapide des uns et des autres.

» OUVRAGES LITTÉRAIRES. — 1° *Poésies diverses*, suivies du *Paganisme vaincu*, poëme épique en douze chants et contenant environ six mille vers. Les trois premiers chants du *Paganisme* sont seulement imprimés, et renferment plus de trois mille vers, presque autant que la *Henriade*. »

(Monsieur, la *Pucelle* de Chapelain avait douze fois douze cents vers, comme on sait. C'est égal, tous les cinq ans quelqu'un fait un poëme — et l'on dit : « La France n'avait pas de poëme épique, cette lacune est enfin comblée, etc. ; » — un poëme épique est quelque chose dont le pays est fier, mais que ses habitants ne lisent pas. Nous aimons assez cette façon nette d'apprécier les œuvres de l'esprit. — Ainsi on dira : « Cette tragédie a douze vers de plus que *Cinna*, — ces poésies diverses ont cent cinquante vers de plus que les *Feuilles d'automne*, » etc. — Nous sommes attristé d'avoir à faire à un futur académicien, *auteur de la Grammaire de Lhomond* (voir plus bas) une petite chicane grammaticale. — Pour faire comprendre qu'il n'y a encore que trois chants du *Paganisme vaincu* qui soient imprimés, il faut dire : « Trois chants seulement sont imprimés; » en disant comme M. Grimaud : « Les trois premiers chants sont seulement imprimés, » cela semble une allusion à des destinées futures réservées à l'ouvrage après l'impression; cela semble dire : « On n'a pas encore eu le temps de les graver sur l'airain — ou d'en faire des cornets de papier. »)

« Le sujet de ce poëme, qui tend à combler une lacune de la littérature française » —(vous voyez, nous n'avions pas de poëme épique), « est la guerre de Constantin contre Maxence, ou l'établissement du christianisme, sans contredit la plus belle période de l'humanité. Cet ouvrage, qui m'a valu déjà des encouragements flatteurs de beaucoup d'entre vous, messieurs, est à moitié terminé.

» 2° *Alphabet philosophique*, ouvrage dans lequel, par l'analyse et la synthèse, on parvient à connaître la vraie composition des mots français et toutes les variétés d'orthographe, qui s'élèvent à plus de quatre mille. L'Académie en a fait une mention particulière.

» 3° *Grammaire latine de Lhomond*, mise en ordre, complétée et simplifié; ouvrage adopté par l'Université et faisant connaître le mécanisme du langage. »

(Pourquoi l'auteur n'ajoute-t-il pas à cette liste : les *Fables de la Fontaine*, le *Don Quichotte* de Cervantes, — les *Contes Moraux* de Marmontel, — les *Tragédies* de Racine, — le *Dictionnaire philosophique* de Voltaire, — les *Pensées* de la Rochefoucauld — et le *Parfait Cuisinier* de Carême?)

» OUVRAGES SCIENTIFIQUES. — 1° *Propagateur des Sciences médicales*, huit volumes in-8°, contenant un grand nombre de mémoires originaux, de critiques et de discours.

» 2° *Précis d'une nouvelle doctrine médicale* fondée sur l'anatomie pathologique; un volume in-8°.

» 3° Nouveaux caustiques qui excluent l'instrument tranchant dans la curation des cancers, squirres, etc.; un volume in-8°. »

(Voici la première fois qu'on met en avant des cautères et des vésicatoires comme titres à un fauteuil académique.)

« 4° *Grand nombre de Mémoires* imprimés dans différents recueils.

« 5° *Pathogénie philosophique*, quatre volumes sous presse. Cet ouvrage fait connaître la relation des causes et des médicaments avec les effets ou symptômes, ainsi que la génération de nos maladies. — En tout plus de treize volumes imprimés. »

(L'auteur a tort de ne pas y joindre les pensums qu'il a faits au collége; il y aurait sans doute là encore bien plus de vers que dans la *Henriade*.)

« Par cet exposé, messieurs, vous voyez que ma vie a été consacrée jusques ici à d'études sérieuses, variées, qui peut-être ne me feraient point paraître déplacé dans votre commission du Dictionnaire, si vous me jugiez digne d'entrer dans votre illustre corps. » (*In vestro docto corpore.*)

« Si j'obtenais cet honneur insigne, j'y verrais un encouragement pour terminer promptement une épopée qui m'a coûté tant de veilles et de recherches, et un ouvrage qui manque à la science médicale et qui a exigé vingt ans de travaux. »

(Sinon, l'épopée en restera où elle est, — elle n'aura qu'autant de vers que la *Henriade.*)

« J'ajouterai, messieurs, que dix médecins ont siégé dans le sein de l'Académie française depuis son origine, et qu'elle semble avoir ainsi consacré le besoin d'en posséder un au milieu d'elle, » (est-elle si malade ?) « comme représentant l'union intime des Muses et de la science. »

(Ah ! monsieur Grimaud, je ne vous pardonnerai jamais de n'avoir pas dit ici : « Et Esculape était fils d'Apollon. » A cause de cet oubli, vous ne serez peut-être pas élu.)

« J'ai l'honneur d'être, avec le plus profond respect, messieurs, votre très-humble et très-obéissant serviteur,

» AIMÉ GRIMAUD DE NORVAIRE,

» *Arrière-neveu de Grimaud de Montpellier.* »

Un académicien a trouvé sa réponse dans le dernier titre de M. Grimaud, et s'est écrié : « Arrière ! neveu de Grimaud de Montpellier ! » — M. Grimaud n'est-il pas quelque peu parent du Grimaud des *Trois Mousquetaires*, de M. Dumas, — et de celui dont parle le satirique :

Et le moindre Grimaud, etc.

On parle sans cesse de réforme électorale, et ceux qui en parlent ne songent qu'à abaisser le cens. C'est, dans tous les projets, l'argent qui fait la capacité. Cette prétendue réforme n'aurait pour résultat que de rendre la corruption plus facile et un peu moins coûteuse pour ces pauvres hommes d'argent comme MM. Drouillard et Guilhem.

Les troubles de Buzançais ont montré que des hommes auxquels, pour être *notables, conseillers municipaux*, etc., vous ne demandez que d'avoir de l'argent, ne sont pas forcés d'avoir autre chose, — et que si l'on achète à peu près tout avec l'argent, on ne peut cependant se procurer ainsi du sang-froid et du courage.

Ces hommes, auxquels vous ne demandez, pour les mettre à la tête d'une ville ou d'une commune, que des conditions d'argent, — sont très-suffisants tant qu'il ne s'agit que de porter à l'église un gros ventre orné de breloques, de recevoir un gros morceau de pain bénit; mais là, — bien et trop souvent, s'arrêtent leur capacité, leur résolution et leur dévouement.

DU JEU DANS LE MONDE. — On joue dans le monde, et on joue très-gros jeu.—Passé encore pour ceux qui ont de l'argent et qui se ruinent : ils sont dans leur droit, et cela s'est fait de tout temps; mais on voit jouer un jeu effréné des hommes sans ressources connues, qui empochent quand ils gagnent et ne payent pas quand ils perdent.

Autrefois on appelait les dettes de jeu des dettes d'honneur, et elles devaient être acquittées dans les vingt-quatre heures. Cette rigueur et cette dénomination paraissent bizarres au premier abord. Eh bien! cela est très-justifiable. Une dette de jeu est une dette dont un homme de bonne compagnie ne réclame pas le payement, que du reste il ne pourrait exiger, attendu que la loi ne reconnaît pas les dettes de jeu; elle n'est donc garantie que par la probité du débiteur. — Le délai de vingt-quatre heures est également admissible, en cela que le jeu n'est pas une affaire, et que l'on est censé ne jouer que de l'argent qu'on a.— Ceci a paru gênant à nos talons rouges de ce temps-ci : on a supprimé la dénomination, et le délai de vingt-quatre heures a été déclaré préjugé.

Une fois les *préjugés* relatifs au jeu détruits, voici par quoi on les a remplacés : — certains joueurs arrivent avec dix louis dans leur poche; ils font des *banco* de cent, deux cents, trois cents louis. S'ils gagnent, ils ramassent l'argent; s'ils perdent, ils le doivent, puis l'oublient. Huit jours après, ils rencontrent leur créancier dans un salon; — celui-ci n'a pas oublié, mais il n'ose pas rappeler la dette; — le débiteur joue encore contre son créancier, le gagne et empoche l'argent.

Autrefois un homme qui avait perdu ce qu'il avait d'argent sur lui donnait à une clef, à un cachet, à une tabatière, une valeur arbitraire de dix ou de cinquante louis; — c'est ce qu'on appelait *fétiche*. — On disait à un joueur plus heureux : « Voici ma clef pour cinquante louis, je vous en dois dix. » Le joueur plus heureux rendait quarante louis, et mettait dans sa poche la clef, qu'on lui faisait réclamer le lendemain matin en lui envoyant ses cinquante louis. Cela était encore gênant — pour nos seigneurs; — il ne serait pas commode de laisser ainsi un mobilier dans des mains étrangères. Aujourd'hui on fait des bons sur des carrés de papier. Dans beaucoup de maisons, on tient tout préparés et à portée des joueurs un certain nombre de petits carrés de papier blanc, une plume et de l'encre.

Il y a des gens qui viennent sans argent et qui commencent par créer du papier et l'émettre. Il y en a quelques-uns dont le papier ne représente aucune valeur : — on sait qu'ils n'ont pas l'habitude de payer leurs bons. — Cependant, par un reste de savoir-vivre, on les accepte; mais ces bons sont considérés comme une mauvaise chance de plus dans le jeu. — D'autres, *plus honnêtes*, quand ils ont de ces *mauvais bons*, — bizarre assemblage de mots ! — glissent leur argent dans leur poche; puis, feignant de n'avoir plus rien que ces bons, ils perdent cinq louis contre un autre joueur, et le payent avec ce bon de cinquante louis, qui est réputé ne pas valoir un sou. — L'autre est forcé de rendre quarante-cinq louis. — Quelques-uns, plus hardis, s'ils sont à côté d'un joueur qui a beaucoup d'argent devant lui, prennent le moment où il fait la banque pour lui dire : « Permettez. » — En même temps, ils lui prennent vingt, trente ou quarante louis, — et mettent en place un *mauvais bon* de pareille valeur. — D'autres encore, en grand nombre, font un moins déshonnête mais plus petit métier : *ils font l'or.*

Au commencement d'une partie, tel arrive avec cent louis d'or, tel autre avec cinquante, tel autre avec vingt-cinq, etc. Au bout de deux heures, il n'y en a plus un seul sur la table ni en circulation. Ceux entre les mains desquels ils tombent les remplacent par des pièces de cinq francs, et les donnent à dévorer à leurs poches. C'est un gain de trois ou quatre sous par louis ! — Et ne croyez pas que cela se passe dans des tripots, dans des cercles du troisième ordre ou dans des clubs suspects ; cela se passe tous les soirs dans le plus grand monde. — Et notez que je ne vous parle ni des cartes ajoutées au jeu, ni des filouteries les plus vulgaires qui s'y commettent de temps à autre. Je ne sais s'il se trouve à Paris un salon où on ne puisse désigner les gens qui ont l'habitude de ne payer ni leurs dettes de jeu ni leurs paris de course.

Mademoiselle R..., actrice célèbre, jouait au lansquenet ; — elle perdait une trentaine de louis, lorsqu'il arriva une banque tout à fait désastreuse pour elle ; il vint un moment où le banquier avait devant lui cinquante-huit mille francs, dont la plus grande partie appartenait à mademoiselle R... « Tenez-vous encore, monsieur ? — Oui, mademoiselle. — Cela fait deux bons mois de congé. — Je serai très-heureux, mademoiselle, de vous en gagner quatre. — Eh bien ! je tiens les cinquante-huit mille francs. »

On joue le coup. Si mademoiselle R... avait perdu, cela aurait complété cent seize mille francs ; mais elle gagna. — Comme quelqu'un lui vantait la générosité de son adversaire, qui avait évidemment joué et tenu jusqu'à ce qu'elle regagnât : « Bah ! dit-elle, il ne m'a pas seulement rendu les trente louis que je perdais avant sa banque. »

※ Lord Normanby, l'ambassadeur anglais, donnait une grande soirée ; — on ne s'occupait à Paris que d'une chose : M. Guizot sera-t-il, ne sera-t-il pas invité ? Quelques jours avant la fête, une invitation arrive, l'entente cordiale triomphe, l'Angleterre et la France sont alliées malgré les mariages espagnols.

Deux jours après, survient une missive de l'ambassadeur, qui fait savoir que c'est par erreur qu'une invitation a été envoyée à M. Guizot. — L'Angleterre et la France sont brouillées. On prétend que l'invitation était fausse, et que c'était un coup de *bourse*, pour faire monter, puis baisser les fonds. Toujours est-il que beaucoup d'invités ne sont pas allés chez lord Normamby et ont affecté de se présenter chez M. Guizot.—Quelques hommes politiques ont envoyé leurs femmes à l'ambassade anglaise, et sont allés au ministère de la rue des Capucines pour concilier les bienséances de la société et les devoirs de leur position.

Une femme, dont l'esprit est justement redouté, — est annoncée chez lord Normanby; — l'ambassadeur va au-devant d'elle, lui offre le bras pour la mener auprès de lady Normanby, — et lui dit : « Vous êtes bien aimable de venir *aujourd'hui*.— Que voulez-vous ! mon cher comte, dit-elle, je ne voulais pas vous laisser partir sans vous voir. »

※ Il est prudent de surveiller MM. les membres de l'*Académie de Paris* — maintenant qu'ils entrent à l'Académie française. — Hier, en feuilletant les livres d'un collégien, je tombai par hasard sur quelque chose qui s'appelle : GRAMMAIRE FRANÇAISE, de MM. NOEL, *inspecteur général de l'Université, chevalier de la Légion d'honneur, etc.*, et CHAPSAL, *professeur de grammaire générale.— Ouvrage mis au rang des livres classiques, adopté pour les écoles primaires supérieures et les écoles militaires.*

Le livre s'ouvrit à la page 207,—et je fus surpris de la langue que ces messieurs enseignent à la jeunesse — et qu'ils se disposent à porter à l'Académie.

« REMARQUES : C *a le son du* G *dans* secrétaire, *et celui de* CH *dans* vermicelle. »

(On dit *ségrétaire* comme on dit *colidor*—MM. Noël et Chapsal confondent évidemment *vermicelle* avec *mère Michel*.)

« E *a le son de l'*A *dans* hennir » (Ici on confond *hennir* avec *braire*, — où il y a en effet un *a*,) « *et dans* indemnité. » (Qui est-ce qui prononce *indamnité ?* les gens qui disent *ormoire*.)

« F *est nul dans* bœuf salé. » (Faut-il dire *bœusalé ?*)

« G *se prononce comme* C *dans* gangrène. » (Les gens enrhumés du cerveau disent aussi : « Ah ! badabe, comme je bous aibe ! » mais cela est momentané et ne peut passer en règle de grammaire.)

MM. Noël et Chapsal ajoutent : « L *ne se prononce pas dans* gril. » Probablement ces messieurs ont eu en vue ce rébus : — La nuit tous chats sont gris. (La nuit touche à son gril.)

« *Les deux* LL *de* Sully *sont mouillées.* » Certains industriels, il est vrai, crient par les rues : « Càrleur souyi ! » — voulant dire raccommodeur de souliers ; — mais cela est du langage ultrafamilier. Ces industriels seuls prononceraient également *Suyi* — s'ils parlaient du ministre de Henri IV. — Pourquoi ne dites-vous pas que L se prononce N dans *lentilles ?* Il y a des gens qui disent des *neñtilles*.

» N *est nul dans* Béarn. « (On ne dit pas plus *Béar* qu'on ne dit *polisso, attentio, brièvcmet*, etc.)

« T *sonne dans* lacet. » (*Lacette !* — à la Cannebière, messieurs.)

« *En causant, on dit* avan hier. » (Comme on dit des *z'haricots, entre quatre zieux, tu es t'une bête*, etc.—Il s'agit de savoir qui est-ce qui cause et avec qui on cause, etc.)

« I *ne se prononce pas dans* poignard, poignée, empoigner. »

(C'est-à-dire qu'il faut dire — *pognée* et *pognard*, etc., etc.) —
Il y a aussi M. Schœnezœfer, qui écrivait au bas de son nom :
« Prononcez *Guillaume;* » mais il faut dire que Schœnezœfer est
bien plus difficile à prononcer que *poignard*. — Ne perdez pas
de vue, je vous prie, que ces messieurs sont officiers de l'Université ; — que leur grammaire est adoptée, approuvée, etc.,
par ladite Université ; — qu'ils se sont mis deux pour rédiger
de pareils préceptes ; — et enfin que je trouve ceci dans l'espace
de trois pages, où je ne prends que les plus grosses choses.

※ Attendu le jeûne forcé de l'Irlande, — et pour attendrir
le ciel sur ce malheureux pays, la reine du Royaume-Uni a ordonné un jeûne volontaire à ses sujets anglais ; mais elle n'a pas
pensé à faire donner aux Irlandais ce que les Anglais ne mangeaient pas pendant le jeûne.

※ Certes, je ne suis pas un grand inventeur, — et d'ailleurs mes quelques petites imaginations, enfouies dans des romans
que lisent par-ci par-là quelques amis inconnus que j'ai épars
dans le monde, vivront — si cela s'appelle vivre — et mourront
comme vivent et meurent les violettes et les fraises cachées sous
l'herbe dans les clairières des bois. — Cependant quel est le
père qui n'a pas un peu d'ambition pour ses enfants et qui ne
désire leur voir faire figure dans le monde? — J'avoue que j'ai
quelquefois un peu de peine à me résigner à voir se sécher ces
pauvres violettes et ces pauvres petites fraises sur leur humble
tige, parfum et saveur perdus.

Eh bien ! un homme qui, — par la constance de ses opinions,
par la richesse de son imagination et l'inimitable magnificence
de son style, — s'est placé récemment à la tête de la littérature
contemporaine, — est-il nécessaire de nommer M. Eugène Sue?
— a bien voulu être parrain de quelques-uns de ces pauvres
enfants sans nom, — cueillir quelques-unes de ces fleurs de
fraise et de violette, et leur permettre de mourir à la boutonnière de son habit.

Je venais de publier *Clotilde*, — quelqu'un a-t-il lu *Clotilde?* — M. Sue eut la bonté de m'écrire une lettre charmante qui me fit croire, — tant il le disait bien, — que j'avais trouvé un type nouveau, — que cette coquetterie brutale, — s'attaquant directement aux sens, — était une heureuse observation, etc.

Là ne se borna pas la sollicitude de M. Sue : *Clotilde* avait eu le bonheur de lui plaire ; il l'adopta, il la tint sur les fonts de baptême, où il lui donna le nom de Cécily ; — puis, en façon de langes de brocart, — il l'enveloppa de toutes les richesses de son style.

J'avais, depuis quinze ans, fait avec persistance, il est vrai, — une guerre acharnée à la ridicule éducation universitaire par laquelle nous passons tous ; j'avais même publié dans le *Siècle*, — un journal qui a trente-deux mille abonnés, et quelque chose comme trois cent mille lecteurs, — un roman qui avait pour titre : *Une Femme méprisée et un Homme fort en thème*. C'était la mise en scène de mes arguments contre cette instruction, — qui a pour unique but de faire apprendre à tout un pays les deux seules langues qui ne se parlent pas. — Eh bien ! personne n'y faisait attention, c'était une voix dans le désert : — *Vox clamantis in deserto*. — Heureusement que M. Sue eut pitié de mon pauvre *fort en thème* ; — il fit pour lui, avec une égale générosité, ce qu'il avait fait pour *Clotilde* ; il fut son parrain ; — il donna à Raoul Desloges le nom de *Léonidas Requin*, — et alors tout le monde s'écria : « Voilà *enfin* qu'on attaque l'instruction universitaire ! » et mon pauvre Raoul Desloges, devenu grand seigneur, fut le bienvenu partout.

On prétend également qu'un pauvre dénoûment, que je croyais perdu dans l'oubli ; — hélas ! les choses peuvent-elles prétendre même à l'oubli, que personne n'a jamais lues ? — on m'est venu dire que ce dénoûment d'une sorte de roman appelé *Hortense*, que les abonnés des *Guêpes* ont lu malgré eux huit ans après qu'il avait été imprimé dans le *Siècle* (trente-deux mille abonnés), —

on m'est venu dire qu'il avait un peu servi au dénoûment des amours de mademoiselle de Cardoville, — mais que l'enfant était tellement changé, qu'on ne le reconnaissait plus ; — c'était un de ces enfants qui se présentent mal, et dont la sage-femme repétrit et reforme la tête indûment construite, de telle sorte qu'elle y contribue plus que le père.

※ Je ne sais vraiment comment exprimer à M. Sue ma profonde reconnaissance ; — je suis seulement fâché que toute ma lignée n'ait pas un si riche parrain. — Quelle joie et quel orgueil, en effet, il est permis de concevoir, en voyant qu'on a pu fournir quelques pierres mal taillées à l'immortel édifice qu'élève le célèbre écrivain, — en voyant qu'on fait un petit peu partie de l'attelage puissant qui, — M. Sue fouettant, — va immédiatement tirer l'humanité de l'ornière fangeuse où elle est embourbée depuis si longtemps ! — Les écrivains auxquels Molière a daigné faire quelques emprunts — ne sont connus que pour avoir eu l'honneur de lui préparer des matériaux.

※ À peu près une fois par semaine, on fait de la musique aux Tuileries. Le roi aime beaucoup la musique qu'il a entendue dans sa jeunesse. Il chante de mémoire des morceaux entiers. Il travaille à une table, écrit, donne des signatures, cause avec quelques personnes qu'il fait appeler. Puis, lorsque l'orchestre joue quelque chose qui lui plaît particulièrement, il accompagne l'air en chantant.

Il y a surtout la marche des *Deux Avares*, qu'il chante très-souvent. Les jeunes princes la chantent aussi pour lui faire plaisir. Pendant ce temps, la reine et ses brus de tous pays, autour d'une grande table, tricotent, cousent, ou font des fleurs en papier.

※ On raconte que Sa Majesté Louis-Philippe a dit à M. Horace Vernet : « Le temps de la modestie est passé. Nous allons maintenant faire une galerie pour moi. »

※ En ce moment où on parle beaucoup de reboisement, et où on donne des secours aux communes pour des travaux d'utilité publique, pourquoi n'exige-t-on pas d'elles qu'elles plantent des arbres tout le long des chemins? — On les planterait d'abord très-serrés. — Puis, au bout de quelques années, on en arracherait quelques-uns, puis quelques autres après un autre espace de temps. — Puis, enfin, on laisserait les plus beaux prendre sans gêne tout leur développement.

M. VERNET ET M. COUTURE. — M. Couture travaille depuis deux ans à un très-remarquable et très-beau tableau, qu'on verra avec grand plaisir à l'exposition de cette année. On s'entretenait beaucoup de ce tableau dans les ateliers. M. Horace Vernet arriva un matin à la porte de M. Couture, lui fit monter sa carte en lui demandant s'il pouvait le recevoir avec M. le duc ***, qu'il avait pris la liberté d'amener. M. Couture répondit, comme il devait, qu'il était très-honoré de la visite de M. Vernet. Celui-ci fit, avec la meilleure grâce du monde, un très-légitime et très-grand éloge, faisant remarquer les beautés du tableau au duc ***; puis, — comme on était à la fin du jour, — il dit avec une charmante bonhomie : « Monsieur Couture, venez donc dîner avec moi ; nous irons aux Frères-Provençaux ; c'est un cabaret où allait souvent mon père, on nous y donnera d'un certain vin qu'il estimait beaucoup, dont il ne reste guère, mais dont on a toujours quelques fioles en réserve pour le fils de mon père. »

On répand le bruit que les membres du jury d'admission ont refusé le tableau de M. Couture, sous prétexte que certaines figures sont un peu décolletées. Ce serait le traiter avec une flatterie plus délicate encore que ne l'a fait M. Horace ; ce serait avouer de l'envie, quand M. Vernet n'a montré que de l'admiration. Mais j'espère, pour ces messieurs, que c'est un de ces bruits sans fondement qui alimentent les conversations et les journaux désœuvrés.

Je voulais parler derechef des paroles de M. de Castellane à propos de M. Dumas ; mais madame de Girardin, dans un feuilleton de la *Presse*, a tellement et si bien dit tout ce qu'il fallait dire, que, ne pouvant copier son article et le lui voler, attendu qu'on le reconnaîtrait, je n'ajouterai pas un mot. — Et je me déclare satisfait, comme M. Dumas.

🐜 J'ai rencontré l'autre jour, sur le boulevard, deux cents *jeunes gens*, dont plusieurs avaient cinquante ans, et beaucoup en avaient quarante; ces jeunes gens sont allés au *National*, à propos de l'anniversaire de l'insurrection de Varsovie. Ce suprême effort d'un peuple écrasé est un noble souvenir, et il n'y a rien de mieux que de le fêter; mais ce qui est moins correct, c'est que ces jeunes gens, qui se sont dits représentants des écoles et de la jeunesse française, ont parlé d'une réforme électorale, et se sont plaints du mensonge du gouvernement représentatif, où la propriété et l'argent sont seuls représentés.

🐜 Sur ce point, je suis parfaitement de leur avis; mais ne tombent-ils pas dans le même abus en se créant, de leur propre autorité, les représentants de la jeunesse?

🐜 SUR LES JOURNALISTES. — Les journalistes sont des sortes d'échansons jurés auxquels on donne à déguster tous les ouvrages, — à essayer tous les mets que l'on compte présenter au peuple-roi. Beaucoup de ces breuvages sont amers, fades, nauséabonds; — beaucoup de ces mets sont malsains et vénéneux. — Le journaliste doit dire : « Pouah ! ceci est mauvais, n'y touchez pas. »

Mais plusieurs — dit-on — se laissent corrompre, déguisent la grimace que leur arrache la colique, et, d'un air riant, disent au public : « Ah ! voilà qui est vraiment délicieux ! *Mangez sur ma parole.* » Toujours est-il qu'autrefois, — pour essayer la solidité d'un théâtre neuf, — on donnait une représentation gratis, on y entassait deux ou trois mille pauvres gens, que l'on risquait ainsi sans scrupule. On n'ose plus se permettre une pareille insolence; — on n'expose plus aujourd'hui dans ces épreuves que les journalistes, et cette foule de gens qui sont des journalistes qui parlent; de même un convoi de journalistes est la dernière épreuve que l'on impose aux chemins de fer mal famés qui ont fait parler d'eux. Ils essuient aussi les plâtres humides et les peintures non séchées. — Le lendemain d'une de ces épreuves, les bourgeois peuvent s'aventurer sans danger; mais on reconnaît dans la rue les journalistes — à leurs habits noirs — tachés de plâtre frais, et jaspés de toutes sortes de couleurs.

🐝 DE QUELQUES NOTABLES. — M. Jacques Maurice — citoyen notable de Bagnolet, adjoint au maire, — est interrogé relativement à un incendie. Il répond : « J'ai eu connaissance de l'incendie que quand on m'est venu *requir*. »

LE PRÉSIDENT. Avez-vous cru voir quelques traces de préméditation ?

M. JACQUES MAURICE. Je n'peux pas dire ça, — mais ça m'a paru drôle tout de même.

LE PRÉSIDENT. L'habitant de cette maison est-il un honnête homme?

M. JACQUES MAURICE. Ah ! ça, j'sais pas ; si fallait connaître tout le monde dans un pays comme Bagnolet...

N. B. On est notable en payant soixante-quinze francs de contributions directes — et *honorable* en en payant cinq cents. — On ne demande pas d'autres conditions.

🐝 Il faut être juste pour tout le monde : — les habitants de Saint-Quentin ont montré de ces bons sentiments que féconde l'intelligence ; ils se sont réunis et ont formé une somme de trois cent mille francs pour acheter des grains et donner aux pauvres le pain à bon marché.

Beaucoup de riches, et surtout de nouveaux riches, en France, — ne s'aperçoivent pas — que des gémissements des pauvres, des pleurs des orphelins, — des plaintes des mères dont le lait se tarit, — il se soulève une vapeur qui finit par former un nuage, — comme dit le grand philosophe Joubert, — et que ce nuage recèle la foudre et la tempête.

AUX FEMMES DU MONDE. — Une chose me frappe désagréablement dans la société. Selon moi, les femmes du monde savent beaucoup trop bien ce qui se professe dans l'*autre monde*, c'est-à-dire dans le monde des actrices et des courtisanes, et s'en informent avec beaucoup trop de curiosité.

Telle femme comme il faut vous dira le nombre des châles de mademoiselle D..., et vous demandera qui lui a donné cette magnifique aigrette de diamants qu'elle portait l'autre jour aux Italiens. — Une autre vous signalera au bois de Boulogne la voiture de mademoiselle O... — Une troisième vous désignera par qui est entretenue mademoiselle N..., et vous dira avec une sorte d'importance : « Ma couturière habille madame B...; elle m'a montré quatre robes qu'elle lui fait en ce moment. » Suit la description des quatre robes. — Ceci est la faute des hommes, qui, par économie, ont imaginé de donner aujourd'hui à ces excellentes filles, en égards et en respects, ce qu'ils leur donnent de moins en argent que les seigneurs d'autrefois. — Les femmes du monde, de leur côté, — pour retenir les hommes dans leurs salons, — ont sottement fait des concessions, et ont permis toutes sortes d'infractions aux usages et à la politesse ; si bien que, les unes montant, les autres descendant, elles sont moins séparées qu'autrefois.

Disons cependant aux femmes du monde — que cette connaissance de la Vénus mercenaire — et l'attention presque envieuse qu'elles lui accordent — est et sera toujours du plus mauvais goût. — Quant aux hommes qui — devant les femmes — ont de pareils sujets de conversation, je suis fâché d'avoir à leur dire qu'ils sont mal élevés.

LA SOCIÉTÉ DES GENS DE LETTRES. — Il est heureux que la société des gens de lettres ne soit rien : — sans cela elle serait à peu près tout ; et ce serait un pouvoir aussi formidable peut-être qu'aucun pouvoir qui ait jamais existé.

Si la société des gens de lettres existait, — au lieu de laisser les écrivains parqués dans les journaux comme dans des cages, où les entrepreneurs de ces journaux montrent pour de l'argent eux et les tours qu'ils savent faire, les écrivains tiendraient les journaux et leurs maîtres dans une dure dépendance.

La société des gens de lettres ne permettrait plus qu'un entrepreneur de journal vendît ou louât à cheptel — au pouvoir ou au contre-pouvoir quand son intérêt s'y trouve engagé — la terre, les paysans et les bestiaux, — c'est-à-dire le journal, les abonnés et les rédacteurs.

Quand un journal voudrait se dérober à la domination des écrivains, il s'exposerait à être mis en interdit — et à ne pouvoir plus donner à ses abonnés que le timbre pour les trois premières pages, et les annonces pour la quatrième.

La société des gens de lettres fermerait ces antres infects où l'on vend l'éloge et le blâme — aussi impurs l'un que l'autre, — où l'on demande aux passants la bourse ou l'honneur. La société des gens de lettres ne permettrait pas que dans les divers rêves de réforme électorale et d'*adjonction* des capacités on ne la comptât jamais pour rien. La société des gens de lettres déclarerait un homme malhonnête ou ridicule — et toutes les presses à la fois exécuteraient ses sentences. — Mais il faudrait d'abord qu'elle ne fût pas une réunion ayant pour but unique, dans l'esprit de ceux qui la composent, de donner un peu plus de force à l'égoïsme isolé de chacun. Il faudrait qu'elle limitât le nombre de ses membres — et qu'on n'y entrât ensuite que par survivance et élection. — Elle n'aura pas de force tant qu'elle s'étendra au hasard comme une tache, sans qu'on puisse en préciser les contours. Il faudrait qu'elle disposât d'un budget convenable, au moyen d'une retenue sur chaque somme gagnée par chacun de ses membres, et non sur les chances aléatoires et illusoires de la reproduction. Il faudrait qu'elle fût d'abord le contraire de ce qu'elle est, et puis bien d'autres choses encore qu'il serait long et ennuyeux de dire ici.

Heureusement, répétons-le, — qu'elle n'est rien, car elle serait tout.

Mars 1847.

Il existe une société d'artistes très-bien organisée, elle donne des secours aux membres malades ou malheureux ; elle fait une rente à la femme et aux enfants d'un artiste mort.

Pourquoi le produit de la vente du livret ne serait-il pas donné à cette société? Pourquoi, puisque le public aime tant les jours réservés, ne fixerait-on pas un jour par semaine où on payerait un prix quelconque? Il serait juste que l'on donnât également à la société des artistes ce revenu, qui leur appartient incontestablement, puisque c'est la réunion de leurs travaux qui attire le public.

On a tiré chez madame la vicomtesse Victor Hugo une loterie d'autographes, au bénéfice de la crèche du huitième arrondissement, dont madame Hugo est patronnesse. — Madame la duchesse d'Orléans, à laquelle madame Victor Hugo avait demandé un autographe — a envoyé, par madame la duchesse ***, un lot composé de deux volumes richement reliés, sur l'un desquels, avec une grâce et un tact parfaits et cet esprit qui vient du cœur, elle avait transcrit, de sa main, une dizaine des plus beaux vers de M. Victor Hugo. — Ce lot, gagné par M. ***, a été offert à madame Hugo.

Au voyage d'essai du chemin de fer du Havre, dans un des wagons, eut lieu le petit dialogue que voici : « L'inscription du chemin de fer est heureusement trouvée : *Sic Lutetia portus*,

— *c'est ainsi que Paris est un port.* — *Portus* est d'un latin bien vulgaire. — Pas plus vulgaire que *port* en français. — Virgile dit *sinus*. — Il dit aussi *portus*. Il dit *sinus* pour anse ou baie, et *portus* pour port. — C'est égal, je ne trouve pas *portus* d'un beau latin. — Monsieur préférerait *portdemerus*, peut-être ? — Monsieur se moque de moi ? — Oui, monsieur. »

Madame la comtesse de C***, qui vient de mourir subitement, était une femme d'esprit. — Son salon était célèbre par le tact avec lequel elle le gouvernait. — Les gens les plus intelligents et les plus illustres de ce temps tenaient à honneur d'y être admis. — C'était un des quelques salons où on cause encore, c'est-à-dire où l'esprit, le talent, la grâce, servent à quelque chose et sont prisés au-dessus des gros diamants, des belles robes et des grands airs.

On a beaucoup parlé d'un bain que prit madame de C*** quelque temps après son mariage; ce bain coûta soixante mille francs. A la suite de je ne sais quel accident, elle avait été horriblement brûlée; les médecins désespéraient de la sauver, et on s'attendait à la voir expirer dans d'atroces douleurs. Un des médecins eut une idée bizarre : il ordonna un bain de laudanum; — le laudanum se vend *à la goutte !* — On courut tout Paris, on rassembla tout ce qui s'y trouva de laudanum, et madame de C*** fut soulagée et sauvée; elle ne garda de cette brûlure générale qu'une très-petite marque, à l'épaule, je crois.

Un écrivain extrêmement spirituel a un parti pris d'admiration pour les autres et de modestie pour lui-même qui impatiente quelquefois ses amis; il a toujours un éloge tout prêt pour n'importe ce qu'on lit devant lui. — Quelqu'un disant : « Dumas a dit hier un bien joli mot. — Ah ! oui, charmant ! un mot charmant. » Et se retournant vers le narrateur interrompu : « Quel est le mot ? » ajouta-t-il.

Dernièrement, — M. de Barante parcourait quelques pièces de vers envoyées pour le concours, — et ne trouvant que des choses prétentieuses et emphatiques : « Décidément, dit-il, on ne sait plus faire les vers médiocres! »

🙢 M. de Salvandy vient de porter avec assez de résolution la hache dans la vieille arche de l'Université. — Ce volume est déjà sous presse, mais je ne veux pas attendre au numéro prochain pour dire — que c'est un immense service rendu au pays, et qui restera dans sa mémoire. — M. de Salvandy a eu le rare courage d'avoir du bon sens. Préparons-nous à le défendre : — les sots sont un ennemi toujours supérieur en nombre.

🙢 Je remercie bien sincèrement M. de Balzac de s'être rappelé le nom de mon cher père, en citant un certain nombre de célèbres musiciens allemands. — Avoir son nom placé dans un des beaux livres de M. de Balzac, c'est avoir une glorieuse épitaphe. — Je me suis senti bien intéressé à ce livre ; voici une jolie pensée que j'y ai lue : « Il n'y a que le bon Dieu qui ait le droit de faire du bien, voilà pourquoi ceux qui s'en mêlent sont si sévèrement punis. »

Avril 1847.

M. de Salvandy entre l'*Univers* et le *National*. — Opinion de saint Augustin sur la question actuelle de l'enseignement public en France. — Comment M. Thiers perdit une voix. — Chaises à deux fins. — Réponse d'un voleur. — A voleur, voleur et demi ; la justice et l'équité. — Napoléon et Henri IV ; M. le baron Lecoulteux et M. Lherbette ; Sully, le père Loriquet, l'histoire, M. Thiers, etc. — Définition du parfait conservateur. — Les king's-charles sont mal portés. — Pendant six mille francs. — Sur la mode ; tyrannie des bossues ; robes balayeuses. — Un mot de M. Thé. Ga. sur l'argent. — Conversion de madame de M... — Un banquet phalanstérien ; la nourriture de l'avenir ; M. Considérant et les petits phalanstériens. — La reine d'Angleterre et Virgile. — Les notaires ne donnent pas de reçu. — Le pape circoncis. — M. Gannal et M. Sucquet. — Les croix; George Sand. — M. Decaze oncle des fleurs. — Ce que tout le monde veut. — Une circonstance atténuante. — A une amie inconnue, sur les combats de taureaux.

Il est arrivé ce que j'avais prédit : l'*Univers* traite M. de Salvandy d'hypocrite, et le *National* prétend qu'il est fou. Certes il y a dans le projet du ministre — trop et pas assez ; mais il s'oppose aux envahissements du clergé, et il fait entrer un peu de bon sens dans le programme des études universitaires. — L'Université est une autre jésuitière, une jésuitière laïque. — Ce peu de bon sens entre avec effort, comme un coin de fer dans un chêne noueux ; mais le chêne est fendu, — c'est beaucoup. M. de Salvandy, je le répète, aura rendu un grand service au pays. Saint Augustin avait déjà parlé, bien avant nous, du ridicule de cette éducation exclusivement littéraire. — « J'apprenais ces sottises avec plaisir, dit-il dans ses *Confessions*; à raison de quoi on m'appelait un enfant de grande espérance. »

M. Thiers étant ministre, M. Pelt... de Vill...... prononça à la Chambre des députés un discours assez long, véritable amplification de rhétorique. « Comment m'avez-vous trouvé? demanda-t-il au ministre en descendant de la tribune. — Vous avez une bien belle voix, répondit M. Thiers. — Vous ne l'aurez plus désormais, ma voix. » En effet, depuis ce temps, M. Pelt... de Vill...... écrit contre M. Thiers dans le journal de son arrondissement.

Dans ma petite vallée verte, au bord de la mer, — il arrive quelquefois, le dimanche, que le curé loue, le soir, à un bastringue, — les chaises de l'église, sur lesquelles on s'est dévotement agenouillé le matin. Quelques-unes reviennent un peu éclopées. Je ne sais si, avant de rentrer dans le saint lieu, elles n'auraient pas besoin de passer par le confessionnal et de faire pénitence.

🐝 Un voleur adroit, — auquel le président *** demandait, selon l'usage, son état, — répondait, il y a quelques jours, avec assurance : « Je vis du travail de mes mains. »

> La volerie est telle,
> Que, si l'on faisait bien l'histoire des larrons,
> On écrirait l'histoire universelle.
>
> La Fontaine.

🐝 Un marchand voit entrer dans sa boutique un pauvre diable qui lui dit : « Voulez-vous m'acheter de l'essence de rose? — Voyons votre essence de rose, » répond le marchand. Il l'examine, la flaire, et, la trouvant bonne : « Je n'en ai pas besoin, dit-il. — Je ne vous la vendrai pas cher, répond le quidam. — Combien? dit le marchand. — Trente francs... Je ne m'y connais pas, je ne sais pas si c'est bon. — C'est pour rien, pensa le marchand, il doit l'avoir volée; il la donnera encore à meilleur marché... Je n'en veux pas... Si vous la laissiez pour vingt francs, je l'aurais prise pour vous obliger. — Prenez-la. »

Le quidam parti, le marchand se frotte les mains. « La fiole vaut plus de cent écus, l'imbécile la donne pour vingt francs! voilà une journée bien commencée. » Quelques jours après, le marchand découvre que c'est lui qui est l'imbécile : la bouteille est pleine d'huile de baleine avec quelques gouttes d'essence de rose. Il retrouve son vendeur et le traduit devant un tribunal. Il faut dire que le marchand qui se plaignait n'était pas une victime, mais seulement le plus maladroit des deux voleurs, et que, en bonne *équité*, il aurait fallu ou les mettre en prison tous les deux, ou les renvoyer dos à dos. Mais la justice n'est pas toujours d'accord avec l'équité : le vendeur de l'essence de rose a seul été mis en prison.

🐝 M. le baron Lecoulteux, député, était rapporteur d'une

pétition qui demandait, entre autres choses : le rétablissement de l'effigie de l'empereur Napoléon sur la croix de la Légion d'honneur. M. Lecoulteux a traité le sujet de la pétition de *question misérable*.

Questions misérables, en effet, que celles qui ne peuvent donner lieu à la moindre prime ni au moindre agiotage. — M. Lherbette, après deux ou trois des ses collègues, a répliqué à M. Lecoulteux avec beaucoup de verve et de bon esprit, c'est-à-dire de cet esprit qui est la raison ornée et armée. Un ministre a eu le malheur de répondre qu'on ne pouvait pas toujours faire des changements. Il me semble qu'on n'a pas hésité à substituer le drapeau tricolore au drapeau blanc, — Louis-Philippe à Charles X. Pourquoi n'a-t-on pas continué à mettre autour des pièces de cinq francs : *Domine salvum fac regem*, au lieu de : *Dieu protége la France*, qu'on a restitué? Pourquoi a-t-on fait ajouter au *Domine salvum* de l'église le *Ludovicum Philippum primum?* etc.

Mais je ne demande pas qu'on fasse des changements; je demande, au contraire, qu'on ne fasse ni changements ni mensonges aux jalons historiques et aux monuments. Il ne s'agit pas ici de changer, mais d'effacer les changements ridicules exécutés par la Restauration. Si les anciens Grecs et Romains avaient été aussi sottement mobiles qu'on l'a été en France depuis cinquante ans, il n'y aurait pas moyen de se reconnaître dans leur histoire.

Pourquoi Henri IV sur la croix d'honneur instituée par Napoléon? Pourquoi alors n'est-ce pas lui qui surmonte la colonne avec le nom de M. Thiers sur la botte, — ce qui le ferait confondre avec Sully?

Henri IV sur la croix d'honneur... n'est-ce pas aussi ridicule que la fameuse histoire du père Loriquet, jésuite, où l'on rapporte que « M. le marquis de Buonaparte, lieutenant général des armées de Sa Majesté Louis XVIII, remporta sur les Autrichiens l'éclatante victoire? » etc.

Pourquoi ne pas remplacer les mots *Honneur, Patrie*, — par le mot honteux *Paris vaut bien une messe?* — C'est bien assez du pont d'Iéna, — sur lequel j'ai vu tour à tour — N — IL — OC — et aujourd'hui, à ce que dit M. Benoît, — LP.

Continuez à inscrire ces faux sur tous nos monuments, — et il viendra un jour un historien consciencieux qui, rebuté par les contradictions des journaux contemporains, et ne voulant plus s'en rapporter qu'aux monuments, — écrira des pages dans le genre de celle-ci : « Sous le règne de Henri IV, M. Thiers, premier ministre, fut remplacé par le huguenot M. Guizot. — Après la bataille d'Iéna, que gagna le Béarnais, il donna la croix d'honneur au lieutenant général Bonaparte, qui s'y était fait remarquer ; — ce qui porta beaucoup d'ombrage à Biron, qui dit alors : « Nous allons aller à Biron planter nos choux. » Sully fut alors nommé pair de France et se fit un plaisir, avec M. de Boissy, de contrarier en toutes choses M. le président Pasquier, ancien ligueur converti par de bonnes places et de riches pensions, et qui doit beaucoup à l'extrême indulgence de Henri IV, qui lui pardonna en même temps qu'à Mayenne. — A cette époque, la belle Gabrielle d'Estrées, élève de la maison royale d'Ecouen sous madame Campan, avait pris un tel empire sur son amant, qu'il voulait l'épouser. — M. de Montalivet, intendant de la liste civile, averti de tout par Paul Foucher, directeur de la police du royaume, — se jeta aux genoux du roi, en même temps que Sully et M. Cunin-Gridaine. Mais la mort de Gabrielle, — dont fut accusée madame Lafarge, — amena de grands changements, et le Béarnais épousa l'archiduchesse Marie-Louise. — Ce qui fit dire à M. de Mornay, chargé d'affaires en Suède et compagnon d'armes de Sa Majesté Henri IV à Jemmapes et à Ivry, — que la reine Élisabeth ne serait peut-être pas contente. — Lorsque Henri IV, après la bataille de Waterloo, fut enfermé à Sainte-Hélène, MM. Thiers et Sully se retirèrent dans leurs terres, et ne firent plus que de rares apparitions à la cour de Louis XIII et de

Louis-Philippe. — Crillon s'en fut en Algérie partager les dangers des généraux Bedeau et Bugeaud. Il eut le bonheur de prendre Bou-Maza, huguenot relaps, — et, peu de temps après, il tua en combat singulier le terrible Abd-el-Kader. — On reprocha au roi Henri IV de n'avoir pas su arrêter les violences de l'agiotage sur les chemins de fer ; mais il n'est pas juste de laisser tomber ce reproche sur le roi, qui ne savait comment remédier au déficit des finances, si fort minées par la révolution de Juillet et la Ligue. — On sait aussi que le Béarnais n'aimait pas M. de Rothschild. C'était toujours le même homme qui avait dit à ses soldats d'Égypte, commandés par Kléber et Biron : « Ventre-saint-gris ! pensez que du haut de ces pyramides, quarante siècles ont les yeux sur mon panache blanc, que vous verrez toujours au chemin de l'honneur, comme à Arcole et à Arques. »

On ne peut pas démarquer les faits historiques comme les filous démarquent les mouchoirs, — et on ne peut pas *faire* les grandes actions comme lesdits filous *font* une *filoche* et une *toquante*.

Définition du parfait conservateur : — Conserve ce que tu as pris, et tâche de prendre ce que les autres ne conservent pas assez.

L'impôt sur les chiens pourrait devenir un impôt sur la prostitution. — On ne rencontre dans Paris et aux promenades que petites voitures basses renfermant une courtisane et un king's-charles. — Le king's-charles semble devenir une enseigne, comme était la branche de myrte entre les dents, pour les courtisanes grecques.

M.*** trouve par hasard une somme de six mille francs entre les mains de son domestique. Il se croit volé, le questionne, veut porter plainte, et le faire arrêter et emprisonner. Le domestique proteste en vain de sa probité : le maître est inflexible.

— « Tu m'expliqueras d'où te vient cet argent, ou tu iras en prison. — Eh bien ! monsieur, dit le domestique poussé à bout, c'est du temps que votre femme avait pour amant le prince ***. Il me donnait dix louis chaque fois qu'il passait la nuit chez vous. Cela a duré pendant six mille francs. »

🕷 LA MODE. Les femmes maigres et mal faites ont imaginé des paniers en crin ou en étoffes gommées, qui donnent aux hanches des proportions exagérées, — et elles ont dit : « C'est la mode. » Celles que la nature s'était plu à faire belles ont dit : « C'est la mode, » et elles ont consenti à devenir pareilles à celles que la nature avait déshéritées.

Les femmes trop petites ont imaginé de porter de hauts talons et des coiffures qui mettaient le visage au milieu du corps, — et elles ont dit : « C'est la mode. — C'est la mode, » ont dit les autres en soupirant, — et elles sont devenues trop grandes par le procédé qui, à la fois, donnait aux naines une jolie taille et la faisaient perdre à celles qui l'avaient reçue de la nature.

Les femmes qui avaient de gros pieds plats ou des chevilles épaisses ou engorgées, ont dit : « Il faut cacher nos pieds; mais il serait bon aussi de cacher les pieds de celles qui les ont étroits et cambrés, et qui ont les chevilles fines. » — Elles ont imaginé des robes longues et traînantes, — et elles ont dit : « C'est la mode! » Alors toutes les femmes qui avaient de ces chers petits pieds ont dit : « Hélas! c'est la mode! » — Et elles ont adopté les jupes traînantes.

Je ne dissimule pas que les robes longues ont une sorte de majesté, et qu'il y a encore bien des manières de faire voir son pied — et sa cheville — et un peu de sa jambe. Ces robes longues peuvent être portées dans un salon ou en voiture. Mais à pied, traînant dans la crotte, qu'elles reportent sur les bas, c'est quelque chose de parfaitement bête et de parfaitement sale. La saleté, chez les femmes, est un vice tel, qu'elle ne doit même pas être prévue ; — de même que Lycurgue n'avait pas fait de lois contre le parricide, disant qu'on ne devait pas admettre la possibilité d'un crime semblable.

Je me suis amusé hier à suivre dans la rue une charmante jeune femme qui traînait une robe de soie de couleur gorge-de-pigeon. — Elle sortait de la rue Tronchet, où elle a ramassé de la boue. En traversant la rue basse, sa robe s'est traînée dans du crottin de cheval. — Mais j'entreprends là un récit impossible. Je n'oserai jamais dire ce qu'elle a essuyé avec sa robe et reporté sur ses bas au coin de la rue du Mont-Blanc — ni sur le boulevard Montmartre. J'ose à peine dire qu'en entrant dans une boutique du boulevard Poissonnière, elle avait traîné sa robe sur la plus nombreuse variété d'immondices, et qu'elle avait ramassé à ladite robe et sur ses bas des échantillons de tout ce qu'il peut y avoir de sale, d'infect et de dégoûtant dans les rues de Paris. — C'est la mode.

« Je n'aime plus l'argent, disait M. Th. G., depuis que j'ai découvert qu'il ne sert qu'à payer. »

Madame de M..., dont un récent procès a fait beaucoup de bruit, n'était pas catholique; elle vient d'être convertie par MM. Cœur et de Ravignan. — Il me semble toujours fort bizarre de voir se *convertir* aujourd'hui une femme du monde, — c'est-à-dire quitter une religion qu'elle ne suivait pas pour une qu'elle ne suivra pas davantage.

J'ai assisté à un banquet phalanstérien. — Si le dîner qu'on nous a servi est la nourriture de l'avenir, elle ne fera changer personne de religion; si c'est la nourriture du présent, offerte par sarcasme et par contraste avec celle promise à l'humanité par les théories fouriéristes, elle est calomniée. J'en dirai autant de la musique bruyante qui accompagnait trop le festin et n'accompagnait pas assez certains toasts.

Sérieusement, la religion phalanstérienne est arrivée à l'époque difficile où meurent presque toutes les religions et presque toutes les théories. La partie de la critique de la société actuelle a été faite par Fourier avec un bon sens, un esprit, un génie, qui mettent certaines pages de lui à côté des meilleures pages de

Molière. — Mais il faut arriver à l'application du côté positif de la théorie.

M. Considérant, qui voulait parler debout sur une table, et que les assistants ont forcé par leurs clameurs de monter sur une sorte de pavois en forme de tribune chancelante, a promis que l'année ne se passerait pas sans un commencement d'application.

On avait écrit aux convives suspects de progéniture une lettre ainsi conçue : « Si vous amenez vos enfants, n'oubliez pas de vous munir d'autant de couronnes de fleurs naturelles ou artificielles ; si vous négligez ce soin, vous pourrez avoir à vous en repentir. »

Quelques parents se sont rappelé l'histoire du *Petit Poucet* et de l'ogre, qui mange les sept enfants qui n'ont pas de couronne sur la tête ; ils ont craint que les enfants non couronnés ne fissent partie passive du festin. — Personne n'a manqué à la prescription. Mais il ne s'agissait que de la mise en scène d'une *fleur de* RHÉTORIQUE faisant partie de l'improvisation de M. Considérant, où il disait : « Joyeux enfants, qui êtes ici couronnés de fleurs... etc. »

Un monsieur a porté un toast à la paix avec l'air le plus furieux et le plus terrible que j'aie jamais vu. — M. Lachambeaudie a lu une jolie fable.

⚜ Il est des choses qui ne devraient pas être traitées tout à fait comme des marchandises, parce qu'elles sont d'une telle nécessité, que, quoi qu'il en dût coûter à l'Etat, elles ne doivent jamais atteindre un prix où elles ne seraient plus accessibles à tout le monde. — J'ai assez expliqué les raisons pour lesquelles l'État devrait garder l'exploitation des chemins de fer ; — je crois que le blé devait être arraché aux vicissitudes ordinaires des marchandises ; — que les opérations à faire sur le blé, comme marchandises, devraient au moins être soumises à certaines restrictions, ou pour le moins à certaines surveillances *réelles*. — Il est cruel de voir une partie d'un pays désirer la misère du plus grand nombre, jouir de ses privations, s'enrichir de sa pauvreté, se nourrir de sa faim. — Il est cruel de voir avec quel sang-froid les marchands traitent ces questions. — Je copie quelques lignes dans un journal commercial, qui passe pour fort honnête :

« BLÉS. — Les nombreux arrivages de cette semaine, et les avis de baisse qui nous viennent du nord et de l'ouest, ont provoqué une *dépréciation* notable sur notre marché. Les blés à livrer pour des époques reculées se sont particulièrement ressentis de cette *défaveur*. Cependant, nos vendeurs montrent *assez de confiance dans l'avenir* : ils *espèrent*, avec quelque raison, que les prix actuels ne tarderont point à attirer de nouveaux ordres d'achat ; car divers pays, qui avaient approvisionné notre place jusqu'à ce jour, commencent à faire des demandes. Les arrivages de la huitaine se sont élevés à environ cent cinquante mille hectolitres de toutes provenances. »

A propos des armements maritimes et de certains engagements qu'on prétend pris à l'égard de la Grande-Bretagne, — ce que je ne sais pas, — on prête à un ministre anglais, écrivant à M. Guizot, cette audacieuse citation de Virgile :

« Maturate fugam, regique hæc dicite vestro,
Non illi imperium pelagi sævumque tridentem,
Sed mihi sorte datum.

« Sauvez-vous... et dites à votre roi que c'est à moi qu'appartiennent le trident et le sceptre des mers. »

Entre les choses regrettables, il faut citer le notariat. — Quelques notaires, se livrant aux spéculations malgré la loi et le bon sens, ont fait rapidement de grandes fortunes. — Les charges, surtout à Paris, se sont en conséquence élevées à un prix auquel un notaire qui ne ferait que ce qu'il doit faire ne parviendrait pas à payer la sienne par le travail de toute sa vie. — Le notariat ne présente plus de sécurité, puisqu'il est exposé aux chances des affaires ; — ç'a été une des causes de la frénésie avec laquelle se sont précipités les capitaux sur les chemins de fer et sur n'importe quoi. Les petits capitaux surtout sont devenus fous : ils ne savent plus où se mettre, tout les inquiète avec raison.

☞ Le notariat garde encore une sorte de dignité extérieure, grâce à quelques membres qui se condamnent à un supplice de Tantale ; mais ce n'est qu'une apparence de conservation, les vieilles institutions sont comme les vieux arbres, qui, minés au dedans par les vers, sont entièrement creux, n'ont plus que l'écorce et attendent le premier souffle de vent pour tomber ; cependant ils ont encore leur forme. — Quelqu'un déposait dernièrement une somme chez un notaire ; — les notaires ont un ancien usage de ne pas donner de reçu ; notre homme en demande un ; le notaire blessé le toise avec dédain et lui dit du ton le plus insolent : « Eh! depuis quand, monsieur, demandez-vous un reçu à un notaire? — Monsieur, répondit doucement l'autre, c'est depuis que j'en ai vu envoyer plusieurs aux galères. »

☙ Le nouveau pape a fourni aux journaux des anecdotes dont beaucoup me paraissent controuvées. Pour montrer le pontife ennemi de toute tyrannie, ils lui font, à chaque instant, braver les préjugés à la manière de Voltaire. Ils se sont récemment à peu près tous permis douze lignes sur la familiarité dans laquelle vit Sa Sainteté avec l'ambassadeur ottoman. — Ne le croyez que conditionellement. — Mais si, quelqu'un de ces matins, les journaux s'avisaient, — et ils n'en sont pas bien loin, — de vous dire que le pape s'est fait circoncire, je vous conseille de ne pas le croire du tout.

☙ Beaucoup de choses vont mal parce qu'on ne prend plus sa profession pour but, mais comme moyen.

☙ On a beaucoup reçu, à Paris, de lettres sur lesquelles était le mot *Invitation*. — La lettre ouverte, on lisait :

« Monsieur,

» Il me serait *agréable* de vous voir assister à une *exhumation* qui se fera mercredi prochain, à deux heures très-précises, au cimetière de Châtillon. *Signé* GANNAL.

» P. S. — Les *Favorites* conduisent à la barrière d'Enfer, où l'on trouve l'omnibus de Châtillon. »

Peu de personnes ont profité de l'invitation. Je suis obligé d'avouer que je suis de ceux qui ont négligé de se procurer le plaisir de voir redemander un cadavre à la terre.

J'ai exprimé, il y a longtemps, mon opinion sur l'embaumement. M. J. Sandeau, qui vient d'être très-justement décoré, a dit dernièrement : « Il n'y a que le souvenir qui embaume les morts. »

Un ancien poëte recommande de mettre des coudriers et des lilas sur sa tombe. — Car, dit-il, faisant allusion à la transmigration perpétuelle des parcelles de la matière :

« Je veux, dans un pareil bosquet,
Plaire encore à jeune fillette,
Tantôt cueilli comme bouquet,
Tantôt croqué comme noisette. »

J'ai entendu dire à M. Victor Hugo : « J'aime mieux embaumer qu'être embaumé. » En effet, quand le soir, au coucher du soleil, seul dans un cimetière, on commence à frissonner au bruit de ses propres pas, — sur les tombes où l'herbe a si vite poussé, — en même temps que l'oubli dans le cœur des vivants, — il semble que, tandis que le corps du mort chéri se transforme et devient les fleurs qui couvrent la tombe, la pervenche bleue (la violette des morts, disent les gens de la campagne), il semble que de la corolle du chèvrefeuille s'exhale en parfum céleste et remonte au ciel l'âme de ceux que nous avons aimés.

Ne vaut-il pas mieux hâter le moment où nous devenons fleurs, que de prolonger le temps pendant lequel nous devons rester cadavre?

Néanmoins, il s'agit de quelque chose qui a bien l'air d'une injustice. J'ai quelquefois parlé de M. Gannal; j'ai quelquefois parlé sévèrement de l'âpreté avec laquelle il met ses affiches sur les tombes, et mêle dans les épitaphes l'éloge de son *liquide* à celui des vertus des morts. — Mais j'ai dû parler aussi des travaux très-importants du même M. Gannal, et du courage qu'il a montré dans plusieurs occasions. C'est M. Gannal, par exemple, qui a démontré que la gélatine, — avec laquelle on nourrissait les malades dans les hôpitaux, — depuis 1813 et 1814! — n'avait aucune condition nutritive, et qu'il avait fallu inventer toutes sortes de maladies pour expliquer la mort de beaucoup de malades morts tout simplement de la faim et de la philanthropie.

Il y a aujourd'hui encore, je crois, — mais certainement il y avait encore, il y a peu de temps, — certains hôpitaux où on a proscrit la gélatine, comme ne renfermant pas d'élément nutritif et ne donnant aux malades qu'un liquide éminemment putrescible et toujours infect à différents degrés, — tandis que, dans certains autres, elle sert à la *nourriture* des malades, — ou du moins y servait il y a peu de temps.

M. Gannal m'a envoyé un morceau de pain excellent. Il a offert à M. Guizot, dit-il, de faire cinquante mille pains par jour, qu'il vendrait à raison de quarante centimes les deux kilogram. Ceci a été considéré, sans doute, comme *question misérable!* — et M. Gannal n'a pas reçu de réponse.

Il me semble que M. Guizot, s'il ne croit pas à la proposition de M. Gannal, sans l'examiner, — ce qui serait présomptueux, — se doit à lui-même d'établir qu'il n'a pas négligé une occasion de donner du pain à dix centimes la livre!

Maintenant revenons aux invitations de M. Gannal.—M. Gannal a inventé un procédé d'embaumement qui consiste dans l'injection d'un liquide dans l'artère carotide. Quelques médecins ont désapprouvé le liquide. Il faut croire qu'ils ont changé d'avis *in extremis*, — ou que du moins ils n'ont pas fait partager leur opinion à leurs proches : « Car, dit M. Gannal, ils étaient trente-neuf, je les ai tous embaumés. » Vous voyez qu'il n'est pas sain d'être en désaccord avec M. Gannal ; d'autres vous envoient promener; lui, il vous embaume.

Un M. Sucquet, médecin, fit embaumer une de ses malades par M. Gannal, le 9 février 1843. — On ne peut tout faire. — La malade avait été soignée par M. Sucquet, elle était morte sous sa direction, la part de besogne de M. Sucquet était faite ; il s'agissait d'embaumer : il appela M. Gannal, qui, dans une brochure fort ardente, s'écrie en parlant aux médecins : « Les vivants sont à vous, je vous les abandonne, je n'en veux pas ; mais, à mesure que vous les tuez, ils sont à moi ; les morts m'appartiennent, laissez-moi mes morts ! »

Probablement, en voyant opérer M. Gannal, M. Sucquet sentit l'influence secrète et s'écria : « Et moi aussi, je suis embaumeur ! » Et quelques mois après il empaillait les gens, concurremment avec M. Gannal, après avoir pris un brevet, non pour le mode d'injection, qui appartient à M. Gannal, mais pour un autre liquide. De ce jour, M. Sucquet s'écria : « Les morts ne sont plus à M. Gannal ; ils sont à nous deux ; je veux ma part de morts. »

M. Gannal n'est pas patient : une guerre acharnée s'est déclarée.

On se rappelle l'histoire des deux serruriers Huret et Fichet. Chacun des deux ouvrait les serrures de l'autre, — il n'y avait plus de sûreté dans Paris ; — mais Fichet a fini par trouver une serrure au moyen de laquelle il tient Huret enfermé dans sa cave depuis sept ans. La police a voulu s'en mêler, mais Huret a crié à travers la porte : « Laissez-moi, je l'ouvrirai ; je demande du temps. » On lui donne à manger par le soupirail.

M. Gannal et M. Sucquet, à leur exemple, désenterrent à l'envi les morts l'un de l'autre. « Et ton mort du jardin de l'École pratique? il était joliment embaumé! crie M. Sucquet. — Et madame Guillard? répond M. Gannal, ta morte du Père-Lachaise, que j'ai déterrée moi-même, en voilà une qui te fait honneur!— Et ton pendu? réplique M. Sucquet, il était bien conservé, — il était tout noir! — Je le crois bien, dit M. Gannal, c'était un nègre. Rends-moi mes morts, ajoute le chimiste, et fais-t'en toi-même; tu es médecin, tu en as le droit. — Je suis protégé par M. Orfila, dit le médecin. — On peut voir chez moi une collection de morts empaillés, » dit M. Gannal.

Ceci est inquiétant pour les vivants. — Par qui sera-t-on empaillé? On n'en sait rien. Comment cela finira-t-il? — Des deux adversaires, lequel embaumera l'autre? — M. Gannal, du reste, est fort singulier. Quand il parle des morts, il y voit toutes sortes de choses comiques qui échappent aux autres hommes. Par exemple, il dit dans une de ses brochures — qu'il pourrait raconter les embaumements de quelques hommes haut placés, mais qu'il s'abstient : cela ferait *trop rire* le public.

Chaque fois qu'on fait appel à ma bonne foi, je me crois forcé d'examiner les cas en litige. — La plume oblige. — J'ai fait ainsi dans cette circonstance, quoique le sujet ne soit pas de ceux que je choisis le plus volontiers. Je crois que M. Gannal a raison contre M. Sucquet; mais je conseille à tous les deux de mettre un peu plus de décence dans leur querelle. Les morts qu'ils se disputent ne sont pas tout à fait à eux. Ils sont aussi à ceux qui les ont aimés. — Il faut respecter les uns et les autres.

J'approuve de tout mon cœur *certaines* croix donnés récemment; malheureusement cette justice est atténuée par la distribution de certaines autres. — Pourquoi ne donne-t-on pas la croix à madame Dudevant (George Sand)? toutes les dames professeurs de Saint-Denis la portent. — Je n'y vois qu'une difficulté : c'est qu'on a attendu trop longtemps.

※ Les fleurs ne manquent pas de protections, — toutes les princesses leur ont accordé leur patronage ; M. Decazes est leur oncle. Eh bien ! on les expose toujours dans cette orangerie du Luxembourg, sombre et pleine de poussière. Les amateurs qui s'y transportent ne les voient pas, mais les étouffent par la poussière que font lever leurs pieds. Les drapeaux tricolores ont leur mérite, — et sont de glorieux drapeaux, — mais il faut les laisser à leur place. — Les fleurs des camellias et des azalées ressortent mal sur un fond rouge et bleu ; et je crois qu'on ferait bien d'en être moins prodigue dans la salle d'exposition ; ou bien de les laisser dans cette salle, — si on le veut absolument, — mais d'exposer les fleurs ailleurs. Eh quoi ! dans Paris, il n'y a qu'une cave pour les fleurs, et il y a tant de si belles salles pour les pianos et les pianistes acrobates !

※ Jamais il n'a été aussi facile de gouverner qu'aujourd'hui. Autrefois il fallait chercher avec finesse par quelle monnaie on devait marchander les gens : aujourd'hui tout le monde veut de l'argent.

※ Une cour d'assises vient d'admettre des circonstances atténuantes envers un homme qui a tué et brûlé sa mère. — J'ai l'habitude d'expliquer certains verdicts du jury qui, au premier abord, pourraient sembler bizarres. Les jurés ont eu égard à ce que le parricide a tué sa mère avant de la brûler, sans quoi les souffrances de cette femme auraient été infiniment plus atroces et plus longues ; — c'est au moins une attention de la part de ce fils ! Plus les gens sont méchants, plus naturellement on doit leur savoir gré du mal qu'ils ne font pas. — Et d'ailleurs, il faut être bien courageux pour brûler sa mère !

※ Quel luxe de mystère, madame ! vous voulez être à la fois inconnue et déguisée ! — Je dois faire semblant de vous croire ; mais, s'il y a beaucoup de *prolétaires* comme vous, cela amènera de grands malheurs ; l'aristocratie fera une révolution pour conquérir à son tour l'*égalité*. Vous me demandez ce que je pense des combats de taureaux et du désir que beaucoup de personnes témoignent de les voir introduire en France. — J'ai dit une fois, dans les *Guêpes*, que la chasse est un noble exercice, mais que je voyais avec surprise que la chasse des rois et des princes fût la chasse au cerf, — un animal qui ne se défend que par la fuite et les larmes, et qui, poussé au désespoir, hors d'haleine, devient un moment dangereux seulement pour les chiens. — J'aimerais voir les rois et les princes chasser au loup et au sanglier, faute d'ours, de tigres et de lions.

Pour ce qui est de ce spectacle de chevaux éventrés, traînant leurs entrailles, et de taureaux tués avec toutes sortes d'enjolivements, je considère simplement ces jeux comme une modification peu heureuse de la boucherie, et je déclare, pour ma part, que, si on établit les courses de taureaux en France, je n'irai pas plus voir ces bouchers prétentieux, — appelés *toreros*, — que je ne vais voir les nôtres aux abattoirs.

Mars 1848.

Le gouvernement déchu. — Les partis. — Le gouvernement provisoire. — L'étable d'Augias. — Les élections — Ce que c'est que la République. — Les ouvriers. — Les voitures de troisième classe des chemins de fer. — La duchesse d'Orléans. — Les élections. — Les candidats. — Avocats et marchands. — Ce que c'est qu'un républicain. — Pauvre ou riche. — Celui qu'il faut nommer. — Indépendance de l'Assemblée nationale. — Plus de tribune. — Plus de partis. — Les anciens députés et les hommes nouveaux. — La République. — Une adhésion. — Réponse d'un candidat à une question embarrassante. — Le vrai peuple. — Qu'est-ce que l'armée? — Le gros lot des devoirs. — Un peu trop d'arbres de la liberté. — M. Louis Blanc et l'organisation du travail. — Quelques croquis d'électeurs. — Les compagnons du devoir. — M. Schmidt.

MARS. — Un gouvernement, qui n'avait de liens entre ses parties que des intérêts, vient de se dissoudre comme un marchand qui fait faillite. Ses amis, c'est-à-dire ceux qui brocantaient avec lui les affaires du pays, sont ceux qui lui ont tourné le dos avec le plus d'ardeur. Une famille royale, dont deux ou trois membres étaient cependant populaires, s'est enfuie d'une façon si triste, que je me suis pris à regretter de ne pas avoir été leur ami pour le rester. On avait reverni au dehors le vieil arbre de la royauté, mais il était creux et vermoulu en dedans; il est tombé : Paris a délaré la France République, la province a envoyé son adhésion.

Parlons de ce qui est : je n'étais pas, je ne suis pas du parti républicain; mais la République n'appartient pas à un parti, elle appartient à la France. Je suis de la France républicaine, et j'en suis avec tout ce que je puis avoir de force, d'intelligence et de dévouement.

Personne n'était prêt pour la République; ses plus ardents partisans ajournaient leurs efforts à la mort du roi. — Ce qui est arrivé, personne ne l'a fait exprès, — à moins que ce ne soit Louis-Philippe peut-être.

C'est ordinairement pendant les basses eaux qu'on construit les digues. Il a fallu cependant en donner à un torrent subitement accru, et heureusement que du sein d'un gouvernement provisoire, improvisé nécessairement par vingt personnes, il s'est élevé un homme qui a passé la moitié de sa vie à écrire des choses entre les plus dignes d'être lues, et qui a commencé alors à faire des choses dignes d'être écrites : grande et belle existence, que Byron n'a pu que rêver.

Cette adhésion, qui semble universelle en France, cache de grandes craintes : c'est à ces craintes qu'il faut parler.

Pensez que tout ce que la peur imaginera, c'est la peur qui le réalisera, qu'elle seule peut donner des corps aux fantômes qu'elle rêve.

Quelques-uns pensent que la République sera une époque de haine, de réaction, d'anarchie, de misère. Ajoutez tout ce que vous pourrez imaginer de plus triste et de plus effrayant, et je vous réponds : C'est parfaitement possible si le pays le veut, si on est lâche, si on est indifférent, si on est niais. Mais aussi, si le pays le veut, ce sera le gouvernement des meilleurs, des plus intelligents, des plus honnêtes dans l'intérêt de tous; ce sera un splendide développement de l'intelligence, du bien-être, de la moralité. Il suffit que tout le monde apporte son concours sincère, loyal, entier.

La République n'est pas telle ou telle chose que vous représente votre mémoire ou votre imagination : la République, c'est tout ce que vous pouvez rêver de plus beau, — si nous le voulons tous. — Ce grand bouleversement vous effraye; — mais on ne pouvait nettoyer l'étable d'Augias avec un plumeau. — D'ailleurs c'est fait.

République veut dire *chose publique*, la chose de tous. Cette république, on ne vous l'impose pas, vous allez la faire vous-mêmes; tout ce que vous savez de bon, vous allez l'y mettre; tous ce que vous redoutez de mauvais, vous allez l'en retrancher. — Pour cette nouvelle maison, vous allez choisir les architectes et les maçons, et vous fournirez les matériaux : si elle n'est pas faite à votre goût, ce sera votre faute. Il est possible que vous la fassiez très-mal, et alors ce sera la perte de la France; mais telle aura été votre fantaisie.

Si toutes les forces, toutes les intelligences, tous les dévouements s'y consacrent, ce sera une des belles époques de l'humanité Dans les élections, ne laissez pas égarer vos choix par de mesquins et égoïstes intérêts; ne cherchez de bien privé que dans votre part de bien général.

Certes, tout ne va pas très-bien aujourd'hui. Trop de gens auraient voulu tout casser dans la maison pour montrer qu'ils sont les maîtres; trop d'épaules sans force demandent de lourds fardeaux; trop de gens ont voulu faire avec les mains ce qui ne peut se faire qu'avec la tête. Mais veuillez-le, et ceux-là même comprendront, de bonne ou de mauvaise grâce, que la nouvelle révolution, ou plutôt la dernière phase de la révolution française, n'est pas faite au bénéfice d'un parti, après avoir renversé un gouvernement qui n'était plus qu'un parti. Cette révolution est au bénéfice de tous, chacun dans la mesure de son intelligence, de sa probité. Ils comprendront que la liberté ne consiste pas à faire ce qu'on veut, mais ce qu'on croit meilleur; que la liberté de chacun a pour limite la liberté des autres. Faites un gouvernement qui ne soit ni oppresseur ni opprimé; faites le gouvernement que vous voulez; choisissez non ceux à qui les places sont nécessaires, mais ceux qui sont nécessaires aux places; mais faites un gouvernement fort. Rappelez-vous les tracasseries quotidiennes et les taquineries de tous les instants sous lesquelles est tombé un mauvais gouvernement, et sous lesquelles tomberait de même le meilleur gouvernement possible. Chaque jour, chacun, jusqu'aux balayeurs des rues, jusqu'aux enfants, enlevait pour sa part un peu de force au pouvoir déchu. Que chacun, jusqu'aux balayeurs des rues, jusqu'aux enfants, en apporte au contraire au nouveau gouvernement.

On dit que les partis se remuent et espèrent; ils ont raison d'espérer : qu'ils retranchent de leurs idées tout ce qu'il y a en elles d'égoïste et de haineux; qu'ils viennent demander à la nouvelle République tout ce qu'il y a de noble, de généreux, de sincère dans leurs projets, et qu'ils l'aident de toutes leurs forces à l'exécuter : toutes leurs espérances seront réalisées; s'ils ne viennent pas, la France les jugera. Que chacun espère comme homme, comme Français, comme citoyen; mais, comme parti, la France n'en reconnaît et n'en veut aucun, quel que soit son nom, quel que soit son drapeau.

✳ Pour moi, je demanderai à la République, quand elle sera constituée, tout ce que j'ai en vain demandé au gouvernement déchu : rien de moins et pas grand'chose de plus.

✳ On a trop demandé au gouvernement provisoire. Le gouvernement provisoire ne pouvait que se prononcer sur les quelques grands principes inhérents aux idées saines et généreuses de la République française; il ne devait pas s'occuper d'une multitude de détails qui ne peuvent être décidés que par la nouvelle Assemblée.

Ainsi, par exemple, il eût été à désirer que le gouvernement pût exercer assez d'influence sur les ouvriers pour leur dire efficacement : Nous décrétons le principe de l'organisation du travail et de toutes les améliorations possibles au sort des ouvriers; mais c'est un problème qui doit être résolu sérieusement et jugé par la future Assemblée constituante. Il va d'ailleurs y avoir, pendant quelque temps, moins de consommation et de travail. N'augmentez pas cette gêne, dont vous souffrirez les premiers, par des exigences prématurées. A quoi servira d'augmenter le prix et de diminuer le temps de la journée, si on ne vous emploie pas? Nous trouverons moyen de secourir ceux qui souffriront; mais ayez un peu de patience : les lois doivent être faites au ciment; il faut le temps d'écraser et de tamiser la tuile. Si on bâtit avec la terre des chemins, tout s'écroulera aux premières pluies.

✳ Je ne remarque qu'en passant que certaines phrases de la circulaire de M. Ledru-Rollin, relatives aux élections, paraissent entendre la liberté d'une façon singulière, et que M. le ministre provisoire de l'instruction publique recommande de ne pas se fier aux gens qui ont de l'éducation. — Je suppose la mesure relative aux caisses d'épargne une dure nécessité, ainsi que le projet de vendre les immeubles de l'État, que l'on n'achètera pas.

On a exigé aussi quelques puérilités : la suppression des titres ; les titres n'en valaient vraiment pas la peine. Depuis longtemps ils tiraient leur valeur de ceux qui les portaient. D'ailleurs, les mœurs se sont tout à fait refusées à cette suppression, et chacun a conservé son nom et son titre. — Je ne parle pas de mille saugrenuités qui ont germé dans certaines têtes, et qui s'épanouissent chaque jour sur les murailles émaillées de Paris, en pancartes jaunes, rouges, bleues, vertes ; mais personne ne perdra rien pour attendre — et je prends note de tout.

Aujourd'hui il s'agit des élections ; il s'agit de les bien faire, de ne se laisser influencer par aucun parti, quel que soit son nom, puisqu'il y a des gens assez bêtes pour vouloir rester un parti, ni par aucune coterie ; il s'agit d'élire les plus sensés, les plus honnêtes, les plus fermes ; il s'agit de perdre ou de sauver la France.

Le gouvernement provisoire a décrété la République, sauf la ratification de l'Assemblée des représentants des départements, comme c'était son devoir. Quelques journaux ne veulent pas que la question soit soumise à cette Assemblée. « C'est, disent-ils, une question jugée ; c'est le vœu connu de la France, » etc.

Je dirai d'abord que mes vœux sont pour la République, parce que c'est la seule forme qui puisse embrasser et confondre tous les partis ; mais je dirai ensuite que ce doit être le premier vote demandé à l'Assemblée constituante. — La France veut la République ou elle ne la veut pas. Si elle la veut, elle le dira clairement par la voix de ses représentants ; si elle ne la veut pas, qui donc se croit le droit de l'établir ?

La République future doit être un progrès et non un replâtrage, un livre nouveau et non un plagiat. Que les commissaires de la République n'aillent pas étaler dans les départements des idées, des langages, des habits et des gilets d'une certaine forme, qui leur donnent une attitude de croquemitaine d'une opportunité fort contestable.

MARS 1848.

🐜 Plusieurs journaux de Paris me semblent vouloir usurper une singulière puissance : c'est de désigner aux départements les noms qu'ils doivent élire. La situation est trop grave pour que la province se laisse intimider ni mener par personne : la province nommera des hommes qu'elle connaît *elle-même*.

🐜 J'avais, l'année dernière, intenté un procès au chemin de fer de Paris au Havre pour arriver à faire supprimer ces horribles wagons découverts dits de troisième classe. — Une lettre de M. de Lapeyrière, chef de l'exploitation, m'apprend que le conseil d'administration a donné l'ordre de couvrir ces voitures.

🐜 Très-peu de jours avant les événements de Février, madame la duchesse d'Orléans, ayant appris que Jean Duchemin, pêcheur d'Étretat, mari de Rose Duchemin, que connaissent bien les lecteurs des *Guêpes*, avait eu le malheur de perdre son bateau et ses filets dans une tempête, lui a envoyé cinq cents francs. — C'est le cas de répéter, à propos de l'exil, ce que disait de la mort un grand orateur : « Rappelez-vous que de toutes vos richesses, vous n'emporterez dans l'*autre vie* que ce que vous aurez donné dans celle-ci. » — Et aussi un grand poëte :

« Qui donne aux pauvres prête à Dieu. »

Les riches sont surtout favorisés en cela, qu'outre leur part des biens de ce monde, ils ont reçu en dépôt la part des pauvres, qu'ils ont la douce charge de distribuer à ces créanciers de la Providence.

🐜 L'ancienne Chambre, impuissante et corrompue, était surtout composée d'avocats et de marchands. — Défiez-vous, dans les nouvelles élections, des avocats et des marchands. Un marchand ne peut abandonner ses affaires pour aller faire celles du pays ; il faut donc qu'il soit retiré : il est alors usé, et a l'esprit rétréci par des préoccupations avares. Il donne à l'argent une trop grande importance ; tout se résume pour lui par vendre et acheter. — Les avocats sont accoutumés à plaider toute question dans les sens les plus opposés; on dit populairement : « Ils n'apprennent le droit que pour plaider le travers. » D'ailleurs, ils acquièrent dans leur état une misérable abondance de phrases, une déplorable facilité de parler des choses qu'ils connaissent le moins, et d'embrouiller tout par l'esprit de chicane et d'argutie. J'ai remarqué dans le temps que Louis-Philippe avait dit un jour : « J'ai toujours aimé les avocats, » tandis que Napoléon disait : « Pas d'avocats. »

S'il se présente un avocat ou un marchand qui ait prouvé, non par des discours, mais par sa vie entière, qu'il aime le pays, qu'il aime et connaît le peuple, qu'il a de la fermeté et de la bonté, de l'intelligence et du cœur, nommez-le cependant, non pas parce qu'il est marchand ou avocat, riche ou éloquent, mais quoiqu'il soit l'un et l'autre, et cela seulement si vous n'avez personne dans les autres candidats qui réunisse au même degré les mêmes qualités parmi ceux qui ne sont ni marchands ni avocats.

Ne demandez à vos députés aucune faveur particulière; laissez-leur de votre part, et conséquemment de la part du pouvoir, toute l'indépendance dont ils ont besoin pour les grands et difficiles devoirs qu'ils ont à remplir.

On vous dit d'élire des républicains : on a raison; mais ne vous trompez pas sur le sens de ce mot. Il ne suffit pas qu'un homme se dise républicain, même depuis longtemps; ne vous fiez à aucune enseigne. Voyez vous-même si l'homme que vous avez en vue est bon, humain, intelligent et courageux; s'il aime le peuple, s'il secourt le pauvre et de quelle manière il le fait; s'il a toujours traité comme frères ceux d'entre les ouvriers et les paysans qui se sont montrés estimables, et s'il a toujours pressé avec plaisir la main calleuse du travailleur. Si l'on vous dit ensuite que cet homme-là n'est pas républicain, n'en croyez rien, et donnez-lui hardiment vos suffrages. Si un autre est avare, vaniteux, égoïste, ambitieux, il aura beau vous dire : « Je suis républicain, je le suis depuis vingt ans, depuis trente ans ; » ne le croyez pas, et refusez-lui votre voix sans hésiter.

Préférez le pauvre au riche : le pauvre connaît les besoins du peuple, et il n'a pas le cœur endurci. — Préférez le bon sens à la facilité de parler ; préférez les phrases courtes et pleines aux phrases longues et vides ; défiez-vous des mots sonores : rien n'est plus sonore que ce qui est creux ; ne jugez aucun homme sur ce qu'il dit au moment des élections, mais sur ce qu'il fait depuis longtemps.

Ne demandez pas combien un homme a d'argent, mais comment il l'a gagné. — Rappelez-vous que le mérite d'avoir de l'argent ne peut venir qu'après la moindre des qualités du cœur ou de l'esprit, et qu'il faut laisser là encore un certain intervalle.

Vous ne savez qui nommer ? Cherchez celui auquel vous iriez sans honte et avec confiance demander du secours si vous êtes besogneux, de l'appui si vous êtes opprimé, un conseil si vous êtes dans l'embarras.

Quand la Chambre nouvelle sera réunie, il faudra d'abord que la garde nationale et l'armée jurent de faire, au prix même de leur sang, respecter l'indépendance de l'Assemblée. Aucune menace, aucune influence, ne doit arriver jusqu'à elle ; tout homme qui tenterait contre elle la moindre violence physique ou morale doit être déclaré traître à la France et chassé du pays. — Si le pays, qui aura choisi cette fois ses représentants, croit avoir à se plaindre de quelques-uns, qu'il attende de nouvelles élections.

Que la tribune soit détruite : avec elle disparaîtront les longs discours vides et perfides. Ceux qui ont quelque chose à dire ne verront plus toujours la parole usurpée par ceux qui ne savent que parler. Les bonnes pensées et les bons sentiments ne seront plus étouffés par les grands mots et les grosses phrases : le pays peut être sauvé en patois.

※ N'écoutez pas les gens qui voient dans la révolution de Février le triomphe d'un parti : il n'y a plus de parti possible en France. Un parti qui veut subsister donne le droit à tous les autres de lever la tête.

※ Parmi les deputés qui étaient dans l'opposition lors de la Révolution, défiez-vous autant de ceux qui ont été aux affaires que de ceux qui y étaient alors. Que la qualité d'ancien député ne compte pour rien dans vos suffrages. A mérite égal, préférez l'homme nouveau.

※ La République, c'est le gouvernement des meilleurs choisis par tous dans l'intérêt de tous.

※ M. ***, préfet du dernier gouvernement, venait d'envoyer son adhésion à la République : « Encore celui-ci ! s'écria un ami ; mais vous avez passé déjà de l'Empire à la Restauration, de la Restauration à Louis-Philippe. Quelle versatilité ! quelle inconstance ! — Moi versatile ! moi inconstant ! répondit M. ***, je n'ai, au contraire, jamais changé d'idée : je veux et j'ai toujours voulu rester préfet. »

※ Un candidat venait de parler devant ses électeurs. Dans ses visites préalables, il avait donné à chacun la marchandise qui lui convenait. Conservateur avec les conservateurs, ardent démocrate avec les autres, il avait été obligé de donner à son discours public une obscurité suffisante pour ne contredire aucune de ses assertions trop variées dans le tête-à-tête. Un électeur, voyant cette hésitation et voulant le faire prononcer, lui dit : « Mais enfin, monsieur, si une émeute essayait de devenir une révolution, que feriez-vous ? — Ce que je ferais, monsieur, reprit le candidat avec son accent méridional, ce que je ferais, monsieur ?... ah ! je vous remercie de m'avoir posé une question aussi précise et aussi nette ; ce que je ferais, monsieur... mon devoir !

L'orateur fut couvert d'applaudissements. Je crois qu'il a été élu, mais je ne sais pas ce qu'il a fait.

※ Il ne faut pas que la France se suicide : ce serait se suicider que d'ôter la moindre parcelle de force au gouvernement provisoire, qui n'a et ne peut avoir qu'une puissance morale. Un bon citoyen peut et doit donner des avertissements pour demain, mais il ne doit pas élever des chicanes sur hier. Il faut éclairer et aider, il ne faut pas attaquer et ébranler. Voyez ce que nous aurions derrière le gouvernement provisoire : si cela est de votre goût, ce n'est pas du nôtre.

Loin de diminuer, par des attaques imprudentes et presque toujours injustes, la force morale du gouvernement provisoire, il faut l'avertir qu'il a plus de puissance dans le pays qu'il ne le croit peut-être. Il faut qu'il sache que le pays entier attend de lui certaines mesures nécessaires, pour lesquelles il aura l'appui de toute la France, moins deux ou trois cents brigands qui font, sous prétexte de la République, ce qu'ils feraient tout aussi volontiers en l'honneur de Henri V.

Le peuple, le vrai peuple, est blessé qu'on ait l'air, en ménageant une hideuse populace d'échappés de prison ou de *galériens trop tôt libérés*, de la confondre avec lui. Remuez violemment le vin le plus généreux, il montera de la lie à sa surface ; mais cette lie retombera par sa propre impureté.

※ L'armée ne doit plus être frappée d'ostracisme ; l'armée est composée de citoyens qui payent leur dette à la patrie un peu plus cher que les autres ; de citoyens qui, *choisis par le sort*, entre tous, payent l'impôt le plus lourd, l'impôt du sang, et seront, dans trois ans, ouvriers ou bourgeois, comme ils l'étaient il y a quatre ans : ils ont tiré à la loterie le *gros lot des devoirs*, voilà toute la différence. Le garde national n'est-il plus citoyen le jour le garde? les soldats montent une garde de sept ans : je ne vois pas ce qui peut les séparer du reste du peuple. Où est l'homme qui n'a pas des parents et des amis dans l'armée? et vous-même, si vous n'êtes pas soldat, c'est que le sort ne vous a pas désigné, ou peut-être avez-vous acheté un remplaçant, et l'avantage, comme citoyen, n'est pas de votre côté : vous payez en argent ce qu'ils payent de sept ans de leur vie.

Il est temps que le peuple rappelle ses frères de l'armée, et qu'il rende lui-même, aux régiments de la garnison de Paris, les armes que ceux-ci lui ont prêtées pour combattre en Février 1848. Après quoi on ne dira plus « le peuple et l'armée, » en mettant ridiculement ces deux noms en opposition. — Le peuple, c'est tout le monde ; l'armée, c'est la partie du peuple momentanément sous les drapeaux ; excepté les enfants, qui en seront bientôt, les vieillards et les infirmes qui en ont fait partie, et les brigands qu'on en repousse avec raison, tous les citoyens sont de la garde nationale et de l'armée tout aussi *nationale*. Nous ne dirons donc plus « le peuple et l'armée, » puisque l'armée fait partie du peuple, pas plus que nous ne dirions, par exemple, « le peuple et les cultivateurs, » ou « le peuple et les charpentiers. » Nous dirons « l'armée sédentaire et l'armée mobile formant le peuple français ! »

Si j'étais ministre de la guerre, je remettrais mon portefeuille comme inutile, ou je ne laisserais pas peser un instant de plus sur l'armée un quiproquo qui aurait presque l'air d'une suspicion. Je suis convaincu que c'est un devoir rigoureux dont s'acquittera le général Changarnier, puisqu'il paraît que c'est définitivement lui que nous aurons pour ministre de la guerre. — Ce sera là, si on veut, le sujet d'une belle et grande fête républicaine.

Cela vaudra mieux que la plantation trop multipliée d'arbres de la liberté, promenades tumultueuses qui, aujourd'hui, répandent l'inquiétude et donnent lieu à quelques abus dont le peuple ne veut plus. La saison est trop avancée pour que les arbres reprennent et poussent. Je vous dis ceci en ma qualité de jardinier : les deux tiers de vos arbres mourront. Nous en replanterons tous ensemble, dans un an, à l'anniversaire de la Révolution de février, dans une grande fête nationale. Ces arbres, arrachés et replantés avec soin en saison convenable, vivront et abriteront les générations futures. — A l'année prochaine !

※ Il est une autre cause d'inquiétude, c'est la tâche entreprise avec trop de courage et de constance par M. Louis Blanc ; c'est l'essai de l'improvisation de l'organisation du travail. Je voudrais que les délégués des corps d'états vinssent dire à M. Louis Blanc : « C'est assez tourner dans un cercle sans issue ; nous vous savons gré de vos efforts, de votre bonne volonté et de votre intelligence ; nous comprenons maintenant que ce n'est pas là une question dont la solution puisse s'improviser, surtout au milieu de difficultés inévitables après un si grand ébranlement. Prenons acte de ce que nous avons déjà fait, et ajournons la solution ; rassemblons les matériaux ; enregistrons tous les avis sincères ; convions toutes les intelligences à nous venir en aide ; méditons avec calme, puis nous reprendrons cette œuvre un peu plus tard. Pour le moment, ouvriers et patrons, arrangeons-nous en frères ; partageons le travail ; suspendons les réclamations même les plus légitimes ; dans trois mois, nos pensées plus mûres enfanteront des lois robustes et vivaces, nous penserons à abaisser nos journées à dix heures de travail quand le gouvernement provisoire ne sera plus forcé de porter ses journées de travail à quarante-huit heures. Faisons tous un peu plus que nous ne devons : c'est pour la France que nous travaillons ; nous ne serons plus difficiles que lorsque nous travaillerons pour nous. »

※ Je viens de voir l'attitude des futurs électeurs. J'ai regretté chez un grand nombre de ne pas voir plus de fermeté d'esprit, plus d'intelligence de la situation. Beaucoup s'effrayent outre mesure ; ils vont jusqu'à douter de l'existence du pays. Ils ne croient pas à la liberté, ou plutôt, comme ils l'avaient traitée un peu en ennemie, ils la croient vengeresse. Ils n'osent pas lui ouvrir leur âme ni leur esprit : ils veulent, avant tout, ne pas paraître *modérés*.

Ils cherchent à se signaler par des choix étranges : ils exigeraient presque qu'un candidat eût été tué en Juillet ou en Juin.

Vous avez pitié d'eux, vous les rassurez; mais vous ne tardez pas à voir que vous les avez trop rassurés : ces gens, si audacieux quand ils avaient peur, deviennent timides quand ils sont rassurés. Ils demandent alors si on ne pourrait pas renvoyer à la Chambre quelques députés conservateurs. Vous êtes obligé de leur rendre un peu de leur frayeur avant de les quitter.

Dans une ville où il y a deux comités, à Rouen, par exemple, le plus modéré des deux n'obéit qu'à un seul sentiment, à une crainte, la crainte de voir l'autre lui reprocher sa modération. Alors, tous les efforts de ses membres se réunissent pour présenter des candidats plus *avancés* que ceux de l'autre comité, et ils finissent quelquefois par changer de rôle.

Tel membre d'un bureau, causant avec vous, se déclare très-satisfait de vos principes; il avoue même qu'il est et surtout qu'il était moins avancé que vous. Comme particulier, il ne voudrait peut-être pas de vous : vous êtes trop ardent; — mais comme membre d'un comité, il vous repoussera sans doute comme trop modéré.

Bon Dieu ! soyez donc sincère ! croyez donc à la liberté pour tous, jugez donc et choisissez donc d'après vos propres sentiments; votez pour la République, c'est le salut du pays; mais ne choisissez pas vos élus dans les listes toutes faites que font circuler les coteries; sachez vous-même ce que vous voulez d'un bon républicain; voyez où vous trouvez les qualités, sans trop vous fier à l'enseigne.

Il y a dans le mode d'élection adopté un vice que l'Assemblée constituante aura, je pense, à réformer: c'est le vote de chaque habitant sur tous les représentants du département; les deux tiers des électeurs auront à voter sur des noms qui leur sont tout à fait inconnus. Ils devront adopter, sur les candidats de localités du département éloignées de la leur, l'opinion qui leur semblera dominer dans cette localité ; mais par cela ils seront très-exposés à l'influence des coteries. Il faut ici mettre de la probité et du bon sens dans son vote. Obligé d'accepter parfois des listes toutes faites, remplacez sur votre bulletin un nom que vous n'approuvez pas, ou même un nom que vous ne connaissez pas du tout, par un nom que vous connaissez et que vous avez pu apprécier, non dans les professions de foi, mais dans les actions et dans les habitudes de la vie.

※ Mettez plutôt quelques noms de moins que de donner votre voix à des gens que des coteries veulent vous imposer. D'ailleurs, voyez, cherchez autour de vous des hommes probes, désintéressés, intelligents, énergiques, amis du peuple et du pauvre — avant le mois de Février 1848.

※ Les compagnons du devoir ont donné un bel exemple, et je ne suis pas le seul, j'en suis convaincu, auquel le récit de leur manifestation ait fait venir les larmes aux yeux ; séparés depuis bien des années en troupes rivales et ennemies dont les combats ont été quelquefois mortels et toujours sanglants, ils ont abjuré les haines anciennes, ont réconcilié et confondu tous les *devoirs*. Voilà qui est grand ! voilà qui est noble ! voilà comment le peuple conquiert l'égalité et la laisse même à atteindre à ceux qui se croyaient au-dessus de lui. A la bonne heure ! voilà le peuple ! le vrai, le grand peuple ! voilà le peuple dont je suis, dont j'ai toujours été fier de faire partie !

※ Quel est cet homme à la figure hautaine, à la parole brève, dont le regard vague ne rencontre jamais le vôtre ? — C'est un républicain. — Est-il d'un abord facile ? est-il conciliant et bienveillant ? — Non ! nous devons l'avouer, et c'est peut-être un défaut ; il est fier et ne souffre pas un avis opposé au sien. — Diable ! aime-t-il le pauvre et l'ouvrier ? — Il ne les fréquente pas, et n'a même jamais occasion de s'entretenir avec eux ; mais on ne pourrait s'en plaindre, puisque dans sa famille même il ne permet ni une opinion ni une pensée qu'il n'ait prescrite. —

Recherche-t-il, aime-t-il, aide-t-il les hommes les plus intelligents, les plus capables? — Non, il n'aime pas les supériorités; il pense que la sienne suffit : il aime la docilité et l'obséquiosité. Mais pourquoi ces questions? — C'est que vous m'avez dit qu'il était républicain.—Ah! pour cela, certainement! personne n'en peut douter! il l'a été de tout temps, il l'était sous la Restauration comme sous Louis-Philippe! — Et moi, je vous dis que cet homme n'est pas républicain! Quoi! pour avoir dit, il y a dix ans, vingt ans, trente ans : « Je suis républicain! » et ne s'être pas cru obligé à autre chose, un homme s'estime républicain, et les niais disent : « Il est républicain, républicain de « la vieille roche ! »

Que diriez-vous d'un homme qui mettrait sur sa boutique en lettres d'or : *Boulanger*, et chez lequel vous ne trouveriez pas un pain ? dont la boutique serait garnie au contraire de hochets, de verroteries et de joujoux ?

Et si à côté s'ouvrait une boutique sans enseigne, mais d'où s'exhalerait une bonne odeur de pains frais et dorés, étalés sur des rayons tout garnis, continueriez-vous à vous adresser au premier ?

Je vous le dis, en vérité, cet homme-là n'est pas républicain. — République oblige. — Cet homme a trouvé les places prises dans les autres aristocraties, où l'on n'aurait pas voulu de lui : c'est un aristocrate sans place qui s'est fait républicain, et qui est aristocrate dans la République.

Vous suffit-il qu'un liquide quelconque soit rouge pour que vous disiez : « C'est du vin ? » Tant pis pour vous, alors : buvez-le! et s'il n'a ni bouquet ni saveur, s'il ne répare pas vos forces, si c'est une boisson fade, tant pis pour vous !

M. J.-P. Schmidt, fils d'ouvrier, longtemps ouvrier lui-même, publie, à *un sou*, un tout petit livre si plein de bonnes, belles et utiles choses, que je ne connais guère de gros livre dans lequel il en tienne autant. Ce livre s'adresse aux ouvriers

Je suis heureux, en ce moment, de ne pas avoir prodigué ma louange pour lui laisser de la valeur pour les choses réellement dignes d'éloges : je voudrais qu'on donnât une récompense nationale à M. Schmidt. Voilà un homme que j'aimerais voir à l'Assemblée nationale, et à coup sûr il aura ma voix ; mais combien en aura-t-il avec ?

Le petit livre de M. Schmidt se trouve chez l'auteur, rue de Vaugirard, 35.

Voici une annonce comme j'aime à les faire : celles-là ne trompent pas ceux qui achètent et ne ruinent pas ceux qui vendent.

Avril 1848.

Aux rois nouveaux. — Vous êtes des nôtres. — M. Odilon Barrot. — Aux électeurs de la Seine-Inférieure. — De quoi se compose un rassemblement. — La nouvelle circulaire de M. Ledru-Rollin. — La canaille d'en haut et la canaille d'en bas. — Plusieurs procès gagnés par les *Guêpes*. — L'auteur parle beaucoup trop de sa candidature, complétement échouée dans le département de la Seine-Inférieure. — MM. Lamartine, Ledru-Rollin, Deschamps, Sénard, Morlot et Goudchaux. — De tout ce qui a été révélé sur l'auteur des *Guêpes*. — Le superflu et le nécessaire. — Guerre à quelques mensonges.

On vous dit : « Le peuple est souverain, le peuple est roi, » et comme on a appelé longtemps à tort le peuple une partie seulement du peuple, — l'ouvrier et le pauvre, — vous vous figurez que c'est une classe qui remplace l'autre au pouvoir, que c'est vous qui allez devenir les riches et les oisifs, et que ceux-ci vont devenir les ouvriers et les pauvres. — C'est parfaitement possible; mais pas du jour au lendemain. Les riches et les pauvres n'étant plus, les uns soutenus, les autres arrêtés par d'injustes priviléges, les riches peuvent descendre aussi bas que les précipiteront leurs vices ou leur sottise, les pauvres s'élever aussi haut que les porteront leur travail et leur intelligence. — Mais le peuple, c'est le pays tout entier, et le peuple est roi en cela que chacun est aussi libre, aussi indépendant que tous ; que tous choisissent entre eux pour les fonctions publiques les plus honnêtes et les plus intelligents, et qu'il n'est personne qui n'ait ainsi part au gouvernement, soit par lui-même s'il est choisi, soit par le choix qu'il fait librement d'un autre.

Quand on vous dit : « Le peuple est roi, » ce n'est pas dire qu'une fraction hérite non-seulement du pouvoir, mais encore de la tyrannie, des préjugés renversés et des abus de la royauté. Il n'y aurait alors rien de changé que les personnes. Et comme je ne vois pas quels bénéfices le pays trouverait à remplacer Louis-Philippe par un certain nombre de terrassiers qui feraient absolument la même chose que lui, le pays ne le souffrirait pas davantage et n'en aurait pas le droit. Voulez-vous être rois, soyez au moins de bons rois ; n'imitez pas, parmi vos prédécesseurs, ceux que vous avez renversés, mais ceux dont la mémoire a si longtemps protégé leurs descendants.

Ne disons plus sottement le *peuple*, pour une fraction du peuple; nous ressemblerions à ce jeune soldat qui prétend qu'un caporal n'est pas un homme, parce qu'il entend dire souvent « quatre hommes et un caporal. » — Le *peuple*, c'est tout le pays.

Si nous étions encore divisés en castes, la caste détrônée vous dirait avec raison : « Nous reconnaissons et nous acceptons la devise humaine : *Liberté, Égalité, Fraternité*, mais aussi nous l'exigeons. Sans cela vous prendriez notre place et nous la vôtre, et en même temps que vous hériteriez des priviléges et des abus que vous nous avez justement enlevés, nous hériterions, nous qui serions précisément ce que vous étiez, du droit de vous les enlever à notre tour. » — Les priviléges et les abus sont morts sur le champ de bataille; ils n'existent plus pour personne; — sans cela, où serait le bénéfice pour le pays, que ce fût une autre classe qui vînt confisquer la liberté à son tour? — Cela me rappellerait mon matelot, L. Buquet, qui, sur le point de quitter sa maison pour en prendre une autre, me disait : « Je m'en vas changer de punaises. »

🐜 Sous le gouvernement déchu, O*** n'était pas républicain; bien plus, il ne pouvait supporter l'énonciation des idées libérales; il rencontrait souvent dans le monde B***, qui ne s'en faisait pas faute; aussi en était-il arrivé tout doucement à ne plus le saluer dans la rue. Quelques jours après la révolution de Février, B*** rencontre O*** et passe à côté de lui sans le voir; mais celui-ci l'arrête par un pan de sa redingote, et d'un air très-résolu : « Ah çà! vous êtes des nôtres, j'espère? » lui dit-il.

🐜 Les murs de Paris ont de ce temps-ci une loquacité extraordinaire. Quelques bonnes idées se montrent parmi des milliers de sottises et de saugrenuités; on se prend parfois à regretter, relativement aux murs, le temps où on ne les accusait que d'avoir des oreilles.

🐜 A la suite des troubles déplorables qui ont nécessité à Lillebonne une répression sanglante, M. Deschamps a publié une proclamation où je remarque ce paragraphe parfaitement raisonnable :

« Là où quelques citoyens pourraient arracher par la violence et imposer par la crainte des concessions aux pouvoirs qui les régissent, il n'y aurait que confusion et anarchie; car chacun à son tour croirait pouvoir exercer une domination injuste, et la République ne serait plus que la réunion d'une foule de tyrannies. »

🐜 Il serait temps de faire finir une plaisanterie dont est victime M. Odilon Barrot. On voit toujours aux deux coins de la rue de la Ferme-des-Mathurins des écriteaux substituant au nom de cette rue le nom de : *rue du Père du Peuple.* — M. Odilon Barrot, qui, pour arriver à un changement de ministère, a, par mégarde, amené la République, dont il ne voulait pas, ressemble à cet homme dont j'ai parlé autrefois qui mettait le feu à la maison pour allumer son cigare. M. Odilon Barrot n'a pas eu un rôle brillant ; mais on assure qu'il a compris son erreur, monté régulièrement sa garde et s'acquitte de tous ses devoirs de citoyen ; c'est donc le moment de l'oubli et de la réconciliation, et l'on doit ne plus affubler ni lui ni sa rue d'un sobriquet malveillant.

Comme je voyais hier un rassemblement, j'ai voulu voir de quoi il était composé. C'étaient pour presque les deux tiers des gens qui disaient : « Que c'est donc ennuyeux, ces rassemblements ! cela inquiète et empêche la confiance de se rétablir. Que c'est donc ennuyeux, ces rassemblements ! »

J'entends dire que dans divers clubs on annonce l'intention de se porter en masse contre l'Assemblée nationale, dans le cas où elle n'agirait pas conformément aux idées émises dans ces clubs. — Sommes-nous dans un pays de fous, que de pareilles phrases puissent se finir sans être interrompues par les huées ? — Le pays entier, depuis le duc et pair jusqu'au mendiant, depuis l'homme qui possède le plus de terre jusqu'à celui qui n'a pas de souliers, tout le monde, avec une voix égale, nomme des représentants dans toute la France et pour toute la France ; c'est l'expression aussi exacte que possible de la volonté nationale, et des clubs, qui n'expriment que leur volonté à eux, qui ne représentent qu'eux-mêmes, ont l'audacieuse folie de prétendre exercer une influence, et la plus honteuse à la fois et la plus insolente des influences, l'influence de la peur, sur la représentation nationale !

Mais ce serait la plus exorbitante et la plus folle tyrannie exercée au nom de la liberté ! Mais il y aurait de quoi rendre le nom de liberté ridicule et odieux ! Mais l'Europe nous prendrait pour un peuple de gamins ! Mais, à côté des droits qu'on a et de ceux qu'on croit avoir, il y a aussi des devoirs.

Les représentants du pays feront respecter leur mandat, et tous les bons citoyens, tous ceux qui ne sont ni fous ni traîtres en France, doivent se faire tuer autour de la Chambre des députés avant d'y laisser arriver même le bruit d'une menace. Autrement, si on ne s'engageait pas formellement à l'exécution de ce devoir, les députés en auraient un autre à accomplir; ils devraient retourner à l'instant même dans leurs départements, et une fédération provinciale aviserait aux moyens de ne plus permettre à une petite fraction de Paris de disposer à son gré du sort de toute la France.

On m'assure que cette question est proposée aux candidats aux grades pour la garde nationale : « Que feriez-vous si l'Assemblée nationale ne votait pas la République ? » Il n'est pas douteux que les députés votent la République ; rien autre n'est possible ; il n'y a *pas un* candidat qui ne le reconnaisse hautement; mais encore faut-il qu'ils la votent, et qu'ils la votent librement; c'est le seul moyen de la sanctionner par l'expression du vœu de la nation. Mais, avant tout, il faut respecter quelque chose; il faut non-seulement laisser, mais encore assurer par tous les moyens une entière indépendance à l'Assemblée ; et quand on pose aux candidats cette question : « Si *on* marchait contre l'Assemblée nationale, que feriez-vous? » il n'y a à faire qu'une seule réponse honnête, sensée, républicaine : « Je me jetterais entre les agresseurs et l'Assemblée, et je me ferais tuer sans reculer d'un pas. » Autrement, la France est perdue.

Mais on me contait hier qu'un monsieur, à cette question : « Que feriez-vous si l'Assemblée nationale ne répondant pas au vœu d'une partie du peuple, on se portait contre elle? » a trouvé charmant de répondre : « Je jetterais mes épaulettes et je me mêlerais aux assaillants. »

On lui a dit : « Eh bien, monsieur, ce serait une sottise, une lâcheté et une trahison; » puis on l'a chassé avec des huées.

Dieu protége encore la France : il a laissé du bon sens et du cœur au plus grand nombre de ses enfants.

🐝 Je suis heureux aujourd'hui d'avoir vécu avec le peuple, de l'avoir toujours aimé et de lui en avoir donné des preuves toute ma vie : cela fait que je n'ai pas besoin de lui adresser de grandes phrases, comme tant d'autres, et de l'enfumer d'un gros encens capiteux. Je crois qu'il faut dire au peuple la vérité : voilà ce qui se peut et voilà ce qui ne se peut pas ; et, dans ce qui se peut, ce qui se peut tout de suite et ce qui ne se pourra que plus tard. Sans cela, vous épuisez à faire ce qui ne se peut pas des forces que vous n'aurez plus même pour faire ce qui se peut, et tout deviendra impossible.

🐝 La République naissante a promis de l'ouvrage aux ouvriers ; elle doit en donner : mais elle n'a pas promis une liste civile aux fainéants ; elle ne doit pas donner de l'ouvrage à la journée, mais à la tâche. Tous les bons ouvriers, et moi je connais les ouvriers, sont d'accord avec moi. — Il est temps de mettre un terme à ces travaux sans but, dont les ouvriers, comprenant l'inutilité, ne se soucient aucunement. Pourquoi n'a-t-on pas mis à exécution les travaux de quelques lignes de chemins de fer ? — Prenons garde que, appauvrir les riches, ce n'est pas enrichir les pauvres.

🐝 L'autre jour, à Rouen, dans le *Comité central*, des délégués du canton de Saint-Romain m'ont fait l'honneur de me proposer comme candidat ; cette candidature a été accueillie par le Comité. — Avant le vote, un membre du bureau a fait cette objection : « M. Karr n'est pas républicain. »

J'ai répondu : « Je n'étais pas et je ne suis pas du parti républicain. La République n'appartient pas à un parti, elle appartient à la France ; je suis de la France républicaine. »

Je me présente comme candidat aux élections de la Seine-Inférieure, je me présente sans déguisement, je ne veux pas prendre de masque, mais je ne m'en laisserai mettre par personne.

Je n'étais pas républicain, mais je défendais sans relâche, par mes écrits, tous les droits du peuple, et je défie le plus ardent comme le plus *ancien* républicain de trouver une injustice que je n'aie flétrie, un opprimé dont je n'aie pris la défense, une action noble dont je n'aie fait l'éloge, une mesure utile que je n'aie provoquée.

Je n'étais pas républicain, mais je ne choisissais pas mes amis parmi les plus riches et les plus puissants, mais parmi les plus honnêtes, les plus intelligents et les meilleurs ; aussi la moitié de mes amis porte encore ses mêmes vestes et ses mêmes blouses.

Alors, ainsi qu'aujourd'hui, je mettais la chose avant le mot, et je n'avais pas écrit sur ma porte une enseigne dont beaucoup de gens se contentaient et se contentent encore pour eux et pour les autres.

Je voulais alors et j'espérais obtenir progressivement la reconnaissance de tous les droits, l'établissement de toutes les libertés. J'aurais voulu rendre insensible cette transition dont le pays entier souffre aujourd'hui. J'aurais voulu épargner le sang qui a coulé ; j'aurais voulu éviter cette frayeur aveugle qui cache l'argent, arrête les affaires, met toute la France aux expédients et fait craindre chaque jour pour la fortune du riche et pour le salaire de l'ouvrier ; je savais alors, comme beaucoup l'apprennent aujourd'hui, que le mot mal interprété de république, réveillant des souvenirs d'excès et de terreurs exagérées, amènerait les difficultés passagères que nous avons à traverser, et, je l'avoue, j'aurais de grand cœur sacrifié le nom pour avoir la chose plus tôt et pour ne pas payer aussi cher les frais d'installation : c'était peut-être une faiblesse, mais il faut me pardonner d'être avare du sang et de la fortune de mes concitoyens.

Aujourd'hui, comme jadis, je veux tous les droits, mais avec tous les devoirs ; je veux toute la liberté, mais la liberté de chacun, ayant pour limite la liberté des autres ; je veux l'égalité, non pas ce ridicule rêve d'envieux qui voudraient tout abaisser sous un stérile niveau, mais l'égalité qui élève, l'égalité qui rétribue chacun selon ses œuvres, l'égalité devant la justice, l'égalité devant la loi.

Je veux la fraternité, — elle sans limites comme sans hypocrisie.

Je veux que les opprimés reprennent tous leurs droits, mais je ne veux pas qu'ils deviennent oppresseurs à leur tour. Ces paroles sont conformes à celles qu'on peut retrouver dans mes écrits; mes actes ont toujours été conformes à mes paroles d'hier et d'aujourd'hui.

Je ne viens pas vous demander vos suffrages comme une faveur, je viens me présenter à vous tel que je suis. Si vous croyez avoir besoin de moi, je suis au service de la France républicaine avec tout ce que je puis avoir de cœur, d'intelligence et d'énergie.

On me dit que j'aurai trois ou quatre mille voix que me donneront les gens qui me connaissent depuis longtemps, mais que peut-être les efforts de certaines coteries réuniront sur d'autres huit ou dix mille voix de gens qui ne les connaissent pas.

On me dit encore : « Quelle imprudence! vous êtes candidat et vous attaquez les avocats, quand il y en a tant dans les comités électoraux. » — C'est précisément parce que je vois encore beaucoup trop d'avocats aux affaires, ou sur le point de s'y glisser, que j'attaque les avocats.

On me dit encore : « Tâchez de vous faire porter par telle ou telle coterie. »

Non, mille fois non! Je n'emploierai pas, pour obtenir de mon pays une marque de confiance, des moyens qui, fussent-ils certains, m'en rendraient indigne à mes propres yeux. Ce que je ne dis pas en assemblée publique, mais ce que je puis dire aux lecteurs des *Guêpes*, qui me connaissent depuis neuf ans, c'est que, en voyant ce beau ciel bleu, les arbres qui se couronnent de feuilles et de fleurs, le soleil, ce *regard d'amour* que Dieu laisse tomber sur la terre qui tressaille et s'embellit, — en entendant les premiers chants des oiseaux, je ne puis m'empêcher de songer que c'est un grand tribut que j'apporterais au pays que de passer l'été dans une chambre législative, loin de la mer que j'aime, loin des arbres que j'ai plantés et des jardins où s'épanouissent pour moi, avec les fleurs, tant de charmantes rêveries et de doux et poignants souvenirs.

Je suis franc et sincère : je me présente tel que je suis. Si on a besoin de moi, je suis prêt, et ne faillirai pas au mandat dont je comprends la gravité ; mais je n'userai d'aucune manœuvre, même la plus innocente, pour me faire élire.

On parle dans les comités, on parle dans les clubs, on parle dans les cafés, on parle dans les rues : cela ne peut suffire aux besoins qu'ont les citoyens en ce moment de s'ouvrir réciproquement leurs âmes et de se faire les uns aux autres l'éloge de leurs vertus. Toutes les maisons de Paris sont couvertes, il y a longtemps déjà, d'affiches de toutes les couleurs. Nous en sommes à la troisième couche superposée. Il n'y a pas un Parisien qui ne se donne le plaisir de publier au moins son *moyen unique de rétablir le crédit.* — Et puis on est toujours gêné par quelque chose. Il faut en demander la suppression. Aussi lisons-nous : *Plus d'armée, plus d'impôts, plus d'héritage, plus de liens égoïstes de la famille.* — Ici on demande *le divorce.* Il est à remarquer que le divorce est surtout réclamé par les femmes. Les hommes n'osent pas : il n'y a guère d'homme qui n'ait promis quelque part à quelqu'un de l'épouser, si *jamais* on rétablissait le divorce ; et il faudrait aux hommes deux divorces. Les affiches sur le divorce, tout le monde l'a remarqué, sont sur papier jaune. C'est une menace. *Le divorce, ou... vous verrez.*

Et les candidatures donc ! « Encouragé par le suffrage de *tous* mes concitoyens, je demande la voix des autres. » — Il y a bien dans Paris dix lieues de candidatures.

Quoique je sois décidé à ne pas attaquer le gouvernement

provisoire, il me faut cependant défendre la République contre M. Ledru-Rollin.

M. Ledru-Rollin me rappelle ces femmes qui ne se croient bien faites que si elles sont bien gênées dans leur corset. M. Ledru-Rollin ne veut pas qu'on accepte et qu'on adopte la République : il veut absolument l'imposer. « Je suis républicain! » lui crie-t-on de toutes parts. Mais il ne veut pas qu'on le soit de bonne volonté, il veut qu'on le soit de force; et il publie une seconde épreuve de la fameuse circulaire qui avait déjà produit un si mauvais effet, que le gouvernement provisoire tout entier avait été obligé d'en expliquer et d'en réformer les termes. Eh bien, vrai! la République vaut beaucoup mieux que M. Ledru-Rollin n'essaye de nous le faire croire. La République est la meilleure chose du monde, pourvu qu'elle soit vraie, pourvu que le despotisme, ayant usé tous les noms, n'abuse pas, en dernière ressource, du nom de liberté.

Rassurons à la fois et M. Ledru-Rollin, car tant de menaces semblent toujours cacher et cachent assez mal un peu de crainte, et les lecteurs de ses circulaires. Disons, sur la situation des esprits en France, la vérité que je ne vois nulle part. Il ne faut pas se figurer que la totalité du pays ait des opinions à lui. Avant la révolution de Février, il y avait *en France* cent mille républicains. Il y avait, d'autre part, deux cent mille conservateurs. — Et le reste! Le reste est de l'avis du parti le plus fort, et cela par beaucoup de raisons, dont voici une : le parti le plus fort peut seul offrir le calme et la sécurité indispensable à tous ceux qui s'occupent de commerce et d'affaires, à tous ceux qui vivent de leur travail.

La plupart des gens existent dans un petit cercle d'intérêts et de relations où il n'y a d'autre politique que la paix et le calme. Si un parti l'emporte, ils souffrent de l'ébranlement de la lutte et de la commotion du triomphe. Le parti battu devient leur ennemi parce qu'il menace sans cesse d'une nouvelle lutte et d'un nouveau triomphe, et conséquemment d'un nouvel ébranlement. Je ne veux pas énumérer les autres causes, parce que, en temps de suffrage universel et de candidature, il ne faut fâcher aucun de ses concitoyens.

Les républicains demandaient la réforme électorale ; les conservateurs ont cru les aider à obtenir la réforme, et ils ont amené la République. Les conservateurs sont battus, et battus surtout par eux-mêmes. C'est une affaire conclue. — La République a donc battu les deux cent mille conservateurs, grâce surtout à leur concours désintéressé ; et elle a conquis du même coup tout le reste du pays. Le pays tout entier n'aspire qu'à une chose, un gouvernement fort et fonctionnant régulièrement, le rétablissement du calme et la reprise des affaires.

Je ne vois guère d'achoppement nulle part, que les circulaires de M. Ledru-Rollin et les emportements de ses amis, circulaires et emportements qui pourraient faire croire qu'eux seuls ne veulent pas de la République, puisqu'ils prennent tant de mal pour en effrayer les gens, et lui donner des airs de Croquemitaine qui épouvantent les uns et irritent les autres.

La France ne veut être dominée ni par la canaille d'en haut, ni par la canaille d'en bas. J'appelle canaille d'en haut les hommes corrupteurs et corrompus, arrivés aux places par l'intrigue, à la fortune par le vol, à la faveur par la bassesse ; agiotant sur le pain et spéculant sur la faim. — J'appelle canaille d'en bas les voleurs, les fainéants, ceux qui veulent tout briser pour s'en partager les morceaux, ceux qui demandent le pillage et le meurtre.

La France ne veut être dominée ni par la canaille d'en haut, ni par la canaille d'en bas.

Les *Guêpes* viennent de gagner quatre ou cinq des procès qu'elles avaient en vain plaidés sous le gouvernement déchu. — On modifie la prison préventive. — L'administration du chemin de fer de Rouen *a promis* de couvrir ses wagons de troisième classe. — On supprime le travail dans les prisons, qui portait tant de préjudice aux ouvriers honnêtes. On rachète les chemins de fer, que l'État avait eu le tort si grave d'aliéner. — Je demanderai pourquoi on ne modifie que d'une manière vague, et dans l'avenir, le travail des communautés religieuses, qui condamne au dehors tant de filles honnêtes à choisir entre la faim et la prostitution? Je demanderai pourquoi les wagons de troisième classe ne sont pas couverts tout de suite, au lieu d'attendre l'été pour préserver de l'hiver?

Ce serait le cas de vous dire que, ma candidature n'ayant pas réussi, le pays est perdu. Mais, vraiment, je ne puis me donner cette consolation, et si j'ai tenté d'abandonner ma retraite pendant quelque temps, c'est que j'aurais tenu à grand honneur d'aider à toutes les belles et bonnes choses qu'il y a à faire.

Aussitôt la République déclarée, il s'est trouvé deux républiques en présence, deux sosies, deux ménechmes, s'appelant toutes deux la *République*, portant toutes deux le même drapeau, invoquant toutes deux les mêmes mots : Liberté, Égalité, Fraternité.

L'une cependant était la vraie République, réclamant la liberté et l'égalité pour tous ; l'autre était le despotisme, qui avait pris un nom à la mode pour essayer de se faire accepter encore une fois, et prétendait traiter la France en pays conquis au bénéfice de quelques milliers d'hommes. Lamartine s'était campé résolûment comme le drapeau de la première ; M. Ledru-Rollin s'était laissé maladroitement arborer comme le drapeau de la seconde. La France se range sous le drapeau de Lamartine : la question est jugée. La fausse République est reconnue ; on lui rend son vrai nom, et on remplace sur son drapeau les mots : Liberté, Égalité, Fraternité, qu'elle avait usurpés, par ceux-ci, qui sont la traduction de sa pensée trahie par ses actions : Despotisme, Envie, Vengeance.

Lamartine était tellement dans tous les cœurs et dans tous les esprits, que son nom devait sortir partout de l'urne électorale, de quelque façon qu'on interrogeât le pays. Mais peut-être les tentatives d'influence faites par le citoyen ministre de l'intérieur ont-elles poussé, à propos d'autres suffrages, les esprits à une réaction trop forte.

La forme électorale adoptée est tout simplement détestable. Je ne puis vous dire ici ce qui s'est passé dans toute la France, pas plus qu'un soldat ne pourrait vous raconter la bataille d'Austerlitz, quoiqu'il y eût assisté, parce que, précisément, à cause de la part qu'il a prise à l'action, il n'a vu que l'homme qui était en face de lui, et les deux qui se tenaient à sa droite et à sa gauche. Je vais vous dire ce qui s'est passé à cette bataille où je suis resté sur le terrain, mais seulement ce qui s'est passé autour de moi. Ce récit, qui est celui de mon élection comme député de la Seine-Inférieure, servira, je crois, à démontrer quelques-uns des vices de la formule électorale adoptée.

Tout le monde savait d'avance que la *ville* de Rouen, par le nombre de ses votes, disposerait entièrement des élections, et que le Havre, Fécamp, Dieppe, Bolbec, etc., n'auraient que ce que le chef-lieu voudrait bien leur donner. Et le compte aurait été facile : Rouen n'aurait rien donné si Rouen n'avait été divisé. Il y avait à Rouen le comité Deschamps représentant M. Ledru-Rollin, et le comité Sénard représentant *d'abord* M. Marrast, ensuite M. Lamartine ; chacun de ces deux comités avait besoin de se faire des alliés au dehors, et fit savoir qu'il accorderait aux différents arrondissements un certain nombre de députés auxquels il donnerait ses voix en échange des voix de chaque arrondissement.

Il s'était formé au Havre un comité dirigé par une coterie, sous le nom de comité Morlot. Le comité Morlot essaya d'abord de s'entendre avec le comité Deschamps, puis enfin se livra au comité Sénard. Le comité Sénard, qui n'y portait pas autrement intérêt, et qui voulait seulement faire un marché, demanda au comité Morlot : « Quels sont les candidats du Havre ? » A quoi, ainsi que le constate une des chansons qui ont couru le Havre :

>Le comité Morlot,
>Présidé par Morlot,
>Sur l'avis de Morlot,
>A proposé Morlot.

et aussi le citoyen Martinez, ouvrier. « Vous n'en avez point d'autres ? a demandé le comité Sénard.—Pas que nous sachions, a répliqué le comité Morlot.— Va donc pour Morlot et Martinez. Vous aurez toutes nos voix, et nous aurons toutes les vôtres.— Tope. »

Quelques renseignements vinrent plus tard démontrer au comité Sénard qu'on l'avait trompé ; que M. Morlot n'était pas tout à fait le candidat du Havre, et que M. Martinez ne l'était pas du tout. Mais les listes étaient faites ; et d'ailleurs les amis de M. Morlot parcouraient la ville de Rouen en disant dans les comités : « Le Havre ne veut que MM. Morlot et Martinez. » D'ailleurs, qu'est-ce que cela faisait à Rouen ? Les élections du Havre sont venues établir que le comité Morlot avait dit à Rouen, non ce qui était, mais ce qu'il désirait qui fût.

Pour ma part, les amis du comité Morlot répandaient sur moi les bruits les plus variés. Un homme qui avait récemment obtenu l'entreprise des peintures du yacht de Louis-Philippe le *Comte d'Eu*, citait contre moi des passages de mes livres, qu'il avouait n'avoir pas lus ; un autre, par une justice qu'il se rendait à lui-même, ne pensait pas qu'un homme qui avait cédé à ses avances en lui montrant quelque amitié fût digne de remplir aucune fonction sérieuse, etc., etc.

Ici, je n'étais pas assez républicain ; là, je l'étais beaucoup trop. Tantôt on disait que j'avais des relations d'amitié avec les jeunes princes exilés, d'autre part, que j'étais secrétaire de

M. Ledru-Rollin et beau-frère de M. Barbès, etc.—Il faut dire que toutes ces objections ne se présentaient pas en face de moi dans les assemblées publiques, mais se colportaient clandestinement. D'autres, plus habiles, allaient disant : « Ce serait bien notre homme, mais il n'est pas sur les listes de Rouen ; il n'a aucune chance : vous perdriez vos voix en les lui donnant. » — Toujours est-il que le jour des élections, voici le résultat des votes de la ville du Havre, de Graville et d'Ingouville, qui sont ses faubourgs :

M. Morlot... 6,291 voix (présentés à Rouen et mis sur la
M. Martinez. 2,773 liste de Rouen comme les deux seuls qui dussent avoir des voix au Havre.)

M. A. Karr.. 8,131 (présenté à Rouen comme n'ayant aucune chance.)

Mais, pendant ce temps, M. le commissaire Deschamps, à Rouen, et MM. les sous-commissaires des arrondissements, s'étaient livrés à de tels excès d'influence, à de si criants abus d'autorité, M. Ledru-Rollin, leur maître, avait publié de si ridicules et si menaçantes circulaires, qu'une violente réaction s'était opérée dans les esprits, et que tout le département vota les yeux fermés — la liste *contraire* à la liste de M. Deschamps, et que, sur cette liste, se trouvèrent portés MM. Martinez et Morlot comme les candidats du Havre, lesquels se trouvent ainsi députés du Havre, élus par Rouen, au moins pour l'un d'eux, malgré le Havre ; et que moi, qui me trouvais, par le résultat des votes, le véritable élu du Havre, — moi, qui ai eu, au Havre, le plus de voix après Lamartine, — mais qui n'étais sur aucune liste, ni de Rouen ni du comité Morlot, je resterai dans mon jardin, — qui du reste est déjà tout en fleur.

🕸 Voici les principaux vices de ce mode d'élection par le département entier. On veut, dit-on, éviter les *élections de clocher*. On croit avoir tout dit quand on a dit ces deux mots, mais il serait bon de dire ce que cela signifie. Pour ne pas avoir de député du Havre, de Bolbec, de Dieppe, etc., vous aurez tous des députés de Rouen ; vous aurez tous des candidats d'autres clochers. — La ville de Rouen a bien voulu, cette fois, accorder des députés aux arrondissements parce que Rouen avait besoin de l'appoint des arrondissements ; mais, une autre fois, Rouen gardera tout pour elle, et il n'y a aucun moyen de l'en empêcher.

Ensuite, les députés sont nommés les yeux fermés par des gens qui ne les connaissent en aucune façon. Ainsi MM. Martinez et Morlot, députés du Havre, sont loin d'avoir eu la majorité dans les votes de leurs concitoyens : le Havre n'a rien à y voir ; il doit prendre ce que Rouen lui donne, ou il n'aura rien. Ce M. Morlot est un homme qui représentera, sous certains rapports, certains intérêts du Havre ; mais son premier acte, en patronnant M. Martinez et en trompant à son sujet les comités de Rouen, est un acte très-blâmable. En effet, il est important que la classe ouvrière se sente représentée à l'Assemblée nationale, et les ouvriers ne reconnaissent pas M. Martinez, qui joue le rôle d'un comparse chargé de représenter le peuple dans la comédie jouée par le comité Morlot, comparse qui convient à M. Morlot, en cela qu'il ne lui cause aucun ombrage.

Mais demandez aux soixante mille votants qui ont voté pour MM. Martinez et Morlot en dehors du Havre et sur les listes du comité Sénard ce qui a dirigé leur vote, ils vous répondront : « Ce sont les candidats du Havre. — Non, puisque le Havre ne les a pas nommés. — On nous l'avait dit : nous ne les connaissons pas. »

Revenons-en aux *élections de clocher*. Qu'est-ce qu'une élection de clocher ? — un député nommé par les gens qui connaissent son caractère, sa vie et ses antécédents. — Puisque c'est si mauvais, le contaire est donc excellent ? — qu'est-ce que le contraire ? — un député nommé au hasard, sous l'influence des coteries, par des électeurs qui ne le connaissent pas. — Et encore, le chef-lieu gardera toutes les nominations ; ou bien, s'il veut en accorder aux autres arrondissements, il sera forcé de leur demander quels sont leurs candidats, et alors vous avez encore « ces fameuses élections de clocher » que vous redoutez, seulement elles seront faites d'après des mensonges.

Il faut absolument en revenir aux élections par arrondissement ; sans cela ne parlez plus d'égalité ; le candidat qui peut aller souvent au chef-lieu, qui peut y avoir des amis à ses gages ; qui peut faire imprimer des professions de foi et des listes par milliers, et intéresser beaucoup de gens à les répandre ; en un mot, le candidat qui a le plus d'argent aura toujours un avantage injuste et odieux.

Entre autres agressions qu'il m'a fallu subir dans mon métier de candidat, je dois signaler celle du citoyen Goudchaux, commissaire du gouvernement, remplissant les fonctions de sous-préfet. Cet administrateur, dans l'intérêt de sa candidature, car il est aussi candidat à la députation, avait convoqué tous les instituteurs du canton, et là, après avoir un peu vilipendé les candidatures connues, il s'était laissé forcer de proposer la sienne.
— Une lettre signée : *Un Instituteur*, parut, le lendemain de cette assemblée, dans un journal du Havre. L'instituteur prêtait à M. le sous-préfet-candidat le phrase suivante : « La candidature du citoyen A. Karr n'est pas sérieuse ; c'est un bon écrivain, mais un républicain du lendemain. Il s'est souvent moqué des républicains dans ses *Guêpes*, où il s'est permis de parler d'électeurs à un franc. »

Je suis allé trouver M. Goudchaux, et je lui ai dit : « Je ne viens pas vous dire ce que je pense de la candidature d'un sous-préfet ; je suis ami et ennemi loyal. Vous m'avez attaqué ; vous n'avez pas pensé que je ne vous répondrais pas. Avez-vous, oui ou non, dit ce que vous prête cette lettre ? — Je serai aussi franc que vous, me répondit M. Goudchaux ; j'ai dit une partie de ces choses, mais je n'ai pas tout dit. Voici ce que j'ai dit : ... »

M. le citoyen candidat-commissaire eut la bonté de terminer en me conseillant de ne pas lui répondre ; je le remerciai de son conseil, ne lui cachant pas que je me réservais de ne le pas suivre. Une partie de cette attaque appartient donc à M. Goudchaux et le reste à l'instituteur : je répondrai à tous deux.

« La candidature de M. Karr n'est pas sérieuse. » Ceci étant désavoué par M. le commissaire, appartient à l'instituteur. — Vous avez raison, monsieur l'instituteur, je n'ai eu qu'à peu près onze mille voix de gens qui me connaissent. J'ai eu toutes les voix des pauvres, des ouvriers et des cultivateurs ; mais je n'ai pas eu celles des coteries. Ma pauvre candidature n'était pas sérieuse : elle a échoué.

« C'est un bon écrivain ! » Non, monsieur Goudchaux, je suis un écrivain loyal, de bon sens, de bon cœur ; aimé des gens qui me ressemblent, haï, ce qui me fait presque autant de plaisir, de ceux qui craignent à chaque instant que je ne leur dise : « Je te connais, vilain masque ! »

« Il s'est moqué des républicains dans ses *Guêpes*. » Oui, monsieur l'instituteur, je me suis moqué des républicains aristocrates sans place, dont l'ambition se déguise mal sous le masque des vertus civiques ; je me suis moqué des républicains dont les études, les idées et les convictions consistent uniquement en demi-tasses de café gagnées ou perdues au billard ; je m'en moque encore, monsieur, et j'espère m'en moquer longtemps. Mais il est des républicains plus anciens que moi, du moins quant au titre, avec lesquels j'ai un échange d'estime et de sympathie ; des républicains auxquels j'ai de tout temps serré la main avec un plaisir mutuel ; des républicains avec lesquels j'ai toujours été et je suis encore d'accord sur toutes les grandes vérités, sur les véritables droits et sur les véritables devoirs, sur les souffrances et sur les besoins du peuple. Il y a bien d'autres choses encore dont je me suis moqué, monsieur l'instituteur : je me suis moqué de toutes les hypocrisies et de toutes les prétentions ; je me suis moqué de gens qui peuvent, sans danger, grâce à une heureuse et prudente obscurité, avoir été ce qu'il leur plaît la veille, et qui s'en font un mérite.

« M. Karr est un républicain du lendemain. » C'est encore à vous, monsieur Goudchaux, que j'ai à répondre. Vous m'accusez d'être un *républicain du lendemain ;* vous êtes sans doute, vous, un *républicain de la veille.* Je dois vous en croire sur parole, vos opinions n'ayant pas laissé de traces comme font celles d'un écrivain. Voyons donc ce que nous faisions la veille, vous et moi, monsieur Goudchaux, cette fameuse veille d'où prétend dater une sorte d'aristocratie républicaine. Vous faisiez partie de l'administration du chemin de fer du Havre, laquelle administration exerçait le plus révoltant des abus en voiturant dans des wagons découverts les voyageurs coupables du crime de ne pouvoir payer plus de dix francs à la compagnie. — Et moi, après avoir fait, depuis l'ouverture des chemins de fer, les réclamations les plus énergiques et les plus opiniâtres, j'intentais à l'administration dont faisait et fait encore partie M. Goudchaux, un procès pour l'obliger à couvrir les wagons de troisième classe.

Il y a comme cela en France beaucoup de *républicains de la veille* qui n'avaient pris que le nom, et de *républicains du lendemain* qui n'avaient pris que la chose. — C'est ce que je voulais avoir l'honneur de répondre au citoyen commissaire et au citoyen instituteur.

Espérons que cette révolution ne sera pas seulement une révolution politique, mais une révolution sociale, c'est-à-dire qu'elle ne consistera pas seulement à renvoyer deux cents administrateurs engraissés, pour donner leurs places à deux cents administrateurs maigres qu'il faudra que le pays engraisse à leur tour ; espérons qu'elle aura une influence sur les mœurs et qu'elle détruira le funeste effet de cette maxime si profondément immorale d'un des derniers ministres de Louis-Philippe : « Enrichissez-vous. »

Un des bienfaits que nous avons à attendre de la Révolution de 1848, c'est la suppression du luxe exorbitant qui était devenu de rigueur, pour ainsi dire, même pour des gens qui n'étaient pas riches (car pour les vrais riches, c'est un devoir). Le superflu était devenu si nécessaire, que le nécessaire finissait par être traité en superflu : on était arrivé à l'égalité des dépenses. De là les recettes forcées aux dépens de mille privations, et aussi parfois aux dépens de l'honneur ! On pourra aujourd'hui être pauvre sans honte, et dans certains cas même avec orgueil.

Je ne parle pas ici pour faire l'éloge des gens qui croient en ce moment devoir faire les pauvres par prudence ; des gens qui renvoient leurs domestiques et mettent dans la rue des gens désespérés et bientôt ennemis. Si vous ne pouvez payer vos domestiques, au moins nourrissez-les ; si vous n'avez pas d'argent, vendez votre argenterie. Ne jouons pas de rôles, soyons tous sincères : c'est un de nos moyens de salut !

On a développé depuis quelque temps beaucoup de rêves au Luxembourg et ailleurs sur l'*organisation* du travail. Commencez par supprimer les impôts sur les nécessités de la vie. Que l'impôt commence là où finit le strict besoin. Montesquieu l'a dit : « On ne doit taxer que l'excédant du nécessaire ; taxer le nécessaire, c'est détruire. » Par ce moyen, vous aurez élevé le salaire de tous les ouvriers sans nuire aux maîtres et sans les obliger à fermer leurs ateliers. — Rétablissez d'une manière stable les conseils de prud'hommes composés de maîtres et d'ouvriers. Rétablissez les corporations, donnez de nouvelles bases au compagnonnage, et vous aurez à peu près organisé le travail, et tout à fait amélioré le sort de l'ouvrier.

Mai 1848.

Incompatibilité des traitements. — M. Thiers. — Il y a guêpes et guêpes. — Les croix d'honneur. — Beaucoup de choses et peu de discours. — La vérité sur la Pologne. — M. Buchez. — M. Ledru-Rollin. — Le gant de M. Lamartine et son cheval noir. — Quelques bons avis de l'auteur des *Guêpes*. — Les lois à proposer. — La loi du pain. — La loi du travail. — Le cumul des places. — M. Clément Thomas abonné aux *Guêpes*. — *Demain on rase pour rien.* — M. Thiers. — Rétablissement de la censure. — Lettre de M. Lamartine à l'auteur des *Guêpes*. — Protestation de la société démocratique des travailleurs du Havre à l'Assemblée nationale. — Une lettre très-franche d'un comité de Rouen à l'auteur des *Guêpes*. — Messieurs de la rue de la Pucelle et messieurs de la halle aux poissons. — La France républicaine. — Premiers résultats d'icelle. — La Constitution. — M. Victor Hugo. — Loi du travail. — Nouveaux commandements. — Le général Clément Thomas n'est pas général. — Suite de la réponse de l'auteur des *Guêpes* à messieurs de la rue de la Pucelle. — M. Eugène Loyer, M. Charles Dupin, — cumuls. — M. Thiers.

Quelques-uns des nouveaux députés, fonctionnaires publics rétribués, ont cru devoir annoncer par la voie des journaux qu'ils n'accepteraient pas la rémunération de vingt-cinq francs par jour allouée à chaque représentant, parce qu'ils ne peuvent être payés des deux côtés à la fois. On a remarqué : 1° que, ayant à opter entre deux traitements, ces fonctionnaires ont conservé le plus gros ; 2° que pendant le temps que les fonctions de représentant les enlèvent à leurs autres fonctions, ils renoncent au traitement des fonctions qu'ils rempliront pour conserver le traitement des fonctions qu'ils ne rempliront pas ; 3° que les députés ne touchant pas l'indemnité feraient à la Chambre encore une aristocratie de riches ; 4° que l'ancienne opposition a plaidé, pendant trente ans avec raison, l'incompatibilité des fonctions salariées avec le mandat de député; que garder seulement son traitement de fonctionnaire salarié, c'est se faire payer par l'administration pour être député, c'est se mettre un peu plus encore dans sa dépendance; 5° que si un fonctionnaire est utile à ses fonctions, il ne doit pas les quitter pour en accepter d'autres; que s'il y est inutile, il ne doit pas les garder; 6° qu'on ne peut supposer que les fonctionnaires publics, quelque estimables et supérieurs qu'ils soient, puissent remplir, avec les moments perdus de leurs fonctions, un mandat pour lequel les autres députés croient avoir besoin de tout leur temps et de toute leur intelligence.

On parle de mener chaudement l'élection de M. Thiers dans les départements appelés à une réélection. — Certes, M. Thiers est un homme de talent, et on doit regretter son talent à la Chambre; mais, à part un sentiment de dignité française à l'endroit des étrangers qu'il faut lui reconnaître, son caractère d'homme politique doit lui fermer, pour le moment du moins, les portes de l'Assemblée constituante. En effet, le roi Louis-Philippe laissait aller M. Thiers de temps en temps, quand quelques années de pouvoir l'avaient usé, puis il l'envoyait se refaire, dans les rangs de l'opposition, pendant quelque temps, une popularité qu'il savait ensuite exploiter en le rappelant aux affaires, quand il s'agissait d'*enlever* quelque point important, tel que les lois de septembre ou les fortifications de Paris.

Après avoir réussi comme essai à faire rentrer aux affaires les députés de l'opposition, il est un peu trop hardi d'y vouloir amener ensuite un homme qui n'était dans l'opposition que pour redevenir ministre, et n'attaquait les ministres que pour reprendre leur place.

Son examen de conscience terminé, avant de se tresser une couronne devant l'Assemblée constituante, M. Ledru-Rollin avait publié un bulletin dans lequel beaucoup de personnes ont cru que ce ministre avait jeté des pierres dans le jardin des *Guêpes*.

Pour satisfaire ces personnes, qui ont eu l'obligeance de m'écrire à ce sujet, je répondrai :

Voici les phrases du bulletin :

« Ce ne sont pas les plus mauvais fruits sur lesquels les guêpes s'acharnent. — Ce sont les *meilleurs fruits que les insectes, les moucherons poursuivent sans relâche et avec furie de leurs morsures.* »

🐝 Je ne pense pas que M. Ledru-Rollin ait pensé à ma ruche; je ne l'ai pas attaqué « sans relâche et avec furie ; » je l'ai attaqué avec modération ; j'ai même loué quelque chose de lui ; mais je dois défendre d'abord les *guêpes en général*. — Il y a des guêpes de différents genres. — J'ouvre le livre de Valmont de Bomare (*Dictionnaire d'histoire naturelle*), et j'y lis : « Il y a des espèces de guêpes qui détruisent les araignées. » (Tome III, p. 196.) « Les kakerlaques, insectes de la taille d'un hanneton, dévorent tout : viandes fraîches et desséchées, confitures, bois et souliers. Heureusement qu'une guêpe d'un noir glacé de vert et de violet, qui, par sa taille, devrait être un ennemi peu redoutable, attaque et détruit ces insectes ravageurs et trop féconds. » (Tome III, page 522.)

C'est parmi ces utiles hyménoptères que j'ai recruté mon escadron ailé. Les fruits qu'elles attaquent d'ordinaire (neuf ans de publication sont là pour le dire) sont le mensonge, la corruption, l'égoïsme, la lâcheté, l'injustice, l'oppression, la sottise. Si elles n'ont fait qu'attaquer les fruits, c'est faute de force pour scier par le pied l'arbre qui les produit.

🐝 Le premier qui aie proposé M. Schmidt, ouvrier, auteur d'un livre adressé aux ouvriers, pour la représentation nationale, je ne veux pas être le dernier à approuver la résolution de la Chambre qui a annulé l'élection dudit M. Schmidt.

En effet, M. Schmidt, membre du conseil d'État, chef de division au ministère des cultes, n'est pas l'ouvrier laborieux et intelligent que j'avais annoncé. C'est un homme qui a fait un bon livre, que l'on aurait pu élire pour son livre et avec son vrai visage, mais qui s'est laissé élire sous un faux nom et sous un masque. Il portera la peine de son faux nom, rien n'est plus juste. On lui a fait un crime de sa croix d'honneur, c'est bête : il fallait, pour lui en faire un reproche, établir qu'il ne la méritait pas. J'ai des amis *ouvriers* qui ont la croix d'honneur, Hardi et Pelvilain, jardiniers, Desvarieux, pilote, et vingt autres. On a tort d'imprimer tous les jours que la croix d'honneur est une *décoration militaire*. Napoléon a voulu faire de la *Légion d'honneur* la réunion de *toutes* les supériorités du pays *en tous genres*. C'est là qu'est la grandeur de l'idée. Personne ne s'est plus élevé que moi contre l'odieux abus qui en a été fait; mais je n'ai vu jusqu'ici réclamer la suppression de la croix que par ceux qui ne l'ont pas, et qui croient que chaque citoyen décoré leur a volé leur croix, ou qui sont parfaitement sûrs de ne jamais la mériter; mais, loin de supprimer les distinctions honorifiques qu'il faudrait remplacer honteusement par de l'argent, il faudrait, au contraire, les rendre respectables en les donnant avec discernement.

Ainsi, supposons qu'on en donne à l'avenir, par an, soit autant que d'extinctions, soit un nombre *un peu* plus considérable, ce qui est à examiner; que les présentations soient faites par un jury électif pris parmi les écrivains dans les hommes de lettres, parmi les soldats dans les régiments, parmi les ouvriers dans les corporations, etc., etc.; que ces présentations soient publiées; que sur les croix, désormais, une courte inscription rappelle les motifs qui l'ont fait obtenir, ainsi qu'il est fait sur les médailles de sauvetage, pour lesquelles je n'ai pu jamais obtenir d'aucun ministre aucun ruban spécial, tant on avait, au pouvoir, d'indifférence pour une décoration qu'on ne pouvait obtenir par aucune lâcheté ni par aucun trafic. — Mais, si on devait supprimer ou reviser les croix d'honneur, ce ne pourrait être justement au moment d'une révolution, où tout serait fait par esprit de réaction.

Ce serait après la session un bel éloge à faire de l'Assemblée nationale : « Elle a fait beaucoup de choses et peu de discours. »

Il y a des gens qui conspirent sous tous les gouvernements, parce que tous les gouvernements ont pour premier devoir de les rendre mécontents. En effet, ils représentent l'incapacité ambitieuse, la haine féroce de l'ordre et de la liberté, la force brutale et la trahison pour toute loi et pour unique moyen. Ces gens-là ont fait lever le peuple au nom d'un sentiment généreux à l'égard de la Pologne; puis ils lui ont dit : « Pendant que vous êtes debout, nous allons opprimer et déshonorer la France; nous allons, au nom de la liberté, établir la terreur et la guillotine. »

Malédiction sur ces gens, qui sont toujours prêts à payer du sang du peuple les satisfactions de leur vanité ou de leur rapacité!

Ainsi, voyez, c'est au nom de la liberté et de la fraternité qu'on a poussé les ouvriers de Rouen à une manifestation qui a fait tuer quarante et un citoyens. — Savez-vous ce que c'est que ce chiffre de quarante et une victimes conduites à la mort? Juste le chiffre de ceux que toutes les mauvaises passions, que l'assassinat, le poison et l'incendie ont sacrifiés pendant l'année 1847, dont j'ai la statistique sous les yeux. C'est-à-dire que, dans un jour, la fraternité de ces gens-là, de ces traîtres qui s'intitulent les amis du peuple, a fait autant de victimes en armant les citoyens les uns contre les autres, qu'en ont fait en un an les assassins et les empoisonneurs, et ce n'est là qu'une de leurs petites journées.

Paris tout entier s'est levé avec indignation, et le peuple a trouvé, dans cette même générosité qui l'avait entraîné à une manifestation imprudente, une légitime colère contre ceux qui le trompaient. — Savez-vous bien où nous mènerait un prétendu gouvernement sur la liste duquel figure un des premiers un homme qui a vendu à la police ses frères et ses amis? Il nous mènerait à l'anarchie, à la guerre civile, à la misère, à la faim, à l'échafaud en permanence, et enfin à l'invasion des puissances étrangères.

Ayons donc pitié de nous-mêmes avant de nous occuper de la Pologne. — Certes, si vous apprenez que la maison d'un voisin brûle, vous vous élancerez à son secours ; mais, si vous voyez en même temps le feu à votre maison, où sont votre vieux père, votre femme et vos enfants, votre cœur sera déchiré de ne pouvoir secourir votre voisin, mais vous resterez pour sauver les objets de vos affections les plus intimes et de vos devoirs les plus sacrés ; puis, seulement après, vous irez offrir votre cœur et vos bras à votre malheureux voisin.

Pensez donc que nous n'avons que *trois mots* : liberté, égalité, fraternité, et que tout le reste est à faire. Songez que nous sommes exposés à tant et de si horribles dangers, que nous ne pouvons pas plus, en ce moment, secourir efficacement la Pologne, que nous ne pourrions raisonnablement lui demander de secours ; et quand vous voyez à l'œuvre ces prétendus amis de la Pologne, il n'est pas difficile de voir que ce n'est pas la Pologne qu'ils veulent délivrer, mais la France qu'ils voudraient opprimer ; et quand ils vous exposent le sort que la Russie fait à la Pologne, c'est précisément celui qu'ils réservent à la France.

Les oppositions aujourd'hui en partie au pouvoir payent la peine de leur guerre souvent déloyale contre les gouvernements déchus. La Pologne, ce prétexte à attaques contre le pouvoir d'alors, on s'en sert contre le pouvoir d'aujourd'hui. Savez-vous tout ce que nous pouvons faire pour la Pologne, et ce que la Pologne peut nous reprocher amèrement de ne pas avoir fait jusqu'ici ? C'est de ne pas mettre en avant, pour arriver à d'autres fins, un dévouement si bruyant pour ce malheureux pays ; c'est de ne pas l'encourager à des tentatives funestes dans leurs résultats, par l'espoir d'un secours efficace que sont forcés de lui refuser, à mesure qu'ils arrivent au pouvoir, ceux qui l'ont le plus hautement exigé dans les rangs de l'opposition ;

c'est là une mauvaise action qui a coûté bien du sang à la Pologne. Attendons pour promettre que nous puissions tenir, et, en attendant, continuons à faire de la France la patrie de tous les exilés, la patrie de tous ceux qui n'ont plus de patrie

Ce n'est pas un gouvernement nouveau que voulaient nous imposer les insensés meneurs de la tentative du 15 mai. Il y avait déjà parmi eux six gouvernements en présence ; on répandait six listes différentes, et remarquez qu'on n'avait encore à se disputer que des espérances et des dangers ; jugez combien nous aurions eu de gouvernements en cas de succès de ces messieurs, quand il y aurait eu à partager ou plutôt à disputer tout ce qui peut exciter les appétits de la vanité et de la cupidité ! — Et qu'est-ce qu'ils venaient opposer au suffrage et à la volonté de tout le pays qui a nommé l'Assemblée constituante? Leur propre suffrage à eux-mêmes?

Le parti de l'ordre a triomphé sans coup férir. Le pouvoir a aujourd'hui, dans l'assentiment universel si hautement exprimé, une force qu'il faut qu'il emploie ; il faut aujourd'hui gouverner tout à fait ; mais, en même temps qu'il faut savoir réprimer les attentats à la liberté, il faut entrer résolûment dans les voies des améliorations légitimes et promises, il faut détruire la misère et l'ignorance, avec lesquelles il n'y a ni liberté ni égalité ; et, ne l'oublions pas, la fraternité ne viendra qu'après les deux autres, dont elle ne peut être que la conséquence.

Un des plus grands crimes de ces coupables tentatives, c'est qu'elles jettent une partie du pays dans des idées réactionnaires. C'est ce qu'il ne faut admettre à aucun prix. Acceptons tous, mais exigeons en même temps de tous la République; c'est-à-dire le gouvernement des meilleurs et des plus forts choisis par tous, c'est-à-dire le rétablissement d'abord, et ensuite le maintien de tous les droits. — Que l'horreur légitime d'un ennemi ne nous livre pas à un autre ennemi. Ne permettons pas qu'un de nos ennemis hérite de l'autre.

Il est des choses qui ne peuvent pas avoir lieu deux fois. — Si nous ne mettons pas hors de toute atteinte l'indépendance d'une assemblée élue par le pays, nous aurons aux yeux de l'Europe l'air d'un peuple de gamins.

Les *Guêpes* avaient donné, dès avant les élections, un conseil dont l'événement est venu démontrer l'opportunité. J'avais dit alors : « Si j'avais l'honneur d'être représentant du peuple, dès la première séance de la Chambre, je demanderais au pouvoir exécutif qu'il expliquât à l'Assemblée les précautions qu'il aurait prises pour assurer l'indépendance de ses délibérations. »

Vous voyez ce qu'il y a de funeste dans de semblables scènes. M. Buchez, dont l'élection comme président avait été généralement approuvée, M. Buchez, un homme justement estimé, a été obligé d'avouer à la Chambre qu'il avait cédé et obéi à l'émeute, et qu'il avait donné, sous sa dictée, des ordres dont l'exécution aurait amené les plus grands malheurs pour le pays. M. Buchez, sous l'influence de l'envahissement de la Chambre, avait obéi aux émeutiers en signant l'ordre de cesser de battre le rappel, c'est-à-dire de laisser la Chambre d'abord et la ville ensuite à la merci des audacieux agresseurs. — Après une pareille faiblesse, M. Buchez, élu président pour un mois, *ne peut pas être réélu*.

🐝 Qu'est-ce aussi que ce récit tronqué de la séance, inséré au *Moniteur* par l'ordre concerté du ministre de l'intérieur et du président de la Chambre, laquelle, du reste, a fait justice de ce mensonge ?

🐝 Je ne vois dans aucun journal, reproduite exactement, une phrase de M. Lamartine, qui a électrisé l'Assemblée nationale : « Il ne s'agit plus de parler, il faut agir, s'écrie-t-il ; la tribune, en ce moment, c'est la selle d'un cheval ; qu'on me donne un fusil ! »

En même temps, il se précipite hors de la salle et demande le cheval du premier officier qu'il rencontre. M. Ledru-Rollin le suit, et on lui donne le cheval du soldat qui suivait l'officier.

A ce moment, un jeune officier de la garde nationale, qui s'était placé auprès de M. Lamartine au moment du tumulte, lui ayant demandé s'il avait quelque ordre à lui donner, M. Lamartine le pria d'aller chez lui demander son cheval noir. « Me le donnera-t-on ? demanda l'officier. — Tenez, vous montrerez mon gant à madame Lamartine ; vous me retrouverez sur la route de l'Hôtel de ville. »

L'officier arrive rue de l'Université, où il trouve madame Lamartine, qui, entraînée de la Chambre, où elle était, par un ami au moment de l'invasion, recevait de quelques autres amis des nouvelles de ce qui se passait. « Madame, M. Lamartine va à l'Hôtel de ville ; il demande son cheval noir. Voici son gant, que je vous demande la permission de garder toute ma vie. » — On lui donne le cheval noir que M. Lamartine aime beaucoup, et qui est en effet très-beau. Le jeune officier monte le cheval noir ; mais l'animal, très-vif, le renverse auprès du pont Neuf. On le relève ; il crie : « Ce n'est rien : menez vite le cheval à M. Lamartine. » Mais il était très-blessé à la tête, on le transporte chez un pharmacien.

Beaucoup de gens parlent sans cesse de progrès, sans précisément savoir ce qu'ils disent. Il est à remarquer que tout ce qu'on appelle progrès est, au contraire, un pas en arrière, et que le plus sublime effort de l'esprit humain doit être aujourd'hui de se débarrasser de l'énorme quantité de sottises qu'il a amassées avec soin depuis cinq mille ans. En effet, nous rétablissons aujourd'hui la liberté et l'égalité. Les hommes ne sont-ils pas nés libres et égaux ? Bien plus, ne sont-ils pas nés frères ? Cherchez tout ce que nous avons à faire pour fonder une civilisation honnête et heureuse, et vous verrez que, loin de marcher en avant, il nous faut détruire presque tout ce que les hommes ont inventé et élevé depuis l'origine du monde, pour revenir à peu près tels que Dieu nous avait créés.

Ainsi il est ridicule et odieux que certaines questions ne soient pas résolues aussitôt que posées, quand le bon sens le plus vulgaire indique cette solution. — En effet: Pourquoi nomme-t-on un préfet? pour qu'il administre son département. — Pourquoi nomme-t-on un juge? pour qu'il rende la justice. — Pourquoi nomme-t-on un directeur des postes? pour qu'il dirige les postes. — Chacun de ces fonctionnaires doit-il toute son application et tous ses soins à ses fonctions? sans doute. — Pourquoi nomme-t-on un représentant du peuple? pour qu'il représente le peuple, et consacre tout ce qu'il a d'énergie, de capacité et de temps à la nouvelle constitution. Que reste-t-il de temps au fonctionnaire pour l'Assemblée nationale? Que reste-il de temps au représentant pour ses autres fonctions? Le premier devoir d'un représentant n'est-il pas d'être indépendant? Est-ce un homme indépendant que l'homme qui tient du pouvoir des fonctions salariées que le pouvoir peut lui conserver ou lui enlever à son gré? — Il vous répondra : « Je donnerai ma démission si le pouvoir exige des choses contraires à mon devoir. » Hélas ! l'homme qui ne la donne pas pour obéir à un premier devoir la donnera-t-il quand ce sera un second devoir qui sera en question ? — Ces raisonnements sont aussi irréfragables que ceux de la Palisse, de naïve mémoire.

Comment paye-t-on les députés? Il n'y aurait qu'une façon raisonnable : ce serait de donner à chacun, à son entrée, un jeton de présence, qu'il échangerait ensuite contre de l'argent à la caisse désignée. Le bureau des jetons de présence serait fermé une demi-heure après l'heure fixée pour l'ouverture de la séance.

Il y a une observation qu'il est nécessaire de faire à la Chambre : c'est qu'elle exagère un peu, à l'endroit du pouvoir exécutif, le sentiment jaloux de sa puissance à elle; elle doit respecter la part de puissance qu'elle a déléguée, et lui accorder sans chicane toutes les légitimes attributions, sous peine d'entraver sa marche et de l'annuler, sous peine surtout de faire exactement ce que ferait le peuple s'il ne reconnaissait pas le pouvoir qu'il a confié par son suffrage à ladite Assemblée.

❦ La grande généralité de l'Assemblée nationale a montré une grande fermeté lors de l'invasion du 15 mai. Il y a à peine une centaine de membres qui soient sortis un peu tôt de la salle des séances ; c'est pourquoi on a tout lieu d'espérer que la Chambre saura réprimer la licence en respectant la liberté. Ce sera donner une nouvelle preuve qu'elle n'a pas eu peur.

❦ Pourquoi ne fixe-t-on pas, tous les huit ou tous les quinze jours, le prix de la viande par un tarif imprimé, comme on fait pour le prix du pain ?

❦ En résumé, la situation est nette, *il faut* l'ordre et la sécurité *à tout prix*, et il les faut *tout de suite*, sinon, vous aurez d'abord l'anarchie et ensuite la réaction complète. — Aucune force ne manque au gouvernement ; il a l'assentiment universel, le pays tout entier n'a qu'une seule volonté : l'ordre. — Vous n'aurez l'ordre que par la répression sans réaction ; n'agissez pas en vainqueurs, mais en rochers contre lesquels les tentatives se sont brisées.

❦ Grâce à ma candidature dans le département de la Seine-Inférieure, je n'ai vu fleurir ni mes lilas ni mes aubépines. — Je ne me suis pas représenté aux nouvelles élections ; on verra plus bas pourquoi et comment. Mais, si je n'ai plus de prétentions à être membre de l'Assemblée nationale, — je dirai d'ici ce que je croirai conforme à la bonne foi et au bon sens. — Je dirai d'abord qu'il est temps d'avertir à la fois et la France et les hommes de parti qu'il est un jeu dangereux auquel il serait temps de mettre un terme.

Le parti qui veut arriver au pouvoir a besoin du courage et de la force du peuple. — Il s'efforce de lui persuader que le parti qui est aux affaires est son ennemi, à lui peuple. — Sans ces hommes qui tiennent le pouvoir, le peuple serait si heureux ! — l'ouvrier serait riche sans travailler ; — tout lui obéirait ; —

le peuple est le souverain, les gouvernants sont des usurpateurs qui boivent son sang et sa sueur, etc. — Le peuple renverse les gouvernants, — les autres prennent leur place, — et remettent le peuple, moins ceux qui se sont fait tuer, à la sienne, — c'est-à-dire lui rendent le travail et la misère. — Ceux qui sont renversés reviennent trouver le peuple, et lui disent à leur tour : « Le pouvoir est composé de tes ennemis ; c'est toi, peuple, qui es le souverain légitime; — les gouvernants boivent ton sang et ta sueur, etc. » — Le peuple s'exalte, renverse les gouvernants, — et les autres disent au peuple : « C'est très-bien ! tu es délivré de tes fers ; — Montre que tu es héroïque après la victoire comme pendant le combat; — enterre tes morts et retourne à ta corvée. » — Le tour est fait.

🐝 Je ne sais par quel bout les neuf cents représentants ont commencé la Constitution ; — mais ce que je sais, c'est qu'il m'aurait semblé utile et indispensable de commencer par des mesures — dont on ne prend qu'une petite partie, — et qui, en donnant satisfaction aux justes exigences de la classe ouvrière, auraient rendu la sécurité aux commerçants et aux bourgeois. — Il aurait, — selon moi, — fallu commencer par rendre possible l'attente, pendant qu'on élabore ladite Constitution.

Si j'avais eu l'honneur de faire partie de l'Assemblée, — j'aurais, dans la première demi-heure, proposé deux lois sur lesquelles j'ai longtemps médité :—la loi du pain,—la loi du travail.

🐝 LOI DU PAIN. — Article 1er. A dater d'aujourd'hui, le pain de deuxième qualité ne dépassera jamais tel prix.

Art. 2. La viande de deuxième qualité ne dépassera jamais tel prix.

Art. 3. Le vin ordinaire ne dépassera jamais tel prix.

Art. 4. Tous droits sont supprimés sur ces denrées, — ainsi que sur les objets de vêtements communs et grossiers. — Ces droits et impôts seront reportés sur les premières qualités et sur les objets de luxe.

Art. 5. On supprime dans le Code les jeux de mots par lesquels les marchands qui volent sur le poids, — qui altèrent ce qu'ils vendent, — ou y mêlent des substances dangereuses, n'encouraient que de faibles peines, comme ayant *vendu à faux poids*, ou ayant *sophistiqué*, etc.

On rendra aux mots leur vrai sens. — Ces crimes reprendront leurs noms de vol et d'empoisonnement, et les marchands qui les commettront seront punis comme voleurs et empoisonneurs. — La marque de fabrique est obligatoire.

Par cette loi, le prix du travail se trouve augmenté pour les ouvriers, qui vivent ainsi à meilleur marché, — sans nuire aux maîtres et sans les obliger à fermer leurs ateliers.

La République française se divise en républicains de la veille et en républicains du lendemain. — Ce n'a pas été imitation, mais héritage; car les républicains de la veille ne le sont plus depuis que les autres le sont devenus. — Ils se sont beaucoup trop, en général, empressés de réaliser ces paroles des *Guêpes*: « Beaucoup de gens attaquent les abus, — non pour les renverser, mais pour les conquérir. » En effet, jamais on n'avait vu se ruer sur les places et sur les traitements avec tant de rapacité. — Le cumul, ce monstre odieux contre lequel ils ont tant parlé, et avec raison, je croyais qu'ils allaient se jeter dessus pour le tuer; — ils se sont jetés dessus, mais pour s'en emparer. Ils n'ont eu, — pour la plupart, — ni l'honnêteté, ni l'esprit de comprendre qu'il fallait être simples au pouvoir; — qu'il fallait coûter le moins cher possible au pays; — se montrer à pied par les rues, — et finir d'user ses habits de républicains incorruptibles. — Le luxe des ministres et des rois leur a paru insuffisant. Ils se sont montrés comme des parvenus, et des parvenus sûrs de descendre; — ils ont eu l'air de gourmands avares qui dînent en ville.

La France les attraperait bien si elle leur disait : « J'ai accepte la République, — mais je l'exige ; — et, quoi que vous en ayez, vous serez républicains. »

🐝 On a pris en considération l'observation des *Guêpes*, — relativement au rappel de la garde nationale. — Un ordre de M. Clément Thomas prescrit des formes qui éviteront les inconvénients qu'elles avaient signalés.

La commission des incompatibilités a soumis à la Chambre un projet de décret duquel il résulte — que les membres des Chambres *futures* ne pourront cumuler plusieurs fonctions ; — mais que cette prohibition ne s'applique pas à la Chambre actuelle. Cela rappelle la fameuse enseigne : *Demain* on rase pour rien.

J'ai rencontré dans la rue M. Thiers. — Il ne veut, m'a-t-il dit, s'occuper à la Chambre que des questions de finances. — Je ne vois pas bien, en effet, comment il parlerait d'autre chose ; car Louis-Philippe, que la Charte déclarait inviolable, est exilé. — et M. Thiers, qui sera sans doute député, a exécuté, comme ministre responsable, la plupart des choses qui ont amené l'expulsion de Louis-Philippe.

🐝 Mon libraire, qui fait aujourd'hui partie du gouvernement, a débuté par rétablir la censure. — Malgré les conventions verbales et écrites qui lui interdisaient de s'immiscer en rien dans la rédaction des *Guêpes*, il s'était permis, dans l'avant-dernier numéro, de supprimer, pendant mon absence, un fait dont la mention lui déplaisait. — Averti à temps, j'ai rétabli le fait. — Dans le dernier numéro, il m'a annoncé qu'il n'imprimerait plus les *Guêpes* — si je n'y mettais sur un certain chapitre le contraire de ce que je pensais. — J'ai dû l'envoyer... gouverner la France. — Si la France n'en va pas mieux, — les *Guêpes* n'en iront pas plus mal.

🐝 Aux approches des nouvelles élections qu'avait à faire le département de la Seine-Inférieure, M. Lamartine, me voyant hésiter à me remettre sur les rangs, a bien voulu m'adresser la lettre que voici :

« Monsieur et ami,

» Votre nom et votre talent sont trop connus pour que vous ayez besoin des auspices de personne. Il y a dans vos livres sérieux, et même dans vos feuilles les plus légères, une aptitude politique dont nul ne saurait contester la portée. Présentez-vous donc hardiment aux habitants des côtes de la Normandie, qui vous estiment et qui vous aiment comme un de leurs. Adressez-vous au grand cœur du peuple ; il comprend surtout deux choses : le courage et le bon sens. Voilà des titres qui lui plaisent, et qui assurent, n'en doutez pas, le succès de votre candidature.

» Lamartine. »

Hélas ! mon illustre ami — vous le grand élu de la France, — vous qui avez été élu par dix départements, — vous ne vous connaissez guère en élection. Vous me parlez du peuple, — mais que peut le peuple dans les élections avec la belle invention de l'élection par département ? — Il a du courage et du bon sens, c'est vrai, — j'ai failli dire : Il a le courage et le bon sens. — Eh bien ! lisez la protestation qu'a faite le peuple du Havre, vous y verrez du courage et du bon sens, mais vous y verrez aussi l'impuissance qu'on lui a faite au moyen de cette forme d'élection :

PROTESTATION CONTRE LE VOTE PAR DÉPARTEMENT, EN FAVEUR DE LA SINCÉRITÉ DU SUFFRAGE UNIVERSEL. — *Aux membres de l'Assemblée nationale.* — « Citoyens, c'est du droit de suffrage que dérivent les autres. — Considérant que le vote par département est tel, que le chef-lieu fait seul les élections, que le reste du département ne peut ni assurer un bon choix, ni en écarter un mauvais ; que son vote devient une formule vaine et sans aucune efficacité possible ; que ce mode d'élection donne une puissance invincible à l'intrigue et aux coteries, qu'il assure le triomphe, dans la lutte électorale, aux capitulations de conscience et à toute sorte de manœuvres ; que les électeurs, qui considèrent le droit de voter à la fois comme un droit et comme un devoir, sont placés dans l'alternative, ou de donner leurs voix à des hommes qu'ils ne connaissent pas, ou de voir leurs suffrages perdus et sans résultat possible s'ils les donnent selon leur conscience ; — considérant, en outre, que la plus grande partie de la population, faute de temps, de relations et d'argent, ne peut parcourir sans cesse le département, l'inonder de listes imprimées, de professions de foi, etc.; nous déclarons que nous ne pouvons accepter comme droit au vote une forme vaine et mensongère. — Nous protestons donc contre le vote par département, et nous demandons qu'il soit remplacé par le vote par arrondissement. — Nous déclarons nous abstenir de prendre part à ce vote tant que sa forme ne nous donnera pas des chances et des droits égaux.

» En conséquence, nous prions l'Assemblée nationale de prendre en considération notre réclamation légitime, et de nous assurer le droit le plus précieux que nous ait promis la République.

« *La Société démocratique des travailleurs.* »

Suivent les signatures par milliers — d'ouvriers, de marins, de commerçants et de bourgeois.

Vous parlez aussi de talent, — vous parlez de livres ! mais si j'avais publié votre lettre avant les élections, je n'aurais pas eu cinquante voix ! — Des livres ! — du talent !

Tenez, voici ce que m'écrit le comité qui *a fait* les premières élections :

COMITÉ DÉPARTEMENTAL RÉPUBLICAIN. (Rouen, — place de la Pucelle, 12). — *A M. Alphonse Karr, à Sainte-Adresse.* — « Monsieur, nous approchons du jour où va se décider la triple élection pour laquelle sont convoqués les électeurs. Il importe extrêmement, monsieur, que tous les bons citoyens concentrent leurs voix sur les citoyens qui présentent le plus de chances, et dont les antécédents offrent toutes les garanties.

» Votre nom, monsieur, est de ceux qui se discutent sérieusement, et si notre comité ne l'a pas adopté, c'est la conviction profonde où nous sommes que hors des lieux où vous êtes connu, où vos nombreux amis ont pu apprécier l'honorabilité de votre caractère, votre candidature n'aurait pas été adoptée par la majorité.

» Un comité, monsieur, n'improvise pas, n'impose pas une candidature; il ne fait que la proposer et formuler l'expression du vœu de la majorité; voilà, du moins à notre sens, la seule action légitime d'un comité. Or, il faut compter avec l'esprit de nos populations; elles sont essentiellement industrielles et agricoles, et par suite animées d'un esprit positif et pratique; elles veulent des hommes versés dans les questions commerciales et agricoles, et si le titre d'avocat est déjà un titre d'exclusion, ce qui est, il ne faut pas vous étonner que celui d'homme de lettres, de poëte, car c'est ainsi, monsieur, qu'on vous appelle, soit sujet à une espèce de préjugé qu'il serait difficile de vaincre. — Vous voyez, monsieur, que nous vous disons les choses franchement, trop franchement du reste.

» Maintenant, dans les circonstances où nous nous trouvons, nous croyons connaître assez votre patriotisme et votre dévouement aux intérêts du pays pour vous prier de vous désister publiquement de votre candidature, et d'appuyer de votre influence les noms que nous avons l'honneur de vous proposer.

» Veuillez agréer, monsieur, l'assurance de notre considération distinguée.

» Le secrétaire du comité, CH. DELAPORTE. »

Des livres! du talent! vous voyez le cas qu'en fait le comité de la rue de la Pucelle; — *c'est un préjugé* qu'il n'oserait attaquer, — contre lequel il n'oserait me défendre, — quoiqu'il n'ait pas d'autre objection contre moi, — quoiqu'il m'accorde, outre toutes sortes de qualités civiques, une assez grande influence pour qu'il me la demande en faveur de ses candidats : MM. Thiers, Ch. Dupin, Eugène Loyer, — filateur.

Comme les premières élections ont été faites par le concours du comité de la rue de la Pucelle, à Rouen, et du comité de la halle au Poisson, au Havre, — je voudrais bien les mettre d'accord sur un point.

« Un comité formule l'expression du vœu de la majorité, » disent messieurs de la rue de la Pucelle, — et messieurs de la halle au Poisson n'ont pas même remarqué que j'ai eu deux mille et quatre mille voix de plus que les deux candidats qu'ils ont fait nommer aux premières élections comme « l'expression du vœu de la majorité. » Et, après cette manifestation authentique que messieurs de la halle au Poisson avaient pris quelque peine pour empêcher, et sur laquelle ils avaient trompé messieurs de la rue de la Pucelle, — ils présentent encore cette fois comme « l'expression du vœu de la majorité » un candidat qui n'avait pas eu de voix du tout à la première épreuve.

Ç'aurait été une bien belle chose que la République, — s'il s'était trouvé en France des républicains. Un parti a proclamé la République à la faveur d'une surprise ; — la France a dit : « Eh bien ! voyons-la donc cette République dont vous nous parlez depuis si longtemps, — cette République qui s'annonce avec de si belles théories, — qui doit détruire tous les abus, instituer tous les progrès et amener le bonheur universel ; mettez-vous à l'œuvre. »

Alors on s'attendait à voir un appel fait à toutes les intelligences, à toutes les puissances réelles ; — on s'attendait à voir partout le désintéressement, la loyauté, la fraternité. Mais signalez un abus qui ait été détruit. Montrez un progrès réel qui ait été établi. Un parti qui, à part une demi-douzaine d'hommes de quelque valeur, ne renfermait ou du moins n'a montré que des médiocrités, s'est rué sur les places, les honneurs, les salaires, — comme une horde de Cosaques sur une ville prise d'assaut.

Non-seulement ce parti a commis d'intolérables excès, mais encore il a ouvert la porte à sa queue, qu'il a en vain essayé de rompre, — mais cette queue, comme celle du serpent, se réunit au corps malgré lui ou veut le percer comme celle du scorpion ; — elle professe le pillage et prône la guillotine ; — elle a tellement effrayé à la fois et indigné le pays, que le pays se jette dans les bras de la réaction. — Car voici la position du pays.

Le parti renversé faisait régner de graves abus et une grande immoralité.

Le parti aux affaires — s'est appuyé sur les mêmes abus, — n'est pas plus moral, — et se montre jusqu'ici moins habile. La queue de ce parti — est l'anarchie.

Qu'un homme se lève et dise : « L'établissement de la République m'a fait du bien. » Cet homme sera un de ceux qui se sont rués à cette curée de places dont nous avons été les tristes témoins. Car cet homme ne sera ni un commerçant, — les boutiques se ferment — et les meilleures maisons font faillite ; — ni un ouvrier, — il n'y a plus de travaux d'aucun genre ; — ni un artiste, — la plupart s'expatrient, — il y a des peintres, des poëtes et des sculpteurs qui traînent la brouette, — les acteurs vont en Angleterre ou en Russie ; — ni un rentier, — on ne paye plus les loyers, et les impôts sont doublés, — la rente est à moitié de sa valeur, — et les actions de tous genres n'en ont aucune ; — ni un philosophe, — car il ne voit pas ce qu'on aura acquis au prix du sang versé sur les barricades, — au prix de la faim et de la misère, au prix des inquiétudes et du désespoir.

Au nom du ciel, — il en est temps encore, rallions-nous donc à cette jeune République qui avait fait concevoir tant et de si belles espérances, — même à ceux qui depuis longtemps n'espèrent plus. Mais — la Chambre promet de présenter sa Constitution dans dix jours, — il faut au moins un mois pour la discuter et la voter; il faudra ensuite élire un pouvoir réel et définitif. — Eh bien! la France est incapable de supporter encore six semaines l'état dans lequel elle est tombée. — Voyez que les plus folles ambitions ont aujourd'hui leurs chances, — parce que pour le plus grand nombre tout sera bien, pourvu que ce soit autre chose. — Donnez-nous tout de suite un morceau de cette Constitution, — celui relatif au pouvoir exécutif. Nommez-en un réel, stable, un. — Ne laissez plus ce pauvre pays tiraillé en tous sens; — sauvez la République, — sauvez la France.

Voici Victor Hugo à la Chambre, — qu'il n'oublie pas ce que nous disions un jour que, plein d'enthousiasme, d'inquiétude et d'espoir, — nous avons été pour voir Lamartine, que nous n'avons pas rencontré.

LA LOI DU TRAVAIL. — Des conseils de prud'hommes, composés de maîtres et d'ouvriers dans toutes les industries, fixeront les heures de travail, le prix des journées et du travail à la tâche, — jugeront toutes les questions et tous les différends. Le compagnonnage sera établi dans toute la France sur des bases larges et avec la protection du gouvernement, qui mettra à sa disposition tous les moyens de communication. Chaque corps d'état formera un corps de compagnons, — certaines conditions de conduite et d'habileté seront mises à l'admission. Chaque corps de compagnons aura une succursale dans toutes les grandes villes. Le compagnonnage comprendra : 1° le bureau de placement, — la correspondance avec tous les maîtres et tous les ouvriers de la France lui rendra cet office facile et fructueux; 2° la caisse de secours et de prévoyance, assurance mutuelle contre le chômage, la maladie, et en faveur des veuves et des enfants en bas âge.

Les ouvriers, comme les soldats, payeront demi-place sur les lignes ferrées, — quand ils seront munis d'un congé avec destination émanant des bureaux de compagnonnage. Les conseils de prud'hommes, auxquels seront donnés par le gouvernement tous les éclaircissements nécessaires, — établiront le rapport de la production à la consommation chacun en ce qui le regarde, dans quelles industries et dans quels cas les machines pourront être admises ou devront chômer temporairement.

La marque de fabrique sera rigoureusement imposée.—Toute marchandise sera vendue sous son vrai nom, avec désignation de sa véritable qualité, — certifiée par les prud'hommes, par les soins et par la fixation du prix de main-d'œuvre. Des limites suffisantes seront mises à la concurrence qui abaisse en apparence ses prix, — d'abord en diminuant le salaire de l'ouvrier, — ensuite en fraudant sur les qualités de la marchandise.

🙰 Aux prochains numéros la loi de l'éducation, la loi de l'agriculture, la loi de la justice, — toujours en quinze lignes.

> Tous les emplois cumuleras,
> Et les salaires mêmement.
> Le brouet noir tu prôneras,
> Sans en manger aucunement.
> Tous les abus attaqueras
> Pour les conquérir seulement.
> Le peuple tu glorifieras
> Pour t'en servir utilement.
> Les privilégiés combattras
> Pour changer leur nom seulement.
> Tous tes amis tu placeras
> Sans leur demander de talent.
> L'oubli de toi tu vanteras,
> Sans t'y astreindre nullement.
> Et dans ta barbe tu riras
> Du peuple crédule et payant
> Les sottises que tu feras.

🙰 Est-il vrai que dans une réunion où M. Clément Thomas s'est présenté pour soutenir sa candidature au grade de colonel, à cette question : Que feriez-vous si l'Assemblée constituante faisait ou ne faisait pas telle ou telle chose, il aurait répondu : Je marcherais contre elle.

Ceci montrerait le peu d'intelligence du suffrage universel et de la République, et donnerait peu de garanties. — J'avais répondu d'avance dans les *Guêpes* à la sortie au moins bizarre de M. Clément Thomas à propos de la croix d'honneur.

Suite de ma réponse à messieurs de la place de la Pucelle, à Rouen.—Je voudrais bien comprendre la seconde phrase de la lettre du comité départemental :

« Il importe que tous les bons citoyens concentrent leurs voix sur les citoyens qui présentent le plus de chances. »

Il me semblerait plus logique de les faire, ces chances, — où il faut que vous croyiez les *bons citoyens* bien peu nombreux, — et, après leur petit nombre, il faudrait constater aussi l'inutilité de leur concours, puisqu'il importe, dites-vous, qu'ils appuyent ceux qui ont le plus de chances d'être nommés par *les autres*, par ceux qui ne sont pas les *bons citoyens*, sans doute.

Une chose me console, c'est la bonne nouvelle que vous me donnez qu'on ne veut plus d'avocats ; — il y a vingt ans que j'y travaille, mes chers messieurs, — je ne croyais pas avoir si bien réussi en en voyant deux cents à la Chambre.—Mais, enfin, il paraît que le pays n'en veut plus que deux cents, — c'est tout ce qu'il peut en supporter.

Tant qu'à la conséquence que vous tirez, messieurs de la place de la Pucelle, — que « je ne dois pas m'étonner que, puisqu'on ne veut pas d'avocats, on ne veuille pas d'écrivains, » — je n'admets ni la conséquence ni la similitude. — L'avocat plaide pour et contre tout. Il défend la veuve et l'orphelin, — dit-on, — mais il n'y aurait pas besoin de les défendre s'il n'y avait pas un autre avocat qui les attaquât. — Dans toute cause, il y a un avocat de chaque côté.

Certains écrivains sont, il est vrai, des avocats qui écrivent, — mais il est facile de juger un écrivain. Ses paroles, comme celles d'un autre homme, ne meurent pas à mesure qu'il les prononce. — En trois heures, on peut savoir ce qu'un écrivain a pensé et dit dans toute sa vie. — C'est cette épreuve que j'aurais demandée. — Car il est également absurde d'admettre ou de repousser un homme comme écrivain; — il s'agit de savoir e qu'il a écrit. — Encore un mot.

Il vous fallait donc, messieurs de la rue de la Pucelle, un ami de l'agriculture? — Est-ce M. Eugène Loyer, filateur, qui représente l'agriculture? Ce serait alors indirectement, — à cause qu'il *cultive* le *coton*, — mais sous la forme de calicot et de mouchoirs. — Est-ce M. Charles Dupin? — Il est, dites-vous, membre du conseil d'amirauté; il pourrait bien aussi être membre de quelque société agricole. Car je voudrais bien savoir de quoi M. Charles Dupin n'est pas membre, — et le plus souvent membre rétribué, — sous la république comme sous la monarchie.

C'est donc M. Thiers? — M. Thiers aime assez les rosiers; — il en a à peu près deux cents à la place Saint-Georges, à Paris; — mais c'est là que se borne sa science agricole et horticole. — Il vous fallait un agriculteur!

C'était une bien bonne chance pour mon élection; — car je suis, moi, un jardinier de quelque réputation; — car j'ai publié d'assez gros volumes sur la culture, et j'en ai d'autres sur le métier; — car je suis paysan, — et j'ai prêché toute ma vie pour qu'on en revînt à l'agriculture et qu'on s'en occupât sérieusement; — car mes livres sont pleins de réclamations à ce sujet. — Mais M. Carnot, ministre de l'instruction publique, l'a écrit aux électeurs : « Il faut se défier des gens qui ont de 'éducation. »

Je sais lire, — un peu écrire : — ces idées, je les ai émises dans des livres, — je suis écrivain; — bien pis, je suis poëte! J'ai trouvé dans la nature et dans la vie de la campagne mes meilleures inspirations. J'ai célébré les joies simples des laboureurs ; — j'ai consolé le pauvre en lui disant les bonheurs gratuits que Dieu avait semés pour lui, comme les bleuets dans les champs. — J'ai dit que le métier de laboureur était le plus noble, comme le plus beau des métiers ; — j'ai dit que je ne connaissais pas un seul homme trop instruit ou trop intelligent pour la culture de la terre. — J'ai reproché au roi Louis-Philippe d'avoir fait de tous ses fils autant de soldats, — au lieu d'en avoir créé au moins un prince de l'agriculture. — J'ai la prétention d'être bien plus fort en agriculture que M. Flocon, qui en est le ministre.

Mais — malheureusement — j'ai dit tout cela en assez bon français, — dans un langage à peu près correct ; — j'ai tâché d'orner ces pensées, que je croyais utiles et saines, de façon qu'elles ne fussent pas ennuyeuses. Je suis écrivain et poëte, je ne suis plus bon à rien ; — et le comité du marché au Poisson du Havre ne peut pas plus accepter ma candidature que le comité de la place de la Pucelle de Rouen.

Comme vous le désirez, — messieurs, — je me suis désisté publiquement de ma candidature ; — mais c'était deux jours avant de recevoir votre lettre ; — et par dégoût de voir l'intrigue des coteries se jouer des intérêts les plus graves du pays — et exiger d'un candidat des démarches qui le rendraient indigne du mandat qu'il demande.

Juillet 1848.

Une guerre impie, que beaucoup ont à se reprocher d'avoir fomentée, a éclaté en une triste et horrible bataille. Les forçats, les repris de justice, les ignobles amants des filles publiques, se sont mêlés aux ouvriers égarés et ont commis des actes de cannibales qui ont donné à cette guerre sauvage de quatre jours l'aspect de celles des Mohicans et des Peaux-Rouges décrites par Cooper. Le général Cavaignac, auquel l'Assemblée nationale a confié le pouvoir exécutif, a dû les combattre avec le canon et la mitraille ; — il a fallu faire écrouler sur eux les maisons où ils s'étaient fortifiés et d'où, à travers des meurtrières, ils choisissaient leurs victimes.

Pour l'étranger, qui voit de loin, et pour qui les insurgés et les défenseurs de l'ordre sont « les Français, » de nombreux actes de courage et de dévouement héroïque, d'un côté, compensent à peine les actes de lâche trahison et de férocité commis par les autres. — Mais il y avait là de ces gens qui ne sont ni Français ni hommes.

De tous les points de la France, les gardes nationales sont arrivées au secours de la société menacée, — au secours de Paris condamné au massacre, au pillage et à l'incendie. Les mesures habiles et énergiques prises par le général Cavaignac ont écrasé l'insurrection. L'Assemblée nationale, de son côté, a pris un parti sage, elle a divisé les prisonniers en deux catégories : — les hommes trompés et égarés seront déportés, — les autres seront livrés à la rigueur des lois. Tout le monde a fait son devoir. — Mais que cette victoire ne soit un triomphe pour personne : — on ne triomphe pas quand on s'est coupé un membre gangrené pour sauver le reste du corps, — et souvent, disent les vieux soldats amputés, ils ont mal au bras qu'ils ont laissé à Austerlitz ou à Wagram.

Maintenant confessez-vous tous. — Quelle instruction avez-vous donnée au peuple depuis trente ans ? — Vous lui avez appris à lire, — et ensuite vous ne lui avez donné à lire que des mensonges. Le peuple n'avait autrefois que la faim et la soif du corps ; — vous avez excité la faim et la soif de son intelligence, puis vous ne lui avez servi que des mets pour le moins poivrés et pimentés, — le plus souvent empoisonnés, — des liqueurs enivrantes et vertigineuses ; — vous avez nourri son esprit d'opium et de hastchich.

A vous entendre, depuis trente ans, toute loi était une tyrannie, tout magistrat un oppresseur, — toute récompense du travail et du talent privilége et corruption, tout frein à la licence un attentat aux libertés publiques. Dans vos journaux toute démarche d'un agent du gouvernement était blâmée, — toute démarche faite contre lui était exaltée. — Vous étiez toujours pour l'homme arrêté, contre le commissaire et le gendarme ; — il suffisait à un cocher d'être pris en contravention par un sergent de ville pour être cité dans vos feuilles comme *prolétaire intelligent*.

Pour vous emparer du char et prendre la place du cocher, vous avez coupé un à un tous les fils dont étaient tissues les rênes qu'il avait dans la main ; — vous avez proclamé l'*indépendance des fonctionnaires* et l'*intelligence des baïonnettes ;* — vous avez détruit toute autorité, toute discipline ; — vous avez ridiculisé tous les devoirs, vous avez exagéré tous les droits ; — vous n'avez pas même laissé le peuple ignorant, vous lui avez mis dans la tête toute une bibliothèque d'idées fausses ; — vous avez appris à toutes les ambitions à chercher le succès, non dans le talent et le travail patient, mais dans un bouleversement brutal.

Et aujourd'hui vous êtes semblables à l'élève du sorcier du poëte allemand, il a découvert une formule qui oblige les génies à faire ce qu'il ordonne : — il a soif, il demande de l'eau, les génies obéissent ; mais, comme l'apprenti sorcier ne sait pas ce qu'il faut dire pour les arrêter, ils apportent toujours de l'eau, inondent le pays et le noient. — Vous avez, — je vous l'ai reproché cent fois, — mis le feu à la maison pour faire cuire la côtelette de votre propre déjeuner

Les gens qu'il a bien fallu tuer aux barricades de Juin, —

croyez-vous qu'ils n'étaient pas aux barricades de Février? Ces forçats libérés, — ces bêtes féroces, — ne les avez-vous pas prônés quand ils travaillaient au bénéfice de votre ambition? — ne les avez-vous pas confondus dans vos éloges, dans vos récompenses, dans vos flatteries, avec le vrai peuple, avec les ouvriers? — Avez-vous songé à séparer le peuple de la populace? — Oui, vous y avez songé une fois, — vous avez institué la garde mobile. — Eh bien! avec des souliers et des habits, — avec surtout quelques mots d'honneur, — en leur apprenant quelques devoirs, en leur disant : « Vous êtes soldats, la patrie compte sur vous, » — vous avez fait une armée de héros de ces pauvres enfants qui viennent de réhabiliter la croix d'honneur et qui, si vous les aviez laissés ignorants, s'ils n'avaient été aux barricades du côté de l'ordre, — y auraient été de l'autre côté.

Confessez-vous tous, — et faisons mieux. Vous êtes au pouvoir, restez-y. — Nous avons la République, gardons-la; — mais que l'amour du peuple, si hautement professé, ne soit plus une *blague* de racoleurs. — Ne flattons pas le peuple, mais aimons-le, — instruisons-le, — épurons-le. Ouvrez tous les bras et toutes les portes à l'intelligence et à la probité ; — ne donnez rien à la crainte du nombre et des mauvaises passions. — Il faut séparer, et toujours, et sans relâche, le métal pur et les scories.

Un forçat ne doit rentrer dans la société que corrigé, — et non pas quand il a payé ses crimes de quelques années de son temps. Un chien vous a mordu, — vous l'enfermez jusqu'à ce qu'il soit devenu enragé; — après quoi vous lui rendez la liberté. — Est-ce sage?

Tous ces gens sans état, qui vivent de vol ou des vices les plus honteux; — tous ces gens que la lâcheté seule arrête sur le bord du crime, — ne les gardez pas au milieu du peuple. — Et ensuite vous aurez le peuple, le vrai peuple, le peuple qu'il faut aimer, qu'il faut instruire; — **pour lequel il faut tout faire,**

— avec l'aide successivement de tous ceux seulement parmi lui qui se montreront capables de mettre la main à l'œuvre — par l'intelligence et la probité, — et aussi par les lumières acquises.

🕷 Vous êtes au pouvoir, restez-y. — Que les médiocres se serrent un peu et fassent quelque part aux capacités. — Élevez vos esprits, n'agissez plus dans l'intérêt de petites coteries. — Ne faites pas dire : « Plus ça change, plus c'est la même chose. » — Et la France peut encore reprendre son rang, — redevenir heureuse et fière ; mais il est temps de le vouloir. — Allons, — du courage, — de l'énergie, — de la loyauté, — de la bonne foi ; — que chacun ne cherche son bien que dans sa part du bien général. — Commençons, — car j'espère que tout ce qui a été fait jusqu'ici ne compte pas, — et que les sottises ont été aussi provisoires que le gouvernement, — qui, — j'aime à le croire, — a été forcé de les faire. — Mais, au nom du ciel, ne perdons pas un instant, — le pays est dans une situation telle qu'il ne peut attendre.

🕷 Il semble qu'on ne puisse faire en France une statue qu'avec les débris d'une autre statue. C'est avec les tessons de la statue de Lamartine qu'on élève celle du général Cavaignac. Prenez donc un bloc de marbre neuf. — Le général Cavaignac le mérite bien. Il a sauvé Paris en Juin ; — mais Lamartine aussi l'a sauvé en Février. — Êtes-vous si avares d'admiration, — avez-vous le cœur si étroit que vous ne puissiez avoir deux reconnaissances à la fois ? — Il est fâcheux que Lamartine, contre son intention bien formelle, ait consenti à faire partie du gouvernement intérimaire, ce pouvoir sans puissance, où il devait nécessairement s'user. — Il a fait des fautes ; il est usé ! — Qu'un autre enfant de la République vienne à son tour s'user à son service ; — car on s'y use vite, comme disait en soupirant M⁰ Marie, le nouveau président de l'Assemblée nationale. — Pressons-nous autour du général Cavaignac, — aidons-le tous. — Il comprendra quand arrivera le temps où il ne faudra pas tout à fait tant de sabres aux affaires. — Aujourd'hui disons avec l'Assemblée nationale : — « Il a bien mérité de la patrie ! »

🌸 Ce numéro devait paraître il y a plus d'une semaine, il n'a pu être imprimé ; — on sait pourquoi. — Accouru à Paris dans la nuit du samedi, j'ai déchiré ensuite quelques pages afin d'avoir un peu de place pour dire quelques mots des tristes événements qui viennent de se passer.

Ce qui suit était écrit avant l'insurrection et le changement de gouvernement qui en a été la suite ; j'ai eu la faiblesse de faire grâce à *mes vers*. — La sagacité de mes lecteurs saura distinguer ce qui ne s'applique plus aujourd'hui.

Sainte-Adresse, 22 juin.

Il n'est pas malaisé de trouver à redire :
Les plus embarrassés, — le fait est bien certain,
Sont ceux qui de la poêle ont la queue à la main...
— Oubliez-vous, monsieur, ceux que l'on y fait frire ?

—

Du lendemain et de la veille,
On aurait pu former, dans une ardeur pareille,
  Un seul parti républicain.
  Sans se faire tirer l'oreille,
Les nouveaux convertis tendaient déjà la main ;
Mais les républicains si fermes de la veille
  Ne le sont plus depuis le lendemain.

UN SOLLICITEUR.

Un demandeur, — pour sa part de curée,
Voulait être préfet. — Monsieur Recurt, en vain,
Lui disait : « De préfets la France est encombrée,
Tout est nommé. » — Notre homme insistait. — A la fin,
Monsieur Recurt appelle un fantassin ;

« Avec votre fusil sortez un peu, de grâce,
Et tuez le premier préfet qui passera,
Pour qu'à monsieur je puisse enfin donner sa place,
Car, sans cela, jamais il ne me lâchera! »

AUX RÉPUBLICAINS DE LA VEILLE.

Grands citoyens, vous êtes aux affaires;
Vous avez le pouvoir, faites régner la loi,
La justice et la paix; traitez le peuple en frères,
Appelez le talent avec la bonne foi;
Pratiquez les vertus dont vos âmes sont fières!
— Vrai Dieu! vous plaisantez! Ces superbes vertus
Que proclamaient nos drapeaux dans la lice :
Désintéressement, simplicité, justice!
Mes chers messieurs, c'est bon pour des vaincus.
Vous qui n'avez plus rien, ni place, ni pécune,
Sans murmurer subissez vos destins.
Et laissez-nous jouir de la bonne fortune;
A votre tour d'être républicains!

DU DÉSINTÉRESSEMENT.

Partageons tout, ami, faute de mieux :
A toi le ministère, à moi la préfecture;
A toi le titre, à moi la sinécure.
Il est une vertu que nous avons tous deux,
Une vertu, des vertus la plus pure,
Vertu rare surtout; on la nomme, mon cher
Désintéressement; — il faut la payer cher.

ENTRE DEUX CONCURRENTS, — DANS L'ANTICHAMBRE
DIRECTION DES BEAUX-ARTS.

— On vous commande à vous cette statue,
Citoyen, que je demandais!
Hélas! l'époque est déjà revenue
Du népotisme et des trafics secrets!

JUILLET 1848.

O honte! ô mon pays! France toujours vendue!
Enfin, pour l'obtenir, dites... qu'avez-vous fait?
— Ce que j'ai fait, monsieur? pendant dix-huit années,
J'ai combattu le marbre, et parfois l'on disait
Que je l'avais dompté de mes mains obstinées;
Et trois médailles d'or m'ont été décernées.
Mais vous, qui me parlez d'un si bizarre ton,
Quelles preuves, monsieur, avez-vous donc données?
Qu'avez-vous fait?
          — J'ai fait... dix-huit mois de prison.

SUR UN SOI-DISANT AMI DU PEUPLE.

Ami du peuple, il a longtemps maudit
  Ses oppresseurs, et lui-même a pâti. —
Mais les choses vont mieux, — on lui donne une place;
  Et puis, ma foi, de guerre lasse,
Sur tout le reste il prendra son parti.

———

  Où courez-vous, demandai-je à la foule?
Vous cherchez le bonheur? vous me faites pitié!
Le bonheur, dites-vous? — le bonheur, c'est la boule
Que cet enfant poursuit tout le temps qu'elle roule,
Et que, dès qu'elle arrête, il repousse du pied.

———

Oh! tristes temps, où, sous l'ombre embaumée
De mes tilleuls où pend le chèvrefeuille en fleur,
Il ne vient à l'esprit, il n'éclôt dans le cœur
    Que l'épigramme envenimée!
Vous qui me reprochez mon quelque peu de fiel
Et qui me rappelez la poésie aimée,
Songez que le bon sens est l'ennemi mortel...
Et que Pallas n'osa sortir que bien armée
    Du cerveau paternel.

SUR PARIS. — Que l'on se persuade bien une chose, c'est que la France ne veut plus permettre que les émeutes de Paris décident de la politique, du gouvernement et de tous les intérêts du pays. La France est décidée à secouer le joug du faubourg Saint-Antoine. Il ne faut pas songer à déplacer le siége du gouvernement, Paris est et doit rester la capitale de la France, — le séjour du luxe et des arts et le siége du gouvernement ; mais Paris est le salon, il faut le balayer. On a fait de Paris une sentine, un égout où arrivent toutes les ordures de la France et du monde entier ; — Paris est une ville où on vient faire ce qu'on ne laisserait faire nulle part ailleurs ; — c'est un ridicule contre-sens. Il ne s'agit pas toujours de comprimer, — la compression, au moral comme au physique, augmente la force de ce qu'on comprime.

Je ne détaille rien dans les *Guêpes*, — je ne donne jamais que des résumés. — J'ai souvent pensé en cent pages ce que je vous écris en trois lignes ; — mais il est bien facile de développer ensuite et de tirer les conséquences.

Il ne doit y avoir à Paris non-seulement aucun galérien, — mais encore aucun condamné libéré. L'admission et le permis de séjour de tout citoyen à Paris doivent être soumis à un examen. Tous les ateliers dont l'industrie n'est pas nécessaire à la ville, ou à l'industrie desquels la ville n'est pas nécessaire, doivent en être éloignés. — Il faut que Paris donne des garanties à la France, il faut que le gouvernement ne puisse être enlevé par un coup de main ; — il ne faut pas que trente-deux millions d'hommes attendent chaque jour la poste avec anxiété pour savoir ce que les gamins de Paris ont décidé sur leur sort — et quel gouvernement ils ont constitué sur l'air *Des lampions*.

Voici, je pense, quelle est la politique possible aujourd'hui : — contenir la génération présente, élever et instruire l'autre.

Dans la liste des nouveaux ministres affichée dans Paris — on a mis : « M. Tourret, *ministre du commerce.* » On a oublié complétement de faire mention de l'agriculture. C'est, au premier abord, un erratum, une bagatelle ; c'est grave pour ceux qui savent que c'est d'après les petites choses qu'on doit juger les hommes. — Les grandes choses, on les montre; les petites choses, on les laisse voir.

Il est positif qu'en France on parle quelquefois de l'agriculture, mais qu'on n'y pense jamais! — Ainsi, à Rouen, messieurs de la place de la Pucelle m'ont dit: « Nous ne voulons pas de vous, parce que vous n'êtes pas agriculteur. » — En quoi ils se trompaient; — et ils ont pris un filateur.

On dit beaucoup de bien de M. Tourret, qui est à la fois industriel et agriculteur, mais l'omission de l'agriculture sur les listes affichées voudrait-elle dire qu'on commence à avoir le bon sens de comprendre qu'il faut un ministère spécial de l'agriculture? — L'agriculture et l'instruction publique, voilà les deux ministères sur lesquels repose l'avenir de la France.

☙ Je viens de lire une circulaire sur l'agriculture et ses besoins, adressée aux préfets par M. Tourret. — A la bonne heure, voici enfin un peu de bonne foi et de bon sens. — M. Tourret voit les choses comme elles sont, le mal où il est, et quelques remèdes incontestables. Mais je n'en répète pas moins que ce n'est pas trop d'un ministre tout entier pour l'agriculture. — Quand le ministre de l'agriculture et du commerce ne s'entend ni à l'un ni à l'autre, comme M. Flocon, par exemple, il est à désirer qu'il puisse s'en occuper le moins possible; mais, puisqu'en voici un qui paraît aimer et connaître l'agriculture, il faut l'y consacrer entièrement.

☙ On a de tout temps reproché aux parvenus d'oublier leur origine; ce reproche ne saurait atteindre M. Pagnerre, qui, secrétaire du gouvernement intérimaire, avec voix délibérative, — n'a jamais oublié sa librairie, se plaisait à en parler, et même avait soin de se faire acheter par son ami Carnot, aux dépens de la caisse de l'instruction publique, vingt mille exemplaires d'un petit livre destiné aux écoles, et contenant de si charmantes doctrines, que M. Carnot a dit à la Chambre qu'il ne les partageait pas, — et que M. Pagnerre a dit dans les journaux qu'il les blâmait. — Par suite de quoi l'Assemblée nationale a très-justement renvoyé M. Carnot du ministère. M. Pagnerre a pour consolation sa conscience — et l'honnête bénéfice qu'il a fait sur cette petite affaire.

AVIS AUX DEMANDEURS DE PLACES. — A tout homme qui obtient une place on commence par retenir le dixième de ses appointements pour la caisse des retraites, — c'est-à-dire le premier mois tout entier, — qui ne fait qu'un douzième, — plus une partie du second. — En ces temps d'instabilité, personne n'est sûr de garder une place cinq semaines. — Beaucoup en sont quittes pour avoir offert gratuitement un mois de leur temps à la patrie. — Ceux qui ne restent qu'un mois en place redoivent bien quelque chose, mais jusqu'ici on ne le leur a pas demandé.

CORRESPONDANCE. — « Vous avez su par les journaux, mon cher ami, l'invasion de ma maison par les insurgés dans les journées de Juin. Les insurgés, je leur dois cette justice et je la leur rends volontiers, ont tout respecté chez moi. Ils en sont sortis comme ils y étaient entrés. Seulement, un dossier de pétitions qui était sur ma table, dans mon cabinet, a disparu, et je n'ai pu le retrouver. Ce dossier contenait, entre autres, la pétition des habitants du Havre, que je m'étais chargé de déposer sur le bureau de l'Assemblée nationale. Je ne m'explique pas quelle idée les insurgés ont pu attacher à l'enlèvement de ce dossier. Quoi qu'il en soit, je vous fais part du fait. Informez-en vos honorables concitoyens du Havre. S'ils jugent à propos de m'envoyer un duplicata de leur pétition, je m'empresserai de remettre ce duplicata sur le bureau de l'Assemblée. Dans le cas où les signatures seraient moins nombreuses, je ferais connaître à l'Assemblée la disparition de la première pétition, qui portait, à ma connaissance, *cinq mille* signatures.

» Je vous serre la main et je suis à vous du fond du cœur.

» VICTOR HUGO.

» 3 juillet 1848. »

Le plus grand obstacle que les anciens républicains aient à vaincre est en eux-mêmes, — ils s'obstinent à vouloir rester un parti ; — tous leurs efforts, au contraire, devraient tendre à se fondre et à disparaître dans la France républicaine. — Voici comment, le 25 février, — les *Guêpes* l'ont dit alors, — et comment aujourd'hui encore j'entends la République : « *Le gouvernement des meilleurs choisis par tous.* »

Voici la grande faute du gouvernement provisoire : son premier acte aurait dû être de dresser une liste de tous les hommes connus du pays par un talent, par une puissance quelconque, et de les appeler à son aide. Il y a dans un pays une multitude de petits sous-gouvernements. Ainsi tel écrivain impose ses idées à dix mille personnes, — tel homme d'État a la confiance de vingt mille, — tel autre a une telle réputation de probité, que cent mille le suivront les yeux fermés.

Un vrai gouvernement, un gouvernement fort et inattaquable, serait celui qui, — sous une volonté ferme, formerait un faisceau de tous ces pouvoirs divers. — Contre une alliance de toutes les forces réelles du pays, il n'y aurait rien de possible.

En même temps qu'on a fait à la salle de l'Assemblée nationale certains changements destinés à la rendre plus sonore, — on a cru, dans le même intérêt, devoir faire à la Chambre une proposition, déposée sur le bureau, et qui sera sans doute rapportée un de ces jours : « Attendu que beaucoup d'entre les représentants abusent singulièrement du couteau à papier, — sorte de joujou qu'on leur a donné, je ne sais pourquoi, — et s'en servent pour empêcher d'entendre certains orateurs et certaines paroles en jouant sur les pupitres l'air *Des lampions*, — dans l'intérêt de la liberté de la tribune et de la publicité des débats, la Chambre ordonne le désarmement des représentants. »

LA VÉRITÉ SUR LE CAUTIONNEMENT DES JOURNAUX. — Le cautionnement ne vous donne aucune arme sérieuse contre un journal. Un journal qui a un cautionnement de cent mille francs

— paye facilement l'amende ; sort du procès irrité et avec une nouvelle force contre vous. — Le cautionnement est un contresens grossier avec le suffrage universel et l'abolition du cens électoral. — Le cautionnement crée un privilége injuste et un monopole dangereux en cela qu'il met une grande puissance sans contre-poids aux mains de quelques-uns.

Quel est l'avantage du cautionnement? assurer le payement des amendes encourues.—Quel profit et quelle noblesse y a-t-il à faire un commerce des soufflets qu'on reçoit ? — Est-ce par des journaux sans cautionnement que le roi Louis-Philippe a été renversé ?

🜲 Sans cautionnement, vous avez : un jury (peut-être spécial) jugeant d'urgence ; la suspension à divers degrés, la suppression, — l'emprisonnement. Sans cautionnement, — vous divisez les forces de la presse et vous êtes maître de tout journal dangereux. Une suspension de trois mois sera presque toujours une blessure mortelle pour un journal.

Croyez-vous que la *Presse*, par exemple, — n'eût pas mieux aimé donner vingt mille francs (ce qui serait une très-grosse amende) que de subir une suspension de quinze jours? — Vingt mille francs dans les caisses de l'État auraient-ils produit le même résultat? — Sans cautionnement, — armé d'une pareille législation, le pouvoir, loin de manquer de garanties, aurait peut-être plutôt à en donner.

🜲 Si la presse veut se sauver, il est temps qu'elle commence à se moraliser. Il ne faut pas que le premier gredin venu puisse s'élire lui-même journaliste, — et, sous prétexte d'ouvrir une pharmacie, ouvre une boutique de drogues malsaines et de poisons. Trois ou quatre fois j'ai parlé de ce que serait la *société des gens de lettres*, — si elle était — le contraire de ce qu'elle est. Il faudrait qu'on fût reçu journaliste — comme on est reçu professeur ou médecin. — Je développerai ceci quand il en sera temps.

JUILLET 1848.

🙥 Il faudrait mettre un bureau de la presse sous la direction d'un homme très-honnête et très-intelligent, — qui se chargerait des rectifications et des réponses à faire insérer dans les journaux mêmes qui auraient inséré le fait faux ou altéré.

🙥 Pourquoi, si l'on maintient, — et l'on maintiendra le cautionnement, l'Assemblée nationale ne s'occuperait-elle pas d'un certain nombre de lois analogues? — Ainsi : 1° tout citoyen, en sortant de chez lui le matin, déposera un cautionnement destiné à assurer le payement des vitres qu'il pourrait casser pendant ses courses ; 2° tout citoyen entrant dans un restaurant déposera un cautionnement pour assurer le payement des couverts qu'il pourrait y voler ; etc., etc., etc.

🙥 Le *Représentant du Peuple* veut qu'on diminue d'un tiers tous les fermages et tous les loyers, — moitié pour le fermier ou le locataire, — moitié pour l'État.

Voici la situation des propriétaires : — leurs impôts sont augmentés de la moitié ; leurs maisons sont dépréciées ; leurs loyers ne sont pas payés. Des affiches nombreuses sur les murs de Paris demandent qu'ils n'aient plus de privilége sur les meubles de leurs locataires, leur seule garantie.

Encore un peu, — et vous ne trouverez plus personne qui consente à être propriétaire ; — vous condamnerez les malfaiteurs à être propriétaires pour un temps plus ou moins long, selon la gravité de leurs délits ou de leurs crimes. — Mon Dieu, — vous n'avez pas prodigué les bénédictions du bon sens!

🙥 On dit : « Il n'y a plus d'argent; » c'est une sottise; pour dire vrai, il faudrait dire : « Il n'y a plus que l'argent. » L'argent est peu de chose ; — il paraît et devient beaucoup par la circulation. — L'argent est comme les trente figurants du Cirque-Olympique : — à mesure qu'ils sortent par une coulisse, ils rentrent par l'autre ; — de cette manière ils représentent une armée. — Arrêtez-les par le milieu de la scène, — il n'y a plus d'armée : il n'y a plus que trente comparses.

Novembre 1848.

Les Français n'ont pas à se plaindre de la Providence; elle ne leur a pas épargné les leçons depuis neuf mois. — Qu'enfanteront pour la France ces neuf mois de grossesse pénible? — Dieu seul le sait. — On a tout lieu d'espérer que les marchands d'orviétan alliés aux fauteurs de désordre et aux ambitieux honteux ne l'emporteront pas sur les véritables amis du pays. Mais, une fois un gouvernement constitué, — nous nous permettrons de donner quelques avis, surtout aux gros et aux petits bourgeois. C'est vous et point d'autres qui avez renversé le gouvernement de Louis-Philippe, que je ne regrette pas, — mais que, pour la plupart, vous ne vouliez pas renverser.

La République seule est aujourd'hui possible en France; — vous l'avez presque tous proclamée, adoptée. — Soyez donc les conservateurs de cette République; mais conservez-la mieux que la monarchie, ne demandez pas, mais faites un gouvernement fort; donnez-lui hardiment, hautement, votre concours, — au lieu de mettre une sotte vanité à faire de l'opposition à un pouvoir que vous voulez garder. — Il est bien assez bête d'avoir une fois renversé un gouvernement que vous ne vouliez pas renverser, — il serait trop bête de faire deux fois la même chose; — que chacun apporte au gouvernement une fois constitué tout son appoint de force; — ne le laissez pas attaquer, et surtout ne l'attaquez pas vous-mêmes, — et alors vous ne tarderez pas à voir les affaires reprendre et la prospérité renaître.

Je vous le répète, n'ébranlez pas l'arbre que vous ne voulez pas déraciner. Ne jetez pas des pierres contre les vitres que vous ne voulez pas casser. — Vous allez fréter un navire qui doit vous porter pendant une traversée de quatre ans; — ne passez pas votre temps à couper les cordages, — à déchirer les voiles — et à faire des trous de vrille dans la cale ; — sans cela, — et par le passé on a lieu de croire que vous en serez étonnés, — le navire sombrera et vous serez tous noyés.

A M. le rédacteur en chef de la Presse.

Paris, 25 novembre 1848.

« Monsieur, je lis dans votre numéro d'aujourd'hui : « M. Alphonse Karr part demain pour le Havre. Au moyen de l'influence qu'il a acquise dans l'arrondissement par quelques années de séjour, il va appuyer la candidature du général Cavaignac : nous serions curieux de savoir sur quels fonds seront payés les frais de mission. »

» La liberté de la presse comme vous l'entendez, monsieur, aurait bientôt dévoré les autres libertés et resterait toute seule. Ainsi, aujourd'hui, je n'ai pas la *liberté* d'aller et de venir sans que vous me citiez à la barre de vos abonnés et sans que vous me disiez à haute voix : « Où allez-vous, monsieur? au Havre? » — Qu'allez-vous y faire, monsieur? — Avec quel argent » payerez-vous votre diligence, monsieur? »

» En attendant que vous réfléchissiez sur le droit que vous vous arrogez, — sans reconnaître ce droit, qui pourrait, à la rigueur, paraître exorbitant, — je vais satisfaire votre curiosité. — Vous n'êtes pas tout à fait bien informé. — Je ne vais pas au Havre, mais à Sainte-Adresse, où je demeure depuis neuf ans. Je ne vais pas y soutenir la candidature du général Cavaignac, mais planter quelques rosiers et y abriter quelques rhododendrons nouveaux qui craignent un peu la gelée, car vous ne nous avez pas encore promis qu'il ne gèlerait pas sous le règne du prince Louis Bonaparte.

» Je n'ai reçu et je ne reçois de mission de personne. — Excepté à vous, monsieur, et cela d'aujourd'hui seulement, — je n'ai à rendre compte de mes actions à personne. — C'est peut-être un peu pour cela que je ne suis pas riche — et que vous supposez que je ne puis aller de Paris au Hâvre sans que quelqu'un paye mon voyage. — Ce voyage, monsieur, puisqu'il faut tout vous dire, — me coûtera vingt francs cinquante centimes, et je le ferai à mes frais, avec mes *propres fonds*. Je ne vais pas au Havre pour y soutenir la candidature du général Cavaignac ; — mais, si je n'ai plus la liberté de circuler, — il me reste encore, jusqu'à ce que vous en ayez autrement décidé, celle de penser et d'exprimer mes opinions.

» Vous croyez que j'ai quelque influence dans l'arrondissement du Havre, — je le crois aussi. Les hommes au milieu desquels j'ai vécu neuf ans, auxquels j'ai donné à cœur ouvert des consolations, des conseils et de l'aide, ces hommes m'aiment comme je les aime. — Je leur dirai ce que je crois le meilleur pour la France et pour eux ; — auprès d'eux je soutiendrai la candidature du général Cavaignac, et ils auront foi en moi, parce que je ne les ai jamais trompés, — parce que j'ai écrit en 1840 sur le prince Louis précisément ce que j'ai écrit en 1848, — parce qu'ils savent d'avance ce que les autres verront après, que, si le général Cavaignac est nommé président de la République, je n'aurai pour cela ni place ni argent, et je reviendrai à Sainte-Adresse au milieu d'eux, — à mes rosiers et à mon canot de pêche.

» Cette candidature, monsieur, je la soutiendrai dans l'arrondissement du Havre et partout où j'ai des amis ; — je la soutiendrai peut-être même à Rouen, où le voyage, qui coûte huit francs cinquante centimes, sera encore fait exclusivement sur mes propres fonds. — Je termine, monsieur, en vous remerciant de l'occasion que vous avez bien voulu me donner de la soutenir dans votre journal.

» Je suis, monsieur, avec tous les sentiments que l'on a au bas d'une lettre, votre serviteur. A. K. »

S'il n'y avait pas d'ambitieux, qui voudrait, en France,

prendre la moindre part aux affaires publiques, se mettre volontairement en butte aux haines les plus implacables, aux soupçons les plus odieux, aux accusations les plus insultantes, aux injures, disons le vrai mot, à l'engueulement impuni du premier venu? permettre à n'importe qui d'ouvrir les tombeaux et d'insulter votre père mort; — exposer à la boue que l'on vous jette et les amis qui vous aiment et la femme que vous aimez?.

Depuis cinq mois que je suis à Paris, — je l'ai compris, si l'on ne veut devenir soi-même haineux et méchant, il ne faut rien être dans ce pays d'envieux qu'est devenue la France, dans ce pays où, si l'on élève parfois une statue, ce n'est que pour en briser dix, sous prétexte de se procurer des matériaux. — Pour ma part, j'ai pris en si grand dégoût tout ce qui serait même l'ombre de la moindre parcelle d'autorité, — que je vais me démettre de mes fonctions de conseiller municipal et de capitaine de la garde nationale dans le hameau ignoré que j'habite.

※ A voir comme certaines gens pratiquent la liberté, nous arriverions, si on les laissait faire, à ceci : que chacun serait esclave de la liberté des autres.

※ Un ami de M. de Girardin dit de lui : « C'est un homme très-laborieux qui se lève tous les matins à quatre heures pour se faire des ennemis. »

Décembre 1848.

※ J'ai eu occasion de le remarquer déjà plusieurs fois, — s'il est des histoires difficiles à écrire, faute de documents, — la nôtre sera impossible, à cause de la multiplicité des documents contradictoires et de l'effronterie des journaux, qui trouvent le moyen de donner leur couleur particulière même au temps qu'il a fait la veille.

A la fin de cette année 1848, — je crois devoir rappeler en quelques pages l'histoire philosophique de la dernière révolution — et bien expliquer la véritable situation des choses.

Quoique je ne sache pas grand'chose de pire que la religion du veau d'or et la politique proclamée par M. Guizot dans ces paroles prononcées à Lisieux : — *Enrichissez-vous*, — j'étais contraire à l'établissement de la République en France, parce que je craignais les frais de déménagement et d'emménagement.

Parce que je voyais l'armée républicaine en marche, — et je la voyais précédée de ses Cosaques.

« Si le parti gouvernemental, disais-je en 1839, possède des hommes de science réelle, d'expérience et d'esprit, — il traîne à sa suite tout ce qu'il y a de mendiants, de valets et de cuistres.

» Le parti de l'opposition montre avec orgueil des hommes de conviction et de dévouement, et d'une probité sévère, — mais sa queue se compose de tout ce qu'il y a de fainéants, coureurs d'estaminet, de tapageurs, de braillards, de vauriens, de culotteurs de pipes. »

Je voyais cette queue dangereuse et armée comme celle du scorpion former l'avant-garde.

Je voyais des gens « attaquer les abus, non pour les renverser, mais pour les conquérir. »

Je les entendais parler des intérêts du peuple et s'en faire les patrons, — et ils me faisaient l'effet de ces mendiantes qui louent des enfants pour exciter la charité publique.

Le *pouvoir* ressemblait à une salle de festin, — aux abords de laquelle le pays fait queue et se presse ; — les huit ou dix citoyens qui sont le plus près de la porte la poussent et l'entr'ouvrent parfois, — alors ils entrevoient les bouteilles et respirent l'odeur des mets. ils se retournent et crient à la foule : « Ohé ! peuple, on mange chaud et l'on boit frais là-dedans, tandis que le peuple est à la pluie et n'a ni à boire ni à manger. Entrons dans la salle du festin et faisons-nous place à la table ; une bonne poussée et nous y sommes ; il y a du pain blanc frais, et des montagnes de cervelas, et des barriques de vin d'Argenteuil. » — La foule pousse, la porte résiste en vain, elle crie, elle cède, les dix orateurs sont jetés dans la salle, — mais aussitôt ils aident les premiers convives à se barricader de nouveau. — Une fois la porte bien verrouillée, on s'arrange ; quelques-uns des anciens convives ont eu peur un moment de l'assaut et ont sauté par les fenêtres ; ceux-là vont se remettre à la queue, — les autres font place aux nouveaux venus, et le festin continue.

Pendant ce temps, les dix citoyens qui suivaient immédiatement ceux qui sont entrés, lesquels leur ont refermé la porte sur le nez, sont comme eux alléchés par l'odeur de la cuisine, et l'exemple de ceux qui ont réussi à entrer augmente leur ardeur de toute la force de l'espérance. Ils se retournent et appellent la foule ; mais il faut, cette fois, promettre un peu plus. — « Peuple, s'écrient-ils, nous avons été trompés, les traîtres sortis de notre sein nous ont refermé la porte au nez ; notre nez a saigné pour ta sainte cause, ô peuple ! le festin continue, et le peuple continue à être à la pluie, tandis que là-dedans on mange des tourtes et on boit du vin à quinze. Au tour du peuple à manger des tourtes et à boire du vin à quinze. — Pousse un peu, peuple fort, et les remparts de la tyrannie tomberont sous ton bras énergique. »

Le peuple pousse, — la porte résiste d'abord, cède ensuite, et les dix nouveaux orateurs entrent et referment la porte sur le nez des dix qui les suivaient. — A ces dix repoussés viennent se joindre encore quelques-uns de ceux du dedans, qu'on a cette fois jetés par la fenêtre. La porte est barricadée au dedans un peu mieux que la première fois. Aussi les nouveaux assaillants promettent maintenant — du pâté de foie gras et du vin de Champagne.

Et la foule retombera encore dans le même piége.

🐝 En février 1848, — le peuple avait donné une si vigoureuse poussée, que la porte tomba brisée en éclats, qu'il n'y eut pas moyen de la lui refermer sur le visage, qu'il entra pêle-mêle, et qu'il menaça non-seulement de manger le festin, mais encore de briser la vaisselle.

Il fallut cette fois lui dire : — « Peuple, la maison est à toi, — tout est à toi ici ; — tu es le maître ; à toi la place d'honneur, nous ne sommes que tes marmitons. — Va-t'en un moment, que nous mettions ton couvert, et que nous achevions de faire rôtir les quartiers de chevreuil et frapper le vin de Champagne. — Tu seras servi dans cinq minutes. »

C'est-à-dire qu'on ne put arrêter cette fois la révolution avec la réforme électorale de M. Barrot, ni avec la régence de M. Dupin.

On n'obtint un peu de répit qu'en promettant pour tout de suite, — pour dans quelques jours, — dans quelques minutes, — tout ce qu'on avait promis d'impossible depuis trente ans.

C'est-à-dire que M. Flocon, que l'on dit fort au billard, et dont le jeu consistait à coller la bille du pouvoir, fut cette fois obligé de *prendre à faire*; — c'est comme cela qu'on dit, je crois, — c'est-à-dire que le parti républicain, qui, pour arriver et renverser la dernière forme bâtarde de la monarchie, avait rendu impossible non-seulement le gouvernement constitutionnel, mais aussi n'importe quel gouvernement qui serait appelé à lui succéder, — fut pris au mot, et ne fut peut-être pas aussi effrayé qu'il aurait dû l'être.

En se voyant condamné à gouverner, non pas seulement dans les conditions du gouvernement qu'il avait renversé, mais dans les conditions qu'il avait voulu lui faire pour le renverser certainement beaucoup plus vite; — c'est-à-dire — en prenant dans ses mains des rênes dont il avait coupé un à un tous les fils dans les mains de ses prédécesseurs, en ayant à appliquer ces théories qui n'avaient été inventées que pour rendre *tout* gouvernement impossible, c'est-à-dire le suffrage universel direct, — l'intelligence des baïonnettes, — l'indépendance des fonctionnaires, — la diminution des impôts avec les plus coûteuses améliorations, — la guerre partout, — le droit au travail, c'est-à-dire des rentes à tout le monde, — la liberté illimitée de la presse, — les banquets, — les clubs et une douzaine d'autres billevesées.

La République une fois installée, je n'avais pour ma part rien contre elle ; — c'est la forme de gouvernement sans contredit la plus noble et la plus grande, la seule possible aujourd'hui ; seulement, je ne tardai pas à voir qu'il faudrait défendre la République contre les républicains, du moins contre certains d'entre eux, — et j'écrivais : — « Il est temps de défendre la République contre M. Ledru-Rollin. » (*Guêpes*, avril 1848.)

En effet, — MM. Ledru-Rollin, Flocon, Pagnerre et autres, auxquels Lamartine ne sut pas ou ne put pas résister, — car il ne faut pas croire, en temps de révolution, qu'une chose était possible hier parce qu'elle est facile aujourd'hui, — ces messieurs firent immédiatement à la République une guerre que personne n'aurait osé lui faire, guerre terrible et à laquelle il était bien difficile qu'elle pût résister ; — ceux qui ne voulaient pas de la République cherchaient, hésitaient, — ces messieurs trouvèrent tout de suite.

En effet, les idées en France sont sur une pente qui conduit naturellement à la République ; — la majorité numérique du pays n'en veut pas, mais la majorité des gens d'action, des gens qui s'occupent de politique, est pour la République, — ou du moins veut s'arrêter à des étapes qui conduisent nécessairement de la monarchie à la République ; — donc les uns acceptaient avec joie, les autres subissaient la République, — elle était parfaitement installée sans ses apôtres.

Alors — M. Garnier-Pagès invente l'impôt des quarante-cinq centimes, — M. Ledru-Rollin fait afficher dans toutes les communes des bulletins de Croquemitaine, qui, disais-je alors, « épouvantaient les faibles et indignaient les autres. » — On envoie dans certaines provinces, sous le nom de commissaires,— des Catilinas d'estaminet qui n'étaient forts qu'au billard, ou dont toute l'éducation politique consistait en petits verres gagnés ou perdus aux dominos ; — ces messieurs s'affublent de gilets ou de chapeaux destinés à rappeler Marat et Carrier, — ils arrivent avec « *des pouvoirs illimités.* » MM. Ledru-Rollin et consorts veulent que la France, qui acceptait la République, — soit républicaine malgré elle, — « semblable à ces femmes qui ne se croient bien faites que quand leur corset leur fait mal. »

« Au terrible bonnet rouge de la République, ils attachent des grelots, — c'est alors le bonnet de la folie. »

Cependant, pour reprendre l'histoire où nous l'avions laissée tout à l'heure, — le peuple, la carte du festin promis à la main, grondait sourdement ; — il avait offert « *trois mois de misère à la République,* » — parole sublime qui lui fait pardonner bien des erreurs. — Le délai demandé était écoulé, les marmitons du peuple n'achevaient pas de mettre le couvert ; la table faite pour dix, malgré les rallonges, ne pouvait admettre qu'un petit nombre de convives,—il n'y avait pas assez de chaises, pas assez de couverts ni d'assiettes, — tout le vin de la Champagne n'aurait pu fournir un verre à chacun.—Il y avait aussi des mets sur la carte qu'on ne pouvait réaliser; les côtelettes de sphinx à la purée de chimère ne se trouvaient nulle part, — on les avait vantées et promises; le peuple y tenait ; — on lui offrit en remplacement des côtelettes de porc frais aux cornichons, qui sont cependant une fort bonne chose ; il n'en voulut pas entendre parler: — il envahit la salle du festin et commença à casser les assiettes, les marmitons sautèrent par les fenêtres ; — en langage parlementaire, cela s'appelle donner sa démission.—C'est-à-dire qu'arriva la terrible insurrection de Juin, où, pour sauver la France et la société, il fallut tuer des hommes qui n'étaient pas forcés de savoir qu'ils étaient criminels en essayant de recommencer ce qui leur avait attiré tant de louanges quelques mois plus tôt. Je ne parle pas des brigands, que j'avoue ne pas regretter. Le général Cavaignac — soldat d'Afrique — qui n'était arrivé en France et au ministère que malgré lui et sur les ordres réitérés du gouvernement provisoire, fut investi du pouvoir exécutif........

※ Il y a des gens qui ont joué le rôle de Potier dans les *Inconvénients de la diligence*. — Ce bourgeois se croit arrêté la nuit par une troupe de brigands, il se jette aux genoux... d'un buisson, — il implore sa générosité, il lui offre sa montre, en l'avertissant de l'heure à laquelle il la remonte tous les soirs; il ne lui cache pas qu'elle retarde un peu;—mais, quand il reconnaît son erreur : « Ah! scélérat, tu n'es qu'un buisson ! » — et il hache le malheureux buisson à coups redoublés de son sabre de garde national.

※ Il est évident que depuis longtemps le *char de l'État* (pardon de cette métaphore usée et un peu ridicule — mais qui m'est nécessaire) — roule sur une route en pente qui mène inévitablement à la République. — Les gens de bon sens n'y voulaient arriver qu'après diverses étapes de réformes successives, — et des postillons attendaient la voiture à des relais divers avec des chevaux frais, — des hommes politiques attendaient avec des idées; — mais d'autres, impatients ou n'ayant ni chevaux ni idées, — s'embusquaient sur la route derrière un arbre, — et tâchaient de renverser le postillon pour prendre sa place.

Dans ce nombre il faut compter ceux qui ont amené la République dont ils ne voulaient pas : — MM. Thiers, Barrot, etc.; — ils ont renversé le postillon, mais ils n'ont pas su monter à sa place.

Ces hommes, qui tendaient depuis longtemps au pouvoir, quand ils ont vu que la République n'était pas bien méchante, ont repris contre elle l'énergie qu'ils auraient dû avoir et qu'ils n'auraient pas eue si elle s'était montrée terrible et despotique.

Ils se sont dit que peut-être cette ruine du pays, ces craintes, ce sang répandu, pourraient bien finir tout simplement par un changement de ministère, c'est-à-dire par donner à M. Barrot la place et les appointements de M. Guizot, — à M. L. Faucher le ministère et le traitement de M. Duchâtel.

C'est un résultat qu'on ne saurait trop chèrement payer, mais cependant qu'on aurait pu avoir à meilleur marché, — car il aurait suffi d'une réponse au *discours de la couronne*, dans laquelle on aurait glissé une phrase énigmatiquement hostile au ministère de Louis-Philippe, pour arriver au même but.

C'est-à-dire que si, les autres fois, pour arriver à un changement de ministère, il avait suffi d'une boîte d'allumettes pour allumer le feu dans la maison et chasser les ministres du pouvoir, et d'un seau d'eau pour éteindre le spécimen d'incendie, — cette fois il avait fallu brûler une bonne partie de la maison, — et le feu avait été éteint avec autant de sang que d'eau ; — mais M. Barrot est enfin ministre.

J'ai dit une partie des bâtons que l'opposition a mis dans les roues du *char de l'État*, vieux style, — c'est-à-dire des impossibilités, dont le parti républicain a hérité un peu plus vite qu'il ne l'espérait. Il s'agissait alors d'amener la République ; — mais aujourd'hui ses premiers apôtres doivent disparaître pour qu'elle puisse vivre, — grâce aux promesses qu'ils ont faites un peu au hasard, aux barrières infranchissables dont ils ont hérissé la route de tout pouvoir ; — ils ont ouvert devant nous un gouffre qui ne se refermera que lorsque, nouveaux Décius, MM. Ledru-Rollin, Flocon, Raspail, etc., se seront jetés bravement dedans, — à moins que le pays n'agisse comme Pierre de Médicis, qui, selon Varillas, voyant que le médecin Léony n'avait pu sauver son père Laurent, jeta le docteur dans un puits. — Quand je parle de gouffre et de puits aujourd'hui, je prie qu'on ne prenne ces mots que pour des images, je ne veux noyer ces citoyens que dans le fleuve d'oubli.

🐜 L'Académie, ayant à remplacer Châteaubriand, — n'a voulu ni de Balzac, ni de Dumas, — ni de dix autres écrivains d'un talent que le suffrage de toute l'Europe lui désigne depuis dix ans. — L'Académie a nommé M. le duc de Noailles.

On parle sérieusement de faire interdire l'Académie, — c'est-à-dire de supprimer ce corps dit littéraire, qui, ayant reçu malgré lui dans son sein quelques hommes de talent, — s'efforce tous les jours de s'en venger. — L'Académie disparaîtra quelque jour devant les huées de tout le pays.

🐜 On parle de réviser, pendant qu'on est en train, le code militaire que l'on trouve trop sévère à l'égard des soldats coupables de voies de fait envers leurs supérieurs; — il y a progrès; autrefois les officiers battaient les soldats, on a sagement réprimé cet odieux abus; — mais peut-être va-t-on trop loin en voulant supprimer les entraves au besoin croissant qu'éprouvent les soldats de *battre leurs* officiers, et que quelques-uns hésitent encore à satisfaire.

🐜 M. Proudhon ayant dit deux ou trois choses raisonnables aux femmes socialistes, banqueteuses et toasteuses, s'est fait adresser, après boire, de gros mots par plusieurs d'entre elles, — elles n'ont pas accepté ce dilemme qu'il leur a posé : *Ménagère ou courtisane*. — A vrai dire, il est bien difficile de comprendre ce que veulent ces dames, il serait bon qu'elles proposassent un code de leurs droits. — Il en est un, par exemple, que l'on doit leur accorder si l'on maintient le suffrage universel, c'est le droit de voter. — Je défie qu'on me donne contre cette réclamation une *raison* qui n'en soit pas une en même temps contre le suffrage universel.

🐜 Le bon Dieu hésite à nous donner un hiver cette année. — A brebis tondues il mesure le froid.

🐜 Depuis cinquante ans, la plupart de nos maux viennent

de ce que les individus ont réussi à faire confondre le développement naturel du progrès avec les prétentions de leur ambition.

🐝 A le voir si révolutionnaire, on prendrait de loin le Français pour un esclave révolté qui veut briser ses fers ;—mais de près on voit bien que ce n'est qu'un domestique capricieux qui aime a changer de maître.

🐝 M. Odilon Barrot, après quinze ans d'efforts impuissants, a enfin réussi à être ministre... d'un gouvernement arrivé à la fois malgré lui et par lui.

🐝 Voilà donc l'impôt du sel à peu près aboli. — Comme depuis vingt ans ç'a été une des grandes causes de plaintes et de révolutions, il faut croire que c'était une horrible chose que cet impôt. — Jamais on n'a plus crié contre la dîme ni contre le droit de jambage que contre l'impôt du sel.—C'était la véritable cause, disaient les journaux, de la misère des pauvres, de l'insuffisance des récoltes dans certaines années et de l'état précaire de l'agriculture.

L'abolition de l'impôt du sel aurait donc plongé la France dans un tel abîme de félicité, que la Chambre a cru faire sagement en ne la prononçant pas tout d'un coup, — comme on mesure la nourriture à un convalescent. — Si tant de joie n'étouffe pas le pays, on verra dans un an ou deux à abolir le tiers qui reste.

En attendant, — je vais, pour ma part, profiter des largesses de la République. — Il s'agit de réfléchir à l'emploi de tout cet argent que je vais avoir de moins à dépenser. — Jusqu'ici j'ai vécu quelque peu d'épargne ; mais, ma foi, la vie est courte, — après moi le déluge. — Et d'ailleurs, sans vouloir éblouir mes concitoyens, — je puis bien, en faisant un bon usage de ce que va m'économiser la diminution de l'impôt du sel, — me donner quelque aisance.

Je vais voir si ce petit coin de terre qui confine mon jardin ne serait pas à vendre. — Les arbres et les fleurs ont tout envahi, et je ne peux plus cultiver de légumes.

Mon canot la *Langouste* — n'a que trois ans, c'est vrai, mais je pourrais en avoir un plus grand.

Ne faisons rien à la légère, — prenons le temps pour décider.

Mais, en attendant, commençons par le commencement. « Ohé ! Bérénice ! quittez un moment vos fourneaux et dites-moi combien il se mange de sel dans ma maison. — On mange un peu salé ici, monsieur, et l'été il y a souvent du monde. — Je ne vous accuse pas de dilapidations, Bérénice, seulement je désire savoir combien vous achetez de livres de sel par mois. — Deux livres, monsieur. — Combien le payez-vous ? — Quatre sous la livre, monsieur. — Merci, Bérénice ; cela fait donc une dépense de quatre francs seize sous par an ? — Oui, monsieur. » — L'impôt était de trente centimes par kilogramme ; il n'est plus que de dix ; — donc je payais trois francs soixante centimes d'impôts du sel. — Mais, grâce au dégrèvement, je ne payerai plus que vingt-quatre sous. C'est quarante-huit sous de moins, — quarante-huit sous que l'Assemblée nationale ajoute à mon revenu. — Vive l'Assemblée nationale !

Par exemple, — je ne pourrai ni agrandir mon jardin, — ni avoir un nouveau canot.

Je crois que les journaux et les députés de l'opposition avaient un peu exagéré, et que le peuple n'était pas aussi écrasé par l'impôt du sel qu'ils le crient depuis vingt ans.

On a bien exagéré également l'importance du sel pour la culture, et il n'y a que les agriculteurs du boulevard des Italiens et de la rue de Varennes qui croient ce qui s'est dit depuis longtemps à la Chambre et dans les journaux.

Il y a plusieurs années que je n'ai vu M. de Balzac, — et nous nous sommes quittés brouillés ; — je ne parle de ceci que pour laisser à mon opinion tout le peu de mérite qu'elle peut devoir au désintéressement et à la vérité.

Je dis hautement que la postérité mettra Balzac au rang de

nos premières illustrations. — L'Académie de ce temps-ci veut également avoir son Molière à ne pas recevoir.

Janvier 1849.

La république et la monarchie — sont deux formes réelles, deux doctrines; mais les gens que représentent MM. Thiers et Barrot ne forment qu'un parti d'intérêts et d'appétits. — Ce parti n'est jamais un but, — c'est une mauvaise auberge à moitié chemin, — devant laquelle on a pratiqué des ornières et des casse-cous pour arrêter et écorcher les voyageurs qui se dirigent de la monarchie à la république ou qui vont en sens contraire.

Il est mort, il y a quelques années, un homme qui a publié sans nom d'auteur cinq gros volumes sur les affaires du temps. — Ces livres ont alors été attribués à Louis-Philippe. — Le fait a été justement démenti; mais ce que l'on ne saurait nier, c'est que les notes venaient des Tuileries, et que les *épreuves* passaient sous les yeux du roi. Il est curieux de voir dans cet ouvrage quel était alors le rôle de M. Thiers et de M. Odilon Barrot, et quelle était sur eux l'opinion du château.

Citations.

LA ROYAUTÉ DE JUILLET ET LA RÉVOLUTION. — M. Odilon Barrot n'a guère le courage de son opinion, s'il en a une. (Page 11.)

M. Odilon Barrot (le 6 juin 1832) reproche au roi Louis-Philippe le système de *ménagements* dont on use *envers les carlistes*.

Le même jour, M. Barrot dit au roi (on se rappelle la date) : « Sire, vous allez triompher au nom des lois, mais il y aura du sang français répandu. — A qui la faute? répond le roi ; *ceux-là seuls doivent être responsables, qui, chargés par leurs commettants de représenter légalement la France, s'insurgent les premiers contre la majorité.* »

M. Odilon Barrot est toujours l'homme aux phrases creuses, aux circonlocutions pleines d'ambiguïté, à la contenance quasi-monarchique, quasi-républicaine, l'homme songeant toujours à se ménager une issue, quoi qu'il arrive. (Page 62.)

Tel est l'honorable M. Odilon Barrot, toujours prêt à entrer en arrangement avec les *faits accomplis* contre son gré, toujours prêt à transiger à la première occasion qui se présente. (Page 65.)

M. Thiers (1838) : « Nous sommes les ministres de la résistance. »

Le pays pourra bien se défier de M. Thiers, comme il se défie de M. Barrot. (Page 538.)

M. Thiers : « Mes collègues et moi nous ne souffrirons jamais qu'on discute le principe du gouvernement établi. » (Page 578.)

M. Thiers a défendu l'hérédité de la pairie, il a soutenu les lois contre les associations, contre les crieurs publics, contre les détenteurs d'armes de guerre — et les lois de septembre; la politique de résistance n'a pas eu de champion plus dévoué. (Page 581.)

Il serait peut-être prudent de ne pas trop compter sur une promesse ou sur une assertion de la part de M. Thiers. (Page 583.)

Il ressort de ces quelques citations, qu'il serait facile de multiplier, que MM. Thiers et Barrot, dans l'opinion du roi Louis-Philippe et de son entourage, sont les hommes qui ont le plus contribué au renversement de ce pouvoir qu'ils étaient censés défendre. — Ce sont eux qui, en voulant cueillir les fruits de l'arbre, en ont tellement courbé et abaissé les branches, qu'elles se sont cassées. — Ces deux hommes, n'ayant d'autres idées, d'autre politique que d'arriver ou de rester au pouvoir, amèneront toujours les mêmes résultats pour leurs alliés; — en voulant attirer les affaires à eux, ils ont renversé la dynastie de Louis-Philippe, et ils ont amené la République. — Aujourd'hui, il s'agit de faire le même chemin en arrière; si on les laisse agir, ils amèneront une restauration et Henri V. Si ce n'est pas là ce que veut M. Louis Bonaparte, ses amis feront bien de l'avertir.

On soulève, à propos de la condamnation des assassins de MM. Bréa et Mangin, une discussion singulière. Oui, certes, la République a fait une grande et noble chose en supprimant, dès le premier jour de son installation, la peine de mort en matière politique. — C'était comme l'arc-en-ciel, qui, dit-on, est un signe de la clémence de Dieu, qui annonce qu'il n'y aura pas un second déluge. Mais il s'agissait de dire : « On ne sera plus guillotiné par incivisme, — on ne sera plus tué comme suspect, ou comme allié de Pitt et Cobourg; on ne sera plus jugé arbitrairement par ses ennemis politiques. Les passions politiques ne prendront pas la place de la justice. » — Mais on n'a pas dit qu'on supprimait les lois. On a voulu donner une garantie de justice, et non un bouclier contre la justice. — On a voulu sauver des victimes, mais non encourager des bourreaux. Les assassins du général Bréa et de M. Mangin n'ont pas accepté cette loi qui proscrivait la mort en matière politique; — ils ont fait subir à leurs victimes la mort avec l'insulte et l'ignominie. — Cette loi qu'ils n'ont pas respectée, ils n'en doivent pas profiter. Il n'a jamais été question de dire : « On pourra incendier en criant : Vive Henri V! — assassiner en criant : Vive Raspail! — et on trouvera la loi muette ou indulgente. » — On a voulu assurer aux Français en toute situation la sécurité de n'avoir à répondre qu'aux lois du pays, — sans qu'elles puissent jamais être modifiées par les passions; — la loi du pays tue ceux qui ont tué. — Si l'on veut abolir la peine de mort en ce cas, que

MM. les assassins commencent : qu'ils ne tuent pas, on ne les tuera pas.

🙠 Après tant de bouleversements, de changements, il serait temps de s'apercevoir d'une chose, c'est que c'est comme au cabaret : — cachet vert, cachet rouge, etc. — On change quelquefois le prix, quelquefois le bouchon, mais c'est toujours la même piquette qu'on nous fait boire. — Plus ça change — plus c'est la même chose.

🙠 L'Assemblée nationale a décrété que le travail des prisonniers serait consommé par l'État; — elle se trompe si elle croit avoir tourné la difficulté; — c'est assurer aux criminels! fourniture de l'État, dont les ouvriers honnêtes s'arrangeraient fort bien. — Il est évident que l'oisiveté dans la prison achève de perdre le condamné, mais il ne se peut pas non plus que l'ouvrier honnête et sans ouvrage se dise : « J'aurais du travail, si j'étais voleur. » — Le seul moyen que le travail des prisonniers ne fasse pas de tort au travail des ouvriers, — c'est d'employer les condamnés à des travaux de défrichement et d'agriculture; — hors de ce moyen il n'y a que confusion et erreur.

🙠 Je comprends très-bien tout ce que l'on peut dire contre les clubs, mais tout cela peut s'appliquer « aux banquets » tant soutenus par M. Barrot. Je n'ai pas à me gêner à cet égard; — je suis l'auteur de cette appréciation des banquets politiques si bien admise depuis, et si souvent répétée par chaque parti à l'égard des banquets de ses adversaires : « *La patrie est en danger, mangeons du veau.* »

Les misérables assassins du général Bréa, que la justice humaine vient de frapper, ont apporté devant les juges des échantillons de cette éloquence grotesque et hypocrite qui a du succès dans les assemblées et dont certains journaux et certains orateurs se chargent de fournir les odieux et ridicules modèles. — Daix, — le pauvre de Bicêtre, — s'écrie : « On m'a enchaîné et frappé comme le Christ. — Je jure sur mon âme et sur mon honneur que j'ai menti. — Grande ombre du général Bréa, viens dire à mes juges : « Acquittez Daix, car Daix fut noble. »

Dans le but de se faire des instruments, on a jeté le trouble dans bien des cervelles, et on a surexcité la vanité et les appétits à un degré qui ne rend plus les membres de certaines classes de la société capables que d'être des oppresseurs ou des opprimés.

Mais s'il est un homme qui n'avait pas le droit de demander la fermeture des clubs; s'il est un homme auquel le bon sens et la pudeur auraient dû clore la bouche, c'est M. O. Barrot, qui a renversé le trône de Louis-Philippe au moyen de ce droit de réunion qu'il veut proscrire aujourd'hui.

Il est une chose que les partis ne veulent pas admettre et qui seule cependant pourrait rendre et assurer le repos et la paix à ce malheureux pays de France, c'est que le gouvernement d'un pays, pour être juste, moral et logique, — doit représenter la *moyenne des idées du pays*. — Au lieu de cela, — vous avez vu le parti ultra-républicain vouloir rester un parti même aux affaires, et s'apprêter à traiter la France en pays conquis ; — vous voyez aujourd'hui le parti de la réaction faire exactement la même chose.

Si cependant le gouvernement ne représente pas la moyenne des idées du pays (et il faut tenir compte des idées légitimistes comme des idées socialistes), — c'est une tyrannie d'un parti, c'est-à-dire d'un petit nombre qui sera toujours renversé par les autres partis réunis, et remplacé par un de ces autres partis qui fera la même usurpation et sera renversé à son tour par une coalition semblable.

Aucun parti, — surtout avec le suffrage universel, — ne sera jamais aussi fort que tous les autres ensemble. — Tous les partis hors des affaires finiront toujours par se réunir contre celui qui sera aux affaires; — conséquemment, nous aurons toujours la guerre et le désordre. — Il n'y aurait de *parti possible* que celui des gens de bonne foi et de bon sens, demandant à chaque parti ou plutôt demandant au pays, sans acception de parti, — toutes ses capacités, toutes ses probités, toutes ses idées, toutes ses lumières, tous ses dévouements.

Ce parti, le seul possible, — il paraît qu'il est impossible.

※ Il vient de mourir un grand artiste. — François-Antoine Habeneck, ancien et célèbre chef d'orchestre de l'Opéra, dont il avait été directeur de 1821 à 1824, — directeur et chef d'orchestre de l'illustre société des concerts du Conservatoire, a cessé de vivre il y a huit jours, à l'âge de soixante-sept ans et demi. — C'est à Habeneck que l'on doit l'audition en France et la naturalisation de la musique de Beethoven. Les regrets des artistes et des amis des arts l'accompagnent au tombeau. — Habeneck était un peu mon parent, et j'ai eu l'honneur de le voir à Sainte-Adresse il y a deux ans, déjà bien épuisé, mais retrouvant la verve et la jeunesse de son esprit en parlant de son art.

Le père d'Adolphe Adam est mort aussi l'année dernière. — C'était un des derniers contemporains de mon cher père et un de ceux qui, avec lui, ont changé le clavecin en piano, de façon à ne laisser guère à leurs successeurs que les tours de force et les exercices de prestidigitation et d'équilibre. La dernière fois que j'ai vu Adam, c'était à une soirée chez son fils ; il était bien vieux, paraissait endormi et ne parlait guère; mais, après un morceau de piano, exécuté brillamment par un jeune pianiste qui passait pour faire trois notes de plus à la minute que Herz. au milieu des applaudissements, il me fit signe du doigt d'aller à lui. Je m'approchai, — et, avec un sourire intelligent, il me dit : « Ça n'empêche pas que ton père et moi nous jouions mieux du piano que ces gens-là. »

FIN.

TABLE DES MATIERES

1845

MARS. — M. Thiers fait *chanter* le roi. — Les maris considérés comme animaux nuisibles. — Les députés fument. — Séances politiques et séances non politiques. — L'Académie française : — Nodier, — Casimir Delavigne, — M. Hugo, — M. Sainte-Beuve, — M. de Salvandy, — M. Royer-Collard, — Madame Ancelot. — *Engueulement* à la Chambre des pairs. — Les avocats à New-York. — M. le duc de Nemours et M. le marquis du Hallays. — Le siège d'une loge. — Les divans sauvés. — Désagréments éprouvés par M. Cuvillier-Fleury. — Les crêpes de Chine et M. Gréterin. — M. le marquis de Larochejaquelein *decoré de Juillet.* — M. Onslow et son locataire, son confrère, son protégé et son co-Auvergnat. — S. M. la reine, les danseuses viennoises et le curé de Notre-Dame-de-Lorette. — Une danseuse viennoise... mâle. — Révélations sur l'intérieur de certains ministères. — Spectacle à l'hôtel Castellane. . . 1

AVRIL. — Avis aux journaux reproducteurs. — Un essaim d'huissiers. — M. Thiers. — M. Étienne. — Afnaër, les jésuites et les journaux. — Les chemins de fer en France et en Italie. — Une infamie. — Le roi de France et le nain Tom Pouce. — L'armement des fortifications. — Musée du Louvre. — M. Vickemberg. — M. Vibert. — M. Vidal. — M. Brascassat. — M. Decamps. — M. Delacroix. — M. Horace Vernet. — Madame Empis. — M. Scheffer. — M. Calame. — M. Chevandier. — M. Meissonnier. — M. Durand-Brager. — M. Baron. — M. Saint-Jean. — M. Rousseau. — Le jeu. — La loterie. — Le duel. — Les courtisanes. 16

MAI. — Les sous fatigués. — Le ridicule d'être vicomte. — A propos des empoisonnements. — Le scrutin secret. — Quiproquo de M. le duc Decazes. — M. Thiers. — M. Panseron. — M. Kastner. — M. Mérimée. — Les fortifications et les jésuites. — Les chemins de fer et la Chambre des députés. 42

JUIN. — Observations à MM. les députés. — L'abolition de l'esclavage. — Une pétition. — Un chagrin de M. Arnal. — Une phrase de M. Dumon. — M. Sue et sa *barbarie* envers les *orgues.* — Une ordonnance de M. Gisquet dénoncée à M. Delessert. — La pairie ou un bureau de tabac. — Un duel et une lettre de cachet. — Le mariage de la reine d'Espagne. — Les hommes positifs et les hommes d'imagination. 57

JUILLET. — La douane et les courlis. — Le livret du Musée. — *L'Epoque* et le *Soleil.* — M. Sue et M. Dumas. — A propos des ouvriers et des pauvres. — Un abus. — Le banc des pauvres. — L'église Notre-Dame. — Une vente à l'encan dans une église. — L'Hippodrome. . . . 72

AOUT. — Les grands hommes contemporains offerts en thème à la jeunesse. — Les paratonnerres de M. Dupuis-Delcourt. — Le roi zélandais Thierry mangé par ses sujets. — M. Félicien David. — M. Colinet. — Le journal l'*Époque* et M. Griollet. — M. le préfet de police et son cheval. — Chute d'iceux. 85

PTEMBRE. —Un service de chemin de fer.— Nouveau mode de décoration.—Les blocs de grès de Meudon de M. Gabriel.—Philippe de Gérard. —Les Irlandais mangeront les Anglais... à défaut de pommes de terre.— Français moderne. — Le merle blanc découvert par la *Démocratie pacifique* et les chiens à trois pattes de M. Jadin. — Pauvre Marochetti! — Petit bonhomme vit encore, ou les affaires par actions. — Ancelot, émule de Molière. —M. le curé de Trouville. 93

1846

JUIN.—La pêche aux électeurs : les divers modes de cette pêche. —Accident du chemin de fer du Nord.—La couleur à la mode.—Les bains de mer d'Honfleur.—Le roi règne et ne gouverne pas.—Tentative contre la vie du roi. — Les avocats et Napoléon. — Les circonstances atténuantes. — Les pêcheurs peuvent-ils s'emparer des objets qu'ils trouvent dans la mer ? — Sur les élections. 102

JUILLET. —Un pensionnat de jeunes filles. — Le représentant des têtes fêlées. — Derniers vers. — L'épreuve de dévouement. — Le serrurier Fichet. — Révélations sur le sort du serrurier Huret. — La canonisation des bourgeois. — M. Aymès et le jeune colon.. 123

AOUT. —Les petits cadeaux entretiennent l'amitié. — Pour si peu ! — Les forges de Coly. — Canonisation du bourgeois (suite). — Le fulmicoton. — Les coiffeurs des princes. — Les cheveux du roi d'Espagne. — Fromage d'Italie perfectionné. — Histoire d'un épicier. 138

OCTOBRE. — Procès au chemin de fer du Havre. — Les *tableaux vivants*. — Un fils de hasard. — Saucisses d'homme. — M. Henry Galos. . 147

1847

JANVIER. — Les savants de l'avenir. —Le discours du roi et les journaux. — M. de Balzac peint par lui-même. — M. Tony Johannot et M. Frédéric Bérat. — Ce qu'un cardinal a laissé aux pauvres dans son testament. — Ce qu'il faut de rentes pour être pauvre à Paris. — Mot d'une femme sur le parti conservateur. — Le roi Louis-Philippe et M. Thiers. — Mot de M. Léon Gozlan sur lui-même. — Un bout-rimé de M. Victor Hugo. — Singulière situation du prince d'E... — Pourquoi M. de Balzac ne sera pas académicien.—Où il est parlé de M. Dumas,—de M. de Béranger,— de M. de Musset, — de M. de Lamennais. — Parallèle entre M. Empis et M. Leclerc. — Destinée d'un fort en thème. — Pourquoi M. de Vigny ne donne plus sa voix à M. de Balzac. — M. Pasquier. — M. Flourens. — D'un feuilleton de madame de Girardin. — La haine du *Constitutionnel* — M. Granier de Cassagnac, M. Adolphe Adam. — Les statuaires iconoclastes. — M. Ponsard, M. Bocage, madame Dorval et *Agnès de Méranie*.

— Opinion de Rossini sur l'opéra de *Robert Bruce*. — M. Lablache. — M. Pillet et madame Stolz. — M. Troupenas. — Histoire des diamants de madame Rossini.— Entente cordiale de M. Duchâtel et de la reine d'Angleterre. — M. le ministre de l'agriculture et les pommes de terre. — Le pain et l'hermine. — De M. Leverrier et de sa planète. — Un mot de M. Ponsard. — A un pape. — La Société des gens de lettres. — M. Dumas tiré à quatre journaux. — Ce qu'il à dit et ce qu'il aurait dû dire. — Sur M⁰ Chaix-d'Est-Ange. — M⁰ Lacan. — M⁰ Léon Duval. — Les avocats qui ont trop d'esprit. — *Post-scriptum*. 151

FÉVRIER. — Purification de la Chambre des députés. — En faveur de quelques jambes. — M. Magendie et l'éther. — Un mot de M. Royer-Collard. — Sur les désordres de Buzançais. — Les âmes emprisonnées pour dettes. — La viande timbrée. — Un doigt de la main gauche de M. de B...—Une malice de M. de la Roche...—Un candidat à l'Académie. — Sur quelques habitants *notables*. — Du jeu dans le monde. — Que la bonne compagnie n'est pas toujours meilleure que l'autre. — Lord Normanby et M. Guizot. — Du français des grammairiens. — Un pensum à MM. Noël et Chapsal. — Un bon parrain. — M. Eugène Sue. — De S. M. Louis-Philippe et la musique. — Le roi Louis-Philippe et M. Horace Vernet. — M. Couture. — Les journalistes et les plâtres.—Sur les habitants de Saint Quentin.—M. Joubert.—Un avis aux femmes du monde.— De la Société des gens de lettres. 173

MARS. 197

VRIL. — M. de Salvandy entre l'*Univers* et le *National*. — Opinion de saint Augustin sur la question actuelle de l'enseignement public en France. — Comment M. Thiers perdit une voix. — Chaises à deux fins. — Réponse d'un voleur.—A voleur, voleur et demi; la justice et l'équité. — Napoléon et Henri IV; M. le baron Lecoulteux et M. Lherbette; Sully, le père Loriquet, l'histoire, M. Thiers, etc. — Les king's-charles sont mal portés. — Pendant six mille francs. — Sur la mode; tyrannie des bossues; robes balayeuses. — Un mot de M. Thé. Ga. sur l'argent. — Conversion de madame de M... — Un banquet phalanstérien; la nourriture de l'avenir; M. Considérant et les petits phalanstériens.—La reine d'Angleterre et Virgile. — Les notaires ne donnent pas de reçu. — Le pape circoncis. — M. Gannal et M. Sucquet. — Les croix; George Sand. — M. Decazo oncle des fleurs. — Ce que tout le monde veut. — Une circonstance atténuante. — A une amie inconnue, sur les combats de taureaux. 199

1848

MARS. — Le gouvernement déchu. — Les partis. — Le gouvernement provisoire. — L'étable d'Augias. — Les élections. — Ce que c'est que la République. — Les ouvriers. — Les voitures de troisième classe des chemins de fer. — La duchesse d'Orléans. — Les élections. — Les candidats. — Avocats et marchands. — Ce que c'est qu'un républicain. — Pauvre ou riche. — Celui qu'il faut nommer. — Indépendance de l'Assemblée nationale. — Plus de tribune. — Plus de partis. — Les anciens députés et les hommes nouveaux. — La République. — Une adhésion. Réponse d'un candidat à une question embarrassante. — Le vrai peuple. — Qu'est-ce que l'armée? — Le gros lot des devoirs. — Un peu trop d'arbres de la liberté. — M. Louis Blanc et l'organisation du travail. — Quelques croquis d'électeurs. — Les compagnons du devoir. — M. Schmidt 115

AVRIL. — Aux rois nouveaux. — Vous êtes des nôtres. — M. Odilon Barrot. — Aux électeurs de la Seine-Inférieure. — De quoi se compose un rassemblement. — La nouvelle circulaire de M. Ledru-Rollin. — La canaille d'en haut et la canaille d'en bas. — Plusieurs procès gagnés par les *Guêpes*. — L'auteur parle beaucoup trop de sa candidature, complétement échouée dans le département de la Seine-Inférieure. — MM. Lamartine, Ledru-Rollin, Deschamps, Sénard, Morlot et Goudchaux. — De tout ce qui a été révélé sur l'auteur des *Guêpes*. — Le superflu et le nécessaire. — Guerre à quelques mensonges . . . 231

MAI. — Incompatibilité des traitements. — M. Thiers.— Il y a guêpes et guêpes. — Les croix d'honneur. — Beaucoup de choses et peu de discours. — La vérité sur la Pologne. — M. Buchez. — M. Ledru-Rollin. — Le gant de M. Lamartine et son cheval noir. — Quelques bons avis de l'auteur des *Guêpes*. — Les lois à proposer. — La loi du pain. — La loi du travail. — Le cumul des places. — M. Clément Thomas abonné aux *Guêpes*. — *Demain* on rase pour rien. — M. Thiers. — Rétablissement de la censure. — Lettre de M. Lamartine à l'auteur des *Guêpes*. — Protestation de la société démocratique des travailleurs du Havre à l'Assemblée nationale. — Une lettre très-franche d'un comité de Rouen à l'auteur des *Guêpes*. — Messieurs de la rue de la Pucelle et messieurs de la halle aux poissons. — La France républicaine. — Premiers résultats d'icelle. — La Constitution. — M. Victor Hugo. — Loi du travail. — Nouveaux commandements. — Le général Clément Thomas n'est pas général. — Suite de la réponse de l'auteur des *Guêpes* à messieurs de la rue de la Pucelle. — M. Eugène Loyer, M. Charles Dupin, — cumuls. — M. Thiers 251

JUILLET 274

NOVEMBRE. 288

DÉCEMBRE. 291

1849

JANVIER 302

FIN DE LA TABLE DU SIXIÈME VOLUME.

www.ingramcontent.com/pod-product-compliance
Lightning Source LLC
Chambersburg PA
CBHW071247160426
43196CB00009B/1204